模糊多属性决策方法及在大学评价中的应用研究

李兴国　著

燕山大学出版社

· 秦皇岛 ·

图书在版编目(CIP)数据

模糊多属性决策方法及在大学评价中的应用研究/李兴国著.—2版.—秦皇岛:燕山大学出版社,2022.1

ISBN 978-7-81142-952-7

Ⅰ.①模… Ⅱ.①李… Ⅲ.①模糊集理论-应用-高等学校-评价-研究-中国 Ⅳ.①G649.28

中国版本图书馆 CIP 数据核字(2022)第 000643 号

模糊多属性决策方法及在大学评价中的应用研究

李兴国　著

出 版 人:陈　玉

责任编辑:唐　雷

封面设计:吴　波

出版发行: 燕山大学出版社
YANSHAN UNIVERSITY PRESS

地　　　址:河北省秦皇岛市河北大街西段 438 号

邮政编码:066004

电　　话:0335-8387555

印　　刷:英格拉姆印刷(固安)有限公司

经　　销:全国新华书店

开　　本:700 mm×1000 mm　1/16　印　张:12.5　字　数:200 千字

版　　次:2022 年 1 月第 2 版　印　次:2022 年 1 月第 1 次印刷

书　　号:ISBN 978-7-81142-952-7

定　　价:52.00 元

前　　言

随着科技的发展和社会的进步,人类面临的决策环境越来越复杂,使人们所接触到的大量信息多数都是模糊和不确定的。同时,由于决策者自身偏好、知识结构和决策水平的限制,他们所作出的决策很大程度上具有不确定性或模糊性。面对上述决策问题,传统的数学工具往往无能为力,模糊多属性决策理论应运而生,在一定程度上弥补了决策方法的空缺,避免了信息的缺失。

模糊多属性决策是一门数学、运筹学、信息科学、管理学等相关学科交叉的学科,它的理论和方法在现代社会的各个领域得到了广泛的应用。几十年来,有关模糊多属性决策问题的研究引起了国内外学者的关注,取得了较丰硕的成果。然而,模糊多属性决策在理论上目前还面临着各种挑战,其理论的完备性和严密性均有待于进一步研究与完善。Zadeh(1965)首次提出了模糊集理论,为描述模糊现象提供了有效方法和工具,将取值仅为 1 或 0 的特征函数扩展为可在闭区间[0,1]任意取值的隶属函数。Atanassov(1986)对传统的模糊集进行了拓展,提出直觉模糊集的概念,直觉模糊集同时考虑了隶属度、非隶属度和犹豫度三种特性,可以同时表述支持、反对和中立三种状态,克服了模糊集二分法的局限。Torra(2009)提出了反应决策者犹豫状态的犹豫模糊集,解决了决策者面临的在多个评价值之间产生的犹豫问题。Zhu 等提出了对偶犹豫模糊集,确定性程度和不确定性程度分别由隶属函数和非隶属函数表示,能完整地描述决策者的犹豫不决,更贴近决策者的认知现实。Smarandache(1999)从

1

哲学的角度提出了中智集的概念,构建了经典集、模糊集、直觉模糊集的广义形式框架,成为新的处理不确定性信息的数学工具。

本书针对模糊信息环境下的多属性决策问题,以模糊集理论发展历程为逻辑主轴,以多属性决策方法由浅入深为逻辑辅轴,分别构建了基于熵权 TOPSIS 的直觉模糊多属性决策模型、基于灰关联的犹豫模糊多属性决策模型、基于投影法的对偶犹豫模糊多属性决策模型、基于灰关联投影的中智犹豫模糊多属性决策模型。本书所建立的模型拓展了对模糊集理论的研究,补充了各种模糊信息集结、测度方法,实现了较为深入的模糊集基础理论的探索,丰富了模糊多属性决策理论及建模方法。

2015 年 10 月 24 日,国务院印发《统筹推进世界一流大学和一流学科建设总体方案》,描绘了我国建设高等教育强国的时间表和路线图。该方案明确提出"建立健全绩效评价机制,积极采用第三方评价,提高科学性和公信度"。大学排名是高等教育发展的第三方评价结果,在"双一流"建设背景下,大学排行榜日益受到高校和社会的广泛关注。目前,国内知名度和影响力较大的大学评价体系有我国管理科学研究院评价体系、艾瑞深中国校友会网评价体系、武汉大学中国科学评价研究中心评价体系和上海软科公司评价体系等。

本书将模糊多属性决策方法拓展到高等教育领域,探寻传统多属性决策方法的应用空窗。本书基于客观数据和统计分析方法,将模糊多属性决策模型应用于大学评价体系实践研究,对中外大学评价体系的相关性、中国大学评价体系研究生培养评价要素、中国大学评价体系规模效应和中国大学评价体系的稳定性等问题进行了实证研究,并对模型决策结果进行了统计检验。不但体现了所建模型的实用性,还有助于为中国大学评价实践提供科学的指导借鉴。

　　本书的研究成果在企业并购、风险投资、战略、组织、资源、医疗、市场等诸多方面均有较大应用空间,可供相关人员参考。

　　　　　　　　　　　　　　　李兴国　于燕山大学
　　　　　　　　　　　　　　　2019 年 11 月 12 日

目　　录

1

第1章 绪　　论

多属性决策作为人们日常生活、工作、学习的一项基本活动,存在于人们和外部世界、事物发生联系的一切行动之中。多属性决策方法是一种定量认识客观世界的手段,使人们能够在纷繁的现象中迅速把握事物的整体水平,可广泛应用于各类社会经济现象的定量综合评价。

1.1　研究的背景和意义

1.1.1　研究背景

决策是人类日常生活中密不可分的科学,其思想和方法一直都被人们应用于实际决策过程。一般的决策是指多准则决策问题(MCDM),而多准则问题又可分为多目标决策问题(MODM)和多属性决策问题(MADM)。多目标决策问题的决策空间是连续的,其决策目标是选择最好的方案或对象,研究的是未知方案的设计决策问题。多属性决策的决策空间是离散的,其决策目标是在给定的方案集中选择最优的结果或者对方案进行排序,研究的是已知方案集的选择与排序问题。

本书主要研究的是多属性决策问题,其中有限个备选方案,由一个或者多个评价者根据其属性、时段、权重等方面对各个方案进行综合分析并给出评价值,然后根据一种决策方式对评价信息进行融合和化简,得到各个方案的综合属性值,再通过有效的排序方式对综合属性值排序,最终得到理想方案。现代生活生产中,科学研究中的系统工程学、区域规划设计、运筹学等都离不开多属性决策。因为多属性决策可以有效快速地解决实际生活中错综复杂的问题,使多属性决策问题一次又一次成为热门研究领域。

随着科技的进步、社会的发展,人们面临的决策环境越来越复杂,决策者往往受到自身一些主观和客观因素的影响,如知识结构、决策水平和个人偏好等,所做出的决策很大程度上具有不确定性或模糊性。此外,在现实生活中,由于模糊性现象大量存在于客观世界,决策问题自身的模糊性使人们所接触到的大量信息多数都是模糊和不确定的,使人们所要认识的对象数量方面并非总是以"0-1"这种二值逻辑的形式表现,致使决策者不能给出精确的评价值。而模糊环境下的多属性决策在一定程度上弥补了决策方法的空缺,避免了信息的缺失。

Zadeh(1965)[1]提出了模糊集理论,将取值仅为1或0的特征函数扩展为可在闭区间[0,1]任意取值的隶属函数。该理论的提出为人们描述模糊现象提供了有效的方法和工具,在现代社会的各个领域得到广泛应用。然而,模糊集的隶属函数值仅仅是一个单一的值,无法表达中立状态。也就是说,模糊集只能描述"亦此亦彼"无法描述"非此非彼"。例如在各种选举投票事件中,除了支持和反对,还经常有弃权情况发生,这时模糊集就显示出其局限性。Atanassov(1986)[2]对传统的模糊集进行了拓展,提出直觉模糊集的概念,直觉模糊集同时考虑了隶属度、非隶属度和犹豫度三种特性,可以同时表述支持、反对和中立三种状态,克服了模糊集二分法的局限,比传统的模糊集更细腻地描述和刻画世界的模糊性和不确定性本质。在实际决策过程中,决策者往往会在多个评价值之间产生犹豫,而传统模糊集因不能完整地刻画犹豫信息而受到约束,为此,Torra(2009)[3-4]提出了反应决策者犹豫状态的犹豫模糊集,指出元素的隶属度是由若干个可能的值构成的。由于在运用犹豫模糊集理论进行决策时,仅用隶属函数表达了属性的确定性程度,忽略了不确定性程度的重要性,由此,Zhu等(2012)[5]提出了对偶犹豫模糊集,确定性程度和不确定性程度分别由隶属函数和非隶属函数表示,能完整地描述决策者的犹豫不决,更贴近决策者的认知现实。Smarandache(1999)[6]从哲学的角度,借助三个组件$(t,i,f)=($truth, indeterminacy, falsehood$)$提出了中智集的概念,中智集作为经典集、模糊集、直觉模糊集的广义形式框架,是处理不确定性信息的一个数学工具。

1.1.2 研究意义

1.1.2.1 理论意义

科学来自事实和基于事实的推理,一项研究的科学性,当以其方法与对象的适应性为前提。就数量方法在社会科学领域运用的科学性而言,相对于数学完美性及其在科学技术中的辉煌,数量方法与研究对象的契合度,更具有决定性的力量。

本书丰富和拓展了模糊多属性决策理论及建模方法。从直觉模糊有序加权距离测度(IFOWD)、犹豫模糊集属性的灰色关联度、对偶犹豫模糊集的夹角余弦值、中智犹豫模糊集的相似度等多重维度对多属性决策理论进行更深层次的挖掘,基于系列距离和相似度测度公式,建立了基于熵权 TOPSIS 的直觉模糊多属性决策模型、基于灰关联测度的犹豫模糊多属性决策模型、基于信息熵和投影分析的对偶犹豫模糊多属性决策模型、基于中智模糊相似度的灰关联投影多属性决策模型,实现了对模糊多属性决策建模方法的拓展及完善。

1.1.2.2　实践意义

随着社会经济的发展,管理决策中充斥着复杂不确定性,决策者的认知存在局限性,传统决策方法已然无法指导管理实践活动。科学研究的意义在于能够指导实践活动,一个具有实践力量的研究,都应从对实践的分析中探求概念的数学抽象及相应的数量分析途径——基于这个认识,本书因循"实践 → 理论 → 实践"的路径,由管理决策中存在的复杂不确定问题分析出发,对解决该问题的多属性决策方法进行研究,提出科学合理的管理决策分析方法,进一步指导管理决策实践。

本研究将模糊多属性决策模型应用于高等教育领域的大学评价体系实践研究之中,并基于客观数据和统计分析方法,对模型的决策结果进行了实证检验。不但体现了所建模型的实用性,还有助于为我国大学评价实践提供科学的指导借鉴。

1.2　国内外研究现状

1.2.1　国外研究现状

学术界对模糊集理论和多属性决策方法均有相当多的研究成果,建立了系列的模糊多属性决策模型和方法。本章通过对现有文献的分析与总结,从直觉模糊多属性决策、犹豫模糊多属性决策、对偶犹豫模糊多属性决策、中智犹豫模糊多属性决策四个方面,归纳国外相关研究现状。

1.2.1.1　直觉模糊多属性决策

直觉模糊集的特点是同时考虑了隶属度、非隶属度和犹豫度这三方面信息,可描述"非此非彼"的模糊概念,更细腻地刻画客观世界的模糊性本质,是对 Zadeh 模糊集理论的扩充和发展,在处理模糊性和不确定性等方面更具灵活性和实用性。

关于直觉模糊集的理论研究主要集中在纯数学领域[7-12]。如 Li 等 (2002)[7]、Grzegorzewski(2004)[8]、Mitchell(2004)[9]分别研究了直觉模糊集的性质、运算、相关性、相关系数以及聚类方法;YAGER(2009,2010)[10-11]、Jun (2009)[12]分别探讨了直觉模糊集的对偶与特性测度、水平集与表示定理以及转换半群等。直觉模糊集理论在决策科学领域引起了国际学术界的重视,其研究主要围绕着相似性测度[13-14]、属性权重的确定[15-18]、直觉判断矩阵[16-17],经典多属性决策方法的拓展[14,19]以及得分函数、精确函数[20-21]等方面展开。

Xu(2007)[13]、Gong 等(2009)[14]分别定义了直觉模糊集的相似性测度并应用于 MADM 中。Li(2005)[15]建立了若干求解权重的线性规划模型,通过直觉指数加权平均最大化和距离测度,得到最优属性权重和方案的排序结果。Gong 等(2009)[14]通过建立线性目标规划模型来确定属性的最优权重,利用相似性测度计算相对接近度,并给出了决策方法。在直觉模糊判断矩阵方面,Dai 等 (2007)[16]介绍了直觉判断矩阵、一致性直觉判断矩阵、残缺直觉判断矩阵、一致性残缺直觉判断矩阵等概念,建立了基于直觉判断矩阵的 MADM 模型。Xu (2007)[17]定义了加型、积型一致性直觉判断矩阵以及得分矩阵,利用两种转换函数建立线性规划模型以获得属性的权重,进而给出了一种基于直觉模糊偏好信息的 MADM 途径。由于当方案数目较大时,决策者要给出方案的两两比较信息,所需的工作量很大,这是基于直觉判断矩阵决策的不足。

在经典 MADM 方法的拓展方面,Gong 等(2009)[14]利用 TOPSIS 方法给出了方案的排序值。在得分函数和精确函数方面,Lin 等(2007)[20]定义了直觉模糊集的得分函数和精确函数,根据方案满足决策者要求的适合度,提出了直觉模糊 MADM 方法。Liu 等(2007)[21]通过引入直觉模糊点算子,定义了一系列的基于直觉模糊点算子的得分函数,并给出了相应的直觉模糊 MADM 方法。Wei (2009)[22]提出了动态的直觉模糊加权几何算子,并将其应用于动态 MADM 中。

由于客观事物的复杂性和不确定性,直觉模糊集的隶属度和非隶属度的值往往难以用精确的实数值来表达,而用区间数则比较合适。Atanassov 等

(1989)[23]对直觉模糊集进行了拓展,提出了区间直觉模糊集。Atanassov (1994)[24]还定义了区间直觉模糊集的一些基本运算法则。区间直觉模糊集在 MADM 中的应用也是众多学者研究的主题,代表性的研究成果主要包括经典多属性决策方法的拓展[25-27]、区间直觉模糊数有关算子[28-32]和相似性测度[33,34]等几个方面。

在经典多属性决策方法的拓展方面,Hu 等(2007)[25]定义了区间直觉模糊数之间的距离公式。Zhao(2014)[26]提出一种基于 TOPSIS 的区间直觉模糊多属性决策方法。Wang(2006)[27]将求解基于直觉模糊集的证据推理方法推广到区间直觉模糊集的 MADM 中。Xu(2007)[28]针对权重信息不完全且属性值为直觉模糊数的多属性决策问题,定义了直觉模糊理想解,利用直觉模糊理想解和距离测度构建了一些优化模型以确定属性权重,给出了不同情形下的方案排序方法,并将这些方法拓展到区间直觉模糊数的 MADM 中。Meng 等(2015)[29]建立了基于前景理论的区间直觉模糊多属性决策模型。基于直觉模糊集的 MADM 方法均可扩展到基于区间直觉模糊集的 MADM 中,但由于目前通用的区间数的减运算不是加运算的逆运算,除运算不是乘运算的逆运算,就增加了求解这类决策问题的难度。相对于基于模糊数的 MADM 方法,基于直觉模糊数的 MADM 方法还显得太少。

在区间直觉模糊数有关算子方面,Xu(2007)[30]提出了区间直觉模糊数的算术平均算子、加权平均算子、几何平均算子和加权几何算子。Wei 等(2009)[31]定义了区间直觉模糊点算子和一系列得分函数,并给出了两种区间直觉模糊集的 MADM 方法,该方法是直觉模糊点算子的推广。另外,Wei(2008)[32]针对权重未知或权重信息不完全,且属性值和对方案的偏好值均为区间直觉模糊数的 MADM 问题,基于偏差极小化的思想,给出了相应的决策分析方法。通过最大化偏差的目标规划模型确定属性权重,运用区间直觉模糊数加权算术平均算子进行信息集结,根据得分函数和精确函数对方案进行排序。

在定义直觉模糊集的得分函数、精确函数以及相似性测度方面,各种方法均有一定的优缺点,学术界也一直在探讨。关于利用区间直觉模糊数有关算子进行决策的研究,主要集中在通过集成函数将各属性值和属性权系数集成起来,再利用某一模糊数的比较方法得到方案的排序,同样存在着规范化的问题。

1.2.1.2 犹豫模糊多属性决策

Torra(2010)[4] 提出了犹豫模糊集的概念,作为模糊集的一种重要拓展形式,犹豫模糊集允许一个集合中出现多个不同的值表示隶属度。在现实决策过程中,人们可以用犹豫模糊集内的元素来描述决策过程中存在犹豫情形的问题。

目前,犹豫模糊数作为一种崭新的不确定决策信息描述工具,在理论和应用两方面均受到了国内外学者的密切关注。Torra[4] 开创性地提出了犹豫模糊集的概念,给出了犹豫模糊集的基本运算法则,并讨论了犹豫模糊集与其他拓展型模糊集之间的关系,并且认为:犹豫模糊集是 2-型模糊集的特殊形式,犹豫模糊集的包络是直觉模糊集,两者有相同的表示形式,但意义和运算法则不一样。Xu 和 Xia(2011)[33-34] 最先给出犹豫模糊集的数学形式,提出了犹豫模糊数的概念,并研究了一系列犹豫模糊集成算子和犹豫模糊距离及相似度测度,为犹豫模糊数在决策领域的应用奠定了坚实的理论基础。Rodriguez 等学者(2014)[35] 撰写了犹豫模糊集综述方面的论文,介绍了犹豫模糊集理论研究情况和未来的发展方向。

近年来,犹豫模糊集理论及其在决策方面的研究和应用取得了迅速的发展,主要可概括为以下四个方面:

(1) 犹豫模糊集信息集成算子的研究。Zhang(2013)[36]、Wang 等(2014)[37] 提出了犹豫模糊几何算子。Yu,Wu 和 Zhou(2011)[38] 提出了犹豫模糊 Choquet integral 算子。Yue(2012)[39] 提出了广义犹豫模糊 Bonferroni 平均算子。Torres,Sslas 和 Astudillo(2014)[40] 研究了犹豫模糊优先集成算子。Zhu,Xu 和 Xia(2012)[41] 提出了犹豫模糊 Bonferroni 几何算子。Zhu 和 Xu(2013)[42] 提出了犹豫模糊 Bonferroni 平均算子。Bedregal,Reiser 和 Bustince 等(2014)[43] 研究了犹豫模糊数的各种集成函数。

(2) 犹豫模糊信息测度的研究。Farhadinia(2014)[44-45] 提出了一系列犹豫模糊数的得分函数以及相应的犹豫模糊数排序方法。Xu 和 Xia(2011)[46] 提出了犹豫模糊数的距离测度和相似测度。Chen 等(2013)[47] 提出了犹豫模糊关联测度。Xu 和 Xia(2012)[48] 提出了犹豫模糊熵和交叉熵的概念。Farhadinia(2013)[49] 研究了犹豫模糊集的距离测度、相似测度和犹豫模糊熵之间的关系,提出了一种新的犹豫模糊相似度测度。

（3）犹豫模糊集理论拓展领域的研究。Rodriguez，Martinez 和 Herrera 等 (2012)[50] 将犹豫模糊集的思想引入语言决策环境，提出了犹豫模糊语言变量概念。Meng，Chen 和 Zhang（2014）[51] 研究了语言犹豫模糊变量。Wang 等 (2014)[52] 进一步提出了区间犹豫语言模糊集的概念。Chen 等（2013）[53] 结合犹豫模糊集和区间数的优点，提出了区间犹豫模糊集的概念。Zhu，Xu 和 Xia (2012)[54] 提出了对偶犹豫模糊集的概念。Zhao，Lin 和 Wei（2014）[55] 结合犹豫模糊集和三角模糊数的定义，提出了犹豫三角模糊集的概念。

（4）犹豫模糊决策应用方面的研究。Wang 等（2014）[56] 基于经典的 ELEC-TRE 决策思想，提出一种犹豫模糊级别优先决策方法。Chen 等（2015）[57] 提出了一种犹豫模糊 ELECTRE Ⅱ 决策方法。Sayadi 等（2009）[58]、Zhang 等 (2013)[59]、Liao 等（2013）[60] 分别研究了经典 VIKOR 决策方法在犹豫模糊多属性决策问题的应用。Ahmad，Javed 和 Nazam（2015）[61] 应用 VIKOR 方法研究了犹豫模糊环境下的群体决策问题。Zhang 和 Xu（2015）[62] 提出一种基于标记距离的犹豫模糊 QUALIFLEX 决策方法。Hajlaoui 和 Halouani（2013）[63] 提出了一种犹豫模糊 PROMETHEE 决策方法。Zhang 和 Xu（2014）[64] 提出基于区间规划模型的 LINMAP 决策方法。Onar 等（2014）[65]、Tavakkoli 等（2015）[66] 分别研究了基于 TOPSIS 方法的区间犹豫模糊多属性决策问题。此外，还有学者提出其他基于不同犹豫模糊集成算子的多属性决策方法[36-42]。

1.2.1.3　对偶犹豫模糊多属性决策

犹豫模糊集仅考虑了元素隶属度存在的匿名问题，以及各指标属性存在多个取值的问题，而未考虑各决策指标的非隶属问题。为此，Zhu 等（2012）[5] 提出了对偶犹豫模糊集（DHFS）的概念，对偶犹豫模糊集是模糊集、直觉模糊集、2-型模糊集、模糊多重集和犹豫模糊集的扩展，可以更形象地描述专家给出的评价信息。有关对偶犹豫模糊集的研究，主要包括以下几个方面：

（1）信息集成算子的研究。Wang 等（2014）[67] 定义了对偶犹豫模糊信息的集结算子，如加权平均算子（DHFWA）、加权几何算子（DHFWG）、有序加权平均算子（DHFOWA）、有序加权几何算子（DHFOWG）、混合算子（DHFHA）和混合几何算子（DHFHG）等，并研究了这些算子的特性。Ju 等（2014）[68] 研究了区间对偶犹豫模糊集结算子，并将其应用于多属性决策。Yu 等（2016）[69] 提出新的对偶犹豫模糊算术平均算子和几何平均算子,并讨论了它的特性。Qi 等(2016)[70]基于广义幂算子,研究了区间对偶犹豫模糊语言环境下的多属性群体决策问题。Qu 等(2016)[71]提出两个新的算子:诱导广义对偶模糊 Shapley 混合加权平均(IG-DHFSHWA)算子和诱导广义对偶模糊 Shapley 混合几何平均算子(IG-DHFSHGM),并将其应用于多属性决策。Zhang 等(2017)[72]提出优先加权平均算子(IVDHFPWA),并将其应用于解决区间对偶犹豫模糊多属性决策问题。Wei(2017)[73]将传统算术和几何算子与不确定语言信息相结合,构建了新的集结算子,用来解决区间对偶犹豫模糊不确定语言环境的多属性决策问题。

(2) 距离和相似测度的研究。Wang 等(2014)[74]研究了对偶犹豫模糊集的距离测度及相似测度,并提出相应的 TOPSIS 方法处理相关多属性决策问题。Singh(2015)[75]提出了基于几何距离模型、集合理论方法和匹配函数的距离测度。Zhang 等(2015)[76]讨论了对偶犹豫模糊集的距离测度和相似测度中的一些问题。Garg 等(2017)[77]基于 Hamming、Euclidean 和 Hausdorff 距离测度,定义了新的距离和相似测度公式,并将其应用于对偶犹豫模糊软集环境下的多属性决策问题。Ye(2014)[78]扩展了犹豫模糊集的相关系数,研究了对偶犹豫模糊集之间的相关系数,并将其应用到投资方案中解决多属性决策问题。Farhadinia(2014)[79]研究了对偶犹豫集和区间对偶犹豫集的相关系数。然而,这些现有的对偶犹豫模糊集的距离测度不满足三角不等式等基本性质。此外,现有的距离测度只考虑到隶属度和非隶属度的值的距离,而忽视了犹豫模糊元值的波动性。尤其是距离测度的计算需要增加某些对偶犹豫模糊元的值,使对应隶属度和非隶属度具有相同的长度,在有些情况下可能会导致结果不准确。

(3) 多属性决策方法应用研究。Yu 等(2014)[80]将对偶犹豫模糊多属性方法应用于教学质量评估。Chen 等(2014)[81]提出了基于对偶犹豫模糊信息相关系数的多属性决策方法。Ruan 等(2015)[82]定义了模糊相关混合平均(HFDHA)算子,讨论了算子的特性,如置换不变性、幂等性、有界性等,建立了基于 HFDHA 算子的模糊多属性决策方法。Yang(2015)[83]定义了得分函数、精确函数和比较规则,研究了基于对偶犹豫模糊语言变量的多属性决策问题。Lu 等(2016)[84]将算数和几何集结算子和对偶犹豫模糊不确定语言信息结合,建立一系列新算子,将其应用于多属性决策。Xue 等(2016)[85]提出了一种扩展的

VIKOR 方法,用来解决二维对偶犹豫模糊信息下的多属性决策问题。Ye (2017)[86]建立了基于交叉熵的对偶犹豫模糊多属性决策模型,将其应用于解决投资选择问题。Wang(2017)[87]研究了对偶犹豫模糊语言值的运算和比较规则,建立了基于对偶模糊语言的多属性决策模型。Ren 等(2017)[88]基于扩展的VIKOR 方法,构建了得分函数和对偶犹豫模糊数的比较方法,并在此基础上提出了新的距离测度,并将其应用于解决多属性群决策问题。

1.2.1.4 中智犹豫模糊多属性决策

Smarandache(1999)[6]首次提出了中智集的概念,增加了独立的不确定性度量,是对直觉模糊集的扩展,可以更好地表达模糊信息。目前,学术界关于中智集的研究文献还比较少,主要涉及中智集基本理论研究、中智集的扩展研究和基于中智集的多属性决策方法研究等方面。

(1)中智集的基本理论研究。中智集的概念最初起源于哲学研究,难以应用于科学工程领域。Wang,Smarandache 和 Sunderraman(2010)[89]从技术的角度提出了单值中智集的概念,并讨论了单值中智集的集合运算定律。Hanafy,Salama 和 Mahfouz(2013)[90]研究了中智集的关联系数。Majumdar 和 Samant (2014)[91]基于单值中智集的距离测度,提出了单值中智集的相似度及信息熵的概念。Ye(2013)[92]研究了单值中智集的关联系数和加权关联系数,研究了基于单值中智集交叉熵的多属性决策方法[93]。Ye(2013)[94]基于 Hamming 距离和 Euclidean 距离,定义了区间中智集的相似度。Broumi 和 Smarandache (2013)[95]提出了中智集的 Hausdorff 距离及各种相似度测量。

(2)中智集扩展方面的研究。Wang 等(2005)[96]首次将隶属度、非隶属度、不确定度拓展到区间数,定义了区间中智集的概念,并探讨了区间中智集的各种性质。Maji(2013)[97-98]将中智集与软集结合,提出中智软集的概念,研究了基于中智软集的多属性决策方法。Said 和 Smarandache(2013)[99]进一步提出直觉中智软集的概念,研究了直觉中智软集的相关运算和性质。Bhowmik 和 Pal (2014)[100]定义了直觉模糊中智集,认为直觉中智集是中智集的子集,并且定义了直觉模糊中智集的运算规则,讨论了其具有的性质。

(3)中智模糊多属性决策方法研究。Ye 于 2013、2014 年先后提出了基于单值中智集关联度的多属性决策方法[92]、基于中智集交叉熵的多属性决策方法[93]、基于区间中智集相似度的多属性决策方法等[94]。此外,Ye(2014)[101]提出基于单值中智集的集成算子,包括加权平均算子和几何加权算子,进而提出了一种基于两个算子和余弦相似度的多属性决策方法。Chi 和 Liu(2013)[102]针对属性权重未知、属性值为区间中智集的多属性决策问题,建立了基于离差最大化确定属性权重的决策模型,并提出了一种扩展的 TOPSIS 决策方法。Ye(2014)[103]将区间中智集(INS)和语言变量相结合,提出了区间中智语言集的概念(INLS),可以同时用来描述定性信息和不确定的模糊信息。Broumi 等(2015)[104]进一步提出区间中智不确定语言集(INULS),并给出了运算规则、得分函数和精确函数。

1.2.2　国内研究现状

国内关于模糊多属性决策方法的研究也可归纳为直觉模糊多属性决策、犹豫模糊多属性决策、对偶犹豫模糊多属性决策和中智犹豫模糊多属性决策四个方面。

1.2.2.1　直觉模糊多属性决策

(1)直觉模糊信息集成算子研究。陶长琪等(2012)[105]提出了基于模糊测度和 Choquet 积分的直觉模糊信息集成算子,并证明了该算子的相关性质。何迎东等(2013)[106]提出了直觉模糊数上的改进的乘法运算和幂运算,重新给出了直觉模糊加权几何平均算子和直觉模糊有序加权几何平均算子的表达式。陈华友等(2014)[107]针对不同直觉模糊集的隶属度与非隶属度可能存在交叉影响,提出广义直觉模糊加权交叉影响平均(GIFWIA)算子,推导出其数学表达式,并研究了该算子的性质。陈建建等(2015)[108]基于直觉模糊有序加权平均算子的相关思想,提出了对称直觉模糊有序加权平均(S—IFOWA)算子的概念。马庆功等(2016)[109]基于阿基米德 T—范数和 S—范数,提出新的广义直觉模糊几何 Bonferroni 平均算子。谭睿璞等(2017)[110]利用直觉模糊熵求出属性权重,引入三种直觉模糊交互影响算子:广义直觉模糊交互影响加权平均算子、广义直觉模糊交互影响有序加权平均算子和广义直觉模糊交互影响混合平均算子,利用交互影响算子来集结信息得到方案综合评价值。曾守桢等(2017)[111]提出直觉模糊 Zhenyuan 积分平均(IFZA)算子,探讨 IFZA 算子的优良性质以及与现有直觉模糊集成算子的关系。

(2) 得分函数和精确函数的研究。谢海斌等(2012)[112]基于区间直觉模糊数隶属度和非隶属度构成的二维几何图形特征,给出了区间直觉模糊数精确函数的新定义。王中兴等(2013)[113]提出了区间直觉模糊数的新得分函数和精确函数,并讨论新的得分函数具有的性质。同年,王中兴(2013)[114]分析了直觉模糊数的犹豫部分对得分函数和精确函数的影响,通过累加和极限方法,定义直觉模糊数的累积得分函数和累积精确函数。吴冲等(2014)[115]针对属性权重信息完全未知的直觉模糊多属性决策问题进行了探究,提出了一种综合考虑隶属度、非隶属度以及犹豫度的新的得分函数。高明美等(2016)[116]指出现有得分函数存在排序失效或排序不符合实际的不足,同时给出一个新的得分函数。王蕊等(2016)[117]通过考虑直觉模糊数的犹豫度对得分函数的影响,提出了直觉模糊数新的得分函数,并讨论了新得分函数具有的性质,在此基础上给出了直觉模糊数的一种新的排序方法。

(3) 相似度和距离测度的研究。龚艳冰等(2009)[118]给出一种新的直觉模糊集相似度。王翠翠等(2012)[119]同时从隶属度、非隶属度和犹豫度三个方面构建论域对象与理想对象之间相关系数,并在此基础上根据决策者的决策态度定义得分函数进而得到最优决策。张丽媛等(2012)[120]针对已有的相似度的不足,构造了一种新的两个矢量之间的相似度,证明其满足相似度的性质,并将其应用于解决直觉梯形模糊偏好多属性决策问题。周晓辉等(2014)[121]提出梯形直觉模糊数的 Hamming 距离公式。汪峰等(2015)[122]由统计学中变量间相关系数的构造思想,提出直觉模糊集协相关度的概念,探讨了与相关系数类似的性质,进一步得出各对象与理想对象加权的协相关度公式。梅晓玲(2016)[123]构造了直觉模糊集之间的相似度模型,利用模型计算各时段属性值序列与最优属性值序列之间的相似度,对各方案在各时段的相似度值加权集成并排序。陈伟等(2017)[124]针对基于相对欧氏距离的直觉模糊 TOPSIS 法中出现的逆排序问题,通过将"垂面"距离对欧氏距离进行替换,提出了一种基于"垂面"距离的直觉模糊多属性决策规则。

(4) 区间直觉模糊决策研究。武建章等(2010)[125]在研究了区间直觉模糊值 Sugeno 积分性质和计算方法的基础上,提出了以该积分为集成算子的多属性决策方法。李光博等(2010)[126]针对权重信息完全未知且属性值为区间直觉模糊数的多属性决策问题,提出了一种基于线性规划和投影模型的决策方法。要瑞璞等(2011)[127]针对现有区间直觉模糊集得分函数和精确函数的缺陷和不足,定义了一个新的精确函数。张英俊等(2012)[128]利用区间直觉模糊集成算子获得方案在属性上的综合区间直觉模糊决策矩阵,并依据 TOPSIS 的思想,计算候选方案和理想方案的加权距离,最后确定方案排序。孟科(2012)[129]将基于"垂面"距离的 TOPSIS 法——正交投影法应用于区间直觉模糊多属性决策,并对其基本原理进行了解释。尹胜等(2017)[130]提出改进的融合隶属度、非隶属度和犹豫度的区间直觉模糊熵计算公式,运用改进的模糊熵公式计算决策属性指标的权重值。

1.2.2.2　犹豫模糊多属性决策

(1) 犹豫模糊信息集成算子研究。穆志民等(2014)[131]基于 gλ 模糊测度,Shapley 值和 Choquet 积分,定义了两种犹豫模糊信息集成算子:AHFGSCgλ 算子和 GHFGSCgλ 算子。金飞飞等(2015)[132]提出了三种新的 Einstein 算术平均集结算子,即犹豫模糊 Einstein 加权平均(HFEWA)算子、犹豫模糊 Einstein 有序加权平均(HFEOWA)算子以及犹豫模糊 Einstein 混合平均(HFEHA)算子。胡冠中等(2015)[133]提出了广义犹豫模糊有序加权几何(G-HFOWG)算子,研究了其优良性质,探讨了广义犹豫模糊有序加权朱轮几何算子的一些常见形式。朱轮等(2016)[134]提出了一种基于阿基米德 T—范数和 S—范数的广义犹豫模糊 Bonferroni 平均(GHFBM)算子,并研究了 GHFBM 算子的一些优良性质,包括单调性、幂等性、有界性以及置换不变性等。王晓楠等(2017)[135]基于阿基米德范数和 Heronian 平均,提出一种新的 Heronian 平均(HFHM)算子和犹豫模糊加权 Heronian 平均(HFWHM)算子。牟能冶(2017)[136]基于犹豫三角模糊集距离的定义,提出了犹豫三角模糊幂均(HTFPA)算子和广义犹豫三角模糊幂均(GHTFPA)算子等。

(2) 犹豫模糊集相似测度的研究。刘小弟等(2014)[137]定义犹豫模糊相对熵、对称交互熵,并基于信息论的角度提出一个新的犹豫模糊相似度公式,并利用相似度公式构造相似系数矩阵。彭定洪等(2016)[138]针对传统的犹豫模糊集相似性测度对原始数据信息处理不全面的问题,提出一种基于 Tversky 参数化比率相似性模型的犹豫模糊集相似性测度函数。黄鹤等(2017)[139]利用三种犹豫模糊集合的包含度,构造犹豫模糊集间的相似度量公式,并在此基础上给出广义犹豫模糊软集相似度量的公理化定义,构造了广义犹豫模糊软集的相似度量公式。战秋艳等(2017)[140]针对区间值犹豫模糊集距离和相似度的原有定义只考虑了犹豫区间左右端点值的差异、而没有比较犹豫区间个数的多少的不足,在区间值犹豫模糊集中引入犹豫度的概念,给出区间值犹豫模糊集的距离及相似度的新定义。王铁旦等(2018)[141]结合 COWA 算子和 Dice 相似性测度的各自优势,提出了一种考虑决策者态度的区间犹豫模糊 Dice 相似性测度公式。

(3) 区间犹豫模糊决策研究。蔡丽娜等(2014)[142]基于区间值犹豫模糊集和WOWA(Weighted Ordered Weighted Average)算子的特性,定义了一种区间值犹豫模糊 WOWA 算子,提出一种基于区间值犹豫模糊 WOWA 算子的群决策方法。于倩等(2015)[143]结合区间犹豫模糊集的信息表达优势和 ELECTRE 方法的思想,提出一种区间犹豫模糊 ELECTRE(IVHF ELECTRE)多属性决策新方法。鲁小云等(2017)[144]基于区间值犹豫模糊二元关系,给出了区间值犹豫模糊粒度结构概念和区间值犹豫模糊粒的基数概念,讨论了区间值犹豫模糊粒度结构上的三种偏序关系。王亚萍等(2017)[145]构建了基于级别高于关系的区间犹豫模糊决策新方法,鉴于传统的 ELECTRE Ⅱ 方法中阈值选择对决策结果比较敏感的缺点,通过改进的 ELECTRE 方法实现备选方案的择优问题。高志方等(2018)[146]提出一种区间犹豫模糊灰色可能关联分析(IVHF－GLRA)决策方法,并将其应用于可信云服务评估。

1.2.2.3　对偶犹豫模糊多属性决策

(1) 对偶犹豫模糊信息集成算子研究。吴婉莹等(2014)[147]构造了直觉对偶犹豫模糊集的算术加权平均集结算子和几何加权平均算子,并针对有序和广义的情况分别给出相对应的公式。杨尚洪等(2015)[148]提出对偶犹豫模糊语言变量的加权算术平均算子、有序加权算术平均算子和混合平均算子。赵娜(2016)[149]定义了对偶犹豫模糊 T 模和 S 模,借助经典 T 模和 S 模,构建了一类特殊的对偶犹豫模糊 T 模和 S 模。基于对偶犹豫模糊 T 模和 S 模,提出了对偶犹豫模糊优先加权三角算子用来集结属性间有优先关系的对偶犹豫模糊决策信息。王金山等(2017)[150]给出了两种对偶犹豫模糊不确定语言 Power 算术算子,提出了一种基于 Power 算术算子的多属性决策方法。同年,王金山(2017)等[151]针对属性间存在支持关系的情形,提出了基于该模糊集的 Power 加权几何平均算子和有序加权几何平均算子,同时给出了一种基于 Power 几何算子的对偶犹豫模糊不确定语言变量多属性决策方法。

(2)距离测度和相似测度的研究。吴婉莹(2014)[152]给出了对偶犹豫模糊集相关系数的定义,构造了熵测度公式,针对属性权重完全未知的情形,给出熵权重模型,将加权相关系数应用于多属性群决策。王金英等(2015)[153]基于区间值对偶犹豫模糊集的定义,提出了距离测度的公理化定义,给出了区间值对偶犹豫模糊集的各种距离测度的公式,如 Hamming 距离、Euclidean 距离和 Hausdorff距离等。李丽颖等(2017)[154]基于对偶犹豫模糊集的定义,给出对偶犹豫模糊集的 Hamming 距离测度公式、两个对偶犹豫模糊信息之间相关关系的相关系数,并给出定义和加权相关系数计算公式,使决策运算更快捷有效。臧誉琪等(2017)[155]针对属性值为对偶犹豫模糊数且属性权重和时序权重均未知的动态多属性决策问题,提出了一种基于灰关联投影法的多属性决策方法。

(3)区间对偶犹豫模糊决策研究。吴婉莹(2014)[152]提出区间对偶犹豫模糊集的定义和基本运算法则,给出相关系数的公式,根据得分函数构造线性规划模型确定属性权重,并根据加权相关系数对备选方案进行选择。进而,吴婉莹等(2014)[156]给出了区间值对偶犹豫模糊集的定义及其基本运算、区间值对偶犹豫模糊集的相关系数的定义及计算公式,构造了确定权重的优化模型。杨宗华等(2017)[157]给出了区间对偶犹豫模糊不确定语言集的定义及其运算法则,构造了得分函数、精确函数,给出了一种基于区间值对偶犹豫模糊不确定语言变量的多属性决策方法。李丽颖等(2017)[158]提出了区间值对偶犹豫模糊熵与相似性测度的概念,给出了区间值对偶犹豫模糊熵权的计算公式,基于区间值对偶犹豫模糊集的熵和相似性测度提出一种新的区间值对偶犹豫模糊集的决策方法。杨宗华等(2017)[159]针对属性权重未知的指挥员综合素质评价问题,引入区间对偶犹豫模糊不确定语言集的概念,构建了基于区间对偶犹豫模糊不确定语言变量的指挥员综合素质多属性决策模型。

(4)对偶犹豫模糊集拓展研究。任智亮(2015)[160]提出了对偶犹豫模糊元素的修正得分函数和一种比较方法,结合修正的得分函数和推广的 Dice 相似测度,提出属性之间有优先级别关系的对偶犹豫模糊信息多属性决策方法。闫菲菲(2015)[161]提出对偶犹豫模糊值的熵公理化定义和熵公式,并在此基础上提出对偶犹豫模糊集的熵公理化定义和熵公式,完善了对偶犹豫模糊集的熵理论。韩晓冰等(2016)[162]将对偶犹豫模糊集与粗糙集理论相融合,在对偶犹豫模糊近似空间中构建了对偶犹豫模糊粗糙集模型,讨论了模型的一些基本性质。张超(2017)[163]提出了区间犹豫模糊多粒度粗糙集的概念,进一步讨论了区间犹豫模糊多粒度粗糙集的性质以及不确定性度量方法。张海东(2017)[164]通过融合对偶犹豫模糊集和软集理论,引进软集的一种拓展模型——对偶犹豫模糊软集。

1.2.2.4　中智犹豫模糊多属性决策

国内学术界关于中智集的文献很少,只有 10 余篇相关论文,内容主要涉及信息集成算子研究、中智模糊集算法研究和区间值中智集决策等方面。

(1) 中智集信息集成算子研究。王玉美(2017)[165]将广义集成算子、幂(Power)算子和优先集成算子三类经典集结算子与区间中智集相结合,运用新的运算法则形成基于区间中智集的广义集成算子、幂集成算子和优先集成算子。滕飞(2016)[166]将区间中智不确定语言变量与广义集成算子相融合,提出三种区间中智不确定语言广义集成算子、区间中智不确定语言广义混合加权平均算子。将区间中智不确定语言变量与 Bonferroni Mean 和 Heronian Mean 集成算子相融合,提出若干新的信息集成算子。韩莉莉(2017)[167]将 Choquet 积分算子应用到单值中智集中,应用单值中智集余弦相似度比较方法,提出了单值中智集 Choquet 积分算子,建立了基于单值中智集 Choquet 积分算子的多属性群决策方法。

(2) 中智模糊集相关算法研究。为了克服传统的模糊 C—均值聚类算法抗噪性能差的局限性,崔西希等(2016)[168]在中智模糊聚类基础上提出了一种新的基于邻域信息的中智模糊聚类图像分割算法。吴成茂等(2017)[169]针对中智模糊 C 均值聚类算法抗噪能力弱的问题,提出嵌入隐马尔科夫随机场的中智模糊聚类分割算法。利用隐马尔科夫随机场模型的先验信息描述图像像素邻域关系,将其与隶属度相结合作为监督因子,嵌入现有中智聚类并构造半监督中智聚类目标函数。杨永伟等(2017)[170]提出了犹豫中智集的概念,并在欧氏距离和余弦相似度公式的基础上构造了中智集的相似度测量公式。

(3) 区间中智犹豫模糊决策研究。刘培德等(2016)[171]介绍了区间中智集和可能度,针对传统的以实数表示评价信息的 ELECTRE 方法的不足,将 ELEC-TRE 方法与区间中智数相结合提出一个扩展的 ELECTRE 方法。刘春芳等(2016)[172]给出区间中智集的熵的计算公式,由两个区间中智集构造一个新的区间中智集,并通过新的区间中智集的熵来定义这两个区间中智集的相似度。刘培德等(2016)[173]介绍了中智数、区间中智数的概念与基本运算规则,以及云模型概念、综合云、浮动云及云之间的 Hamming 距离计算公式,提出了基于变异系数的权重确定方法,进一步基于云模型提出了扩展的 TOPSIS 排序方法。杨威等(2017)[174]利用多值区间中智集描述不确定信息,定义多值区间中智值之间的余弦值和欧氏距离,采用 Choquet 积分描述属性之间的相关性,应用线性分配方法对方案进行排序。

1.2.3 研究评述

从上述对国内外研究文献的回顾可以看出,近年来对于模糊多属性决策理论及其方法的研究已经有了一定的进展,为本书的深入研究提供了借鉴和参考。然而,当下作为模糊决策领域研究的热点、重点、难点,还有以下问题亟待深入研究:

(1) 关于直觉模糊距离测度的研究,有待于进一步深入。目前国内外文献针对直觉模糊距离测度的研究虽然较多,但大多数局限于从算术加权平均或几何加权平均的角度开展研究,缺少从有序加权平均角度对直觉模糊距离测度进行研究,基于有序加权平均距离的直觉模糊多属性决策方法有待进一步丰富。

(2) 关于灰色模糊决策理论和方法的研究,亟待进一步加强。现有文献将灰色系统和模糊集结合的研究很少,将犹豫模糊拓展到灰色犹豫模糊集的论文更是罕见。而犹豫模糊集非常适合灰色系统,将灰色系统理论应用于犹豫模糊决策,对于拓展灰色系统的应用范围,促进灰色理论和模糊集理论的结合具有积极意义。

(3) 关于对偶犹豫和中智犹豫模糊多属性决策方法的研究,有待于进一步扩展。模糊多属性决策方法的种类繁多,其存在就有一定的合理性。目前国内外关于对偶犹豫模糊决策、中智犹豫模糊决策多属性决策方法的研究尚处于起步阶段,对其方法的研究也仅在少数文献中有所涉及。在现有模糊多属性决策方法研究的基础上,拓宽对偶犹豫和中智犹豫模糊多属性决策方法的研究,是本书的重中之重。

（4）关于模糊多属性决策方法应用范围的研究,有待于进一步合理拓展。随着决策环境的不确定性、模糊性日益突出,模糊决策理论的适用范围越来越广,学者们将模糊决策理论应用于绩效考核、项目评估、环境质量评估等。但是尽管模糊决策理论的应用研究涉及了人力资源管理、项目管理、环境管理等范畴,有关大学评价体系的相关研究还尚未发现。因此本书致力于探寻模糊多属性决策方法新的应用范畴,即其在中国大学评价体系评估中的应用研究。

1.3　研究内容与方法

1.3.1　研究内容

本书以模糊集理论的发展历程为逻辑主轴,以多属性决策方法由浅入深为逻辑辅轴,对不同环境下的模糊多属性决策方法及应用进行研究,主要研究内容如下:

第一部分,基于熵权 TOPSIS 法的直觉模糊多属性决策模型及应用研究。信息测度主要包括距离、相似度、关联度和信息熵等,其中距离测度是应用最广泛的测度工具。距离测度公式的选择直接影响到决策最终结果。本书选用直觉模糊有序加权距离测度(IFOWD),有效融入专家的风险决策态度。基于直觉模糊熵最小原理和垂面距离最小的思想,构建了融合主客观信息偏好的模型确定属性权重,用 TOPSIS 方法对方案排序优选。本书将该模型应用于中外大学评价体系相关性问题研究,并用统计学中的相关分析方法检验了模型的有效性和实用性。

第二部分,基于灰关联的犹豫模糊多属性决策模型及应用研究。犹豫模糊集的隶属度是由离散且数值不等的犹豫模糊数组成,表达方式更加灵活,更适用于多属性决策。本书建立了基于灰关联分析的犹豫模糊多属性决策模型,给出了灰色犹豫模糊集的距离测度公式,建立了灰隶属度决策矩阵,利用灰关联法确定属性权重,采用核与灰度方法,有效避免信息偏离,应用灰可能度对方案进行排序选优。本书将该模型应用于中国大学评价体系中研究生培养要素问题研究,并用相关分析方法检验了模型的有效性和实用性。

第三部分,基于投影法的对偶犹豫模糊多属性决策模型及应用研究。对偶犹豫模糊集定义了可能隶属度与可能非隶属度,符合客观事物不确定性和复杂性的特点,在处理模糊性与不确定问题上更具有一般性和灵活性。本书给出了对偶犹豫模糊集的距离测度,计算对偶犹豫模糊数在其理想值的投影,利用投影值进行排序择优,拓展了投影法的应用范畴。本书将模型应用于中国大学评价体系规模效应问题研究,并实证检验了模型的有效性。

第四部分,基于灰关联投影的中智犹豫模糊多属性决策模型及应用研究。针对评价值为中智模糊数且属性和时序权重均未知的动态多属性决策问题,构建了中智犹豫模糊多属性决策模型,给出中智犹豫模糊数的灰关联投影测度方法,基于灰关联度总偏差最小的非线性规划模型来确定属性权重,求得灰关联投影值。应用指数衰减模型,确定时序权重,将不同时刻的灰关联投影值集成为综合投影值,以此对备选方案进行排序择优。本书将模型应用于中国大学评价体系稳定性问题的研究,并实证检验了模型的有效性。

第五部分,中国大学评价体系存在的问题及改进对策研究。基于本书所建模型的分析及统计检验结果,发现中国大学评价机构在评价体系科学性、数据的透明度、评价体系多样性和评价结果稳定性等方面尚存在不足之处,从增加定性评价指标、公开指标和原始数据、建立分层分类评价体系和保持指标和权重相对稳定四方面提出了具体的改进对策建议。

1.3.2 研究方法

本书在传统研究方法的基础上,更加注重理论及方法的学科交叉,综合模糊数学、管理科学、统计学以及教育学等相关理论,结合 TOPSIS 法、灰色关联法、投影法、相关分析和统计检验等方法,对各种不同环境下的模糊多属性决策问题进行研究。

(1)模糊数学方法。模糊数学是研究和处理模糊性现象的一种数学理论和方法,已在现代社会的各个领域得到广泛应用。本书针对直觉模糊集、犹豫模糊集、对偶犹豫模糊集和中智犹豫模糊集中的关联测度、距离测度、相似测度和信息集结算子等基本问题进行研究,在一定程度上对模糊集理论作了补充。

(2)主客观比较法。将主观的以"中国大学评价模糊决策矩阵"为基础进行的模糊多属性决策结果,与客观的以"事实数据"为基础进行的统计分析结果进行比较研究,实证检验模糊多属性决策结果的准确性。

(3)灰关联投影法。灰关联投影法将灰色系统理论与矢量投影原理相结合,反映出各决策方案与理想方案之间的接近程度,能够反映整个属性空间的影响,且能够避免单方向偏差,区别于简单的线性加权法。

(4)问卷调查方法。针对研究问题设计四套调查问卷,以 2016 教育部人文社科项目课题组的名义,向高教领域专家发放问卷,将回收的问卷进行模糊数运算处理,得到模糊决策信息矩阵,为模糊多属性决策分析奠定基础。

本书综合理论与实证、定性与定量研究方法,将综合评价方法与模糊集理论相结合,研究了不同模糊信息环境下的多属性决策模型的构建,将其应用于大学评价体系研究,并对模糊多属性决策模型的有效性进行了统计学检验。技术路线图如图 1-1 所示。

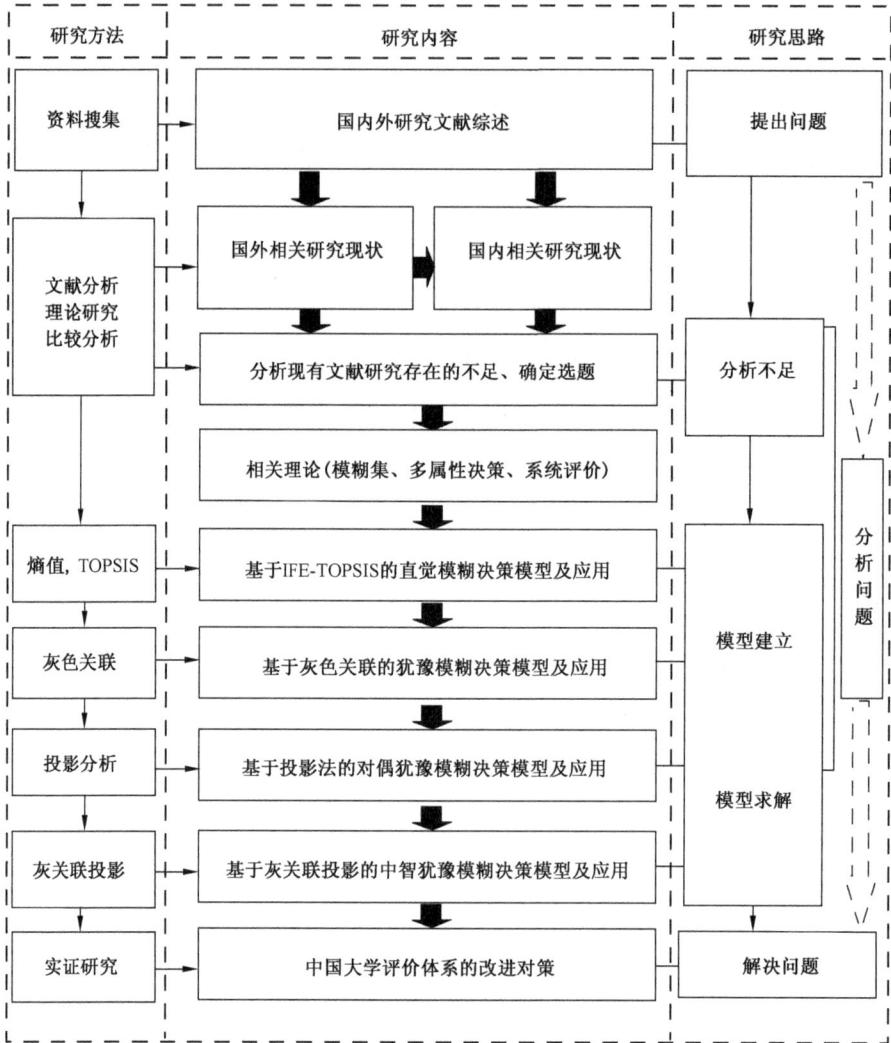

图 1-1　技术路线图

Fig. 1-1　Technical roadmap

第 2 章　相关基础理论

现实世界中,许多对象的属性信息是不精确的或不确定的,人类由于对不确定性问题认识不足,难免在处理问题时遇到一定的困难。针对这一问题,1965 年 Zadeh 提出了模糊集的概念,该理论在一定程度上弥补了经典集合理论灵活性不足的缺点,已在现代社会的各个领域得到广泛应用。

2.1　模糊集理论

首先介绍 Zadeh 的模糊集概念。

定义 2.1　设 X 是一个非空集合,则称

$$F = \{\langle x, \mu_F(x) \rangle, x \in X\} \tag{2-1}$$

为模糊集,其中 μ_F 是模糊集 F 的隶属函数,$\mu_F : X \in [0,1]$,$\mu_F(x)$ 为 X 中元素 x 属于 F 的隶属度,且 $\mu_F(x)$ 在单位区间 $[0,1]$ 取单值。

模糊集的核心思想是把取值仅为 1 或 0 的特征函数扩展到可在单位闭区间 $[0,1]$ 中任意取值的隶属函数。然而,模糊集的隶属函数值仅是一个单一的值,在实际应用中,它不能同时表示支持(肯定)、反对(否定)和犹豫(不确定)的证据。

由于社会环境的日益复杂性和不确定性,人们在对事物的认知过程中,往往存在不同程度的犹豫或表现出一定程度的知识缺乏,从而使认知结果表现为肯定、否定或犹豫性这三个方面,如在各种选举投票事件中,除了支持和反对两个方面,还经常有弃权的情况发生。因此,传统的模糊集理论因其不能完整地表达所研究问题的全部信息而受到越来越多的制约和挑战。

2.1.1　直觉模糊集

为了弥补模糊集理论的不足,保加利亚学者 Atanassov[2] 对 Zadeh 的模糊集进行了拓展,把仅考虑隶属度的传统模糊集推广到同时考虑隶属度、非隶属度和犹豫度这三个方面信息的直接模糊集。

定义 2.2 设 X 是一个非空集合,则称

$$A = \{\langle x, \mu_A(x), \nu_A(x) \rangle, x \in X\} \tag{2-2}$$

为直觉模糊集,其中 $\mu_A(x)$ 和 $\nu_A(x)$ 分别为 X 中元素 x 属于 A 的隶属度和非隶属度,用下式表示:

$$\mu_A: X \rightarrow [0,1], x \in X \rightarrow \mu_A(x) \in [0,1]$$
$$\nu_A: X \rightarrow [0,1], x \in X \rightarrow \nu_A(x) \in [0,1] \tag{2-3}$$

且满足条件:

$$0 \leqslant \mu_A(x) + \nu_A(x) \leqslant 1, x \in X \tag{2-4}$$

此外,

$$\pi_A(x) = 1 - \mu_A(x) - \nu_A(x), x \in X \tag{2-5}$$

表示 X 中元素 x 属于 A 的犹豫度或不确定度。

Szmidt 和 Kacprzyk[175] 称 $\pi_A(x)$ 为 X 中元素 x 属于 A 的直觉指标,且 $0 \leqslant \pi_A(x) \leqslant 1, x \in X$。特别地,若

$$\pi_A(x) = 1 - \mu_A(x) - [1 - \mu_A(x)] = 0, x \in X \tag{2-6}$$

则 A 退化为 Zadeh 的模糊集。因此,Zadeh 的模糊集是直觉模糊集的一个特例。

为方便起见,称 $\alpha = (\mu_\alpha, \nu_\alpha)$ 为直觉模糊数[176],其中

$$\mu_\alpha \in [0,1], \nu_\alpha \in [0,1], \mu_\alpha + \nu_\alpha \leqslant 1 \tag{2-7}$$

设 Θ 为全体直觉模糊数的集合,显然,$\alpha^+ = (1,0)$ 为最大的直觉模糊数,$\alpha^- = (0,1)$ 为最小的直觉模糊数。

例 2.1 设直觉模糊集 $A = \{\langle x, 0.5, 0.3 \rangle, x \in X\}$,即隶属度 $\mu_A(x) = 0.5$,非隶属度 $\nu_A(x) = 0.3$,犹豫度 $\pi_A(x) = 0.2$。则表示对象 x 属于直觉模糊集 A 的程度是 0.5,不属于 A 的程度是 0.3,既不支持又不反对的中立程度为 0.2。可以用投票模型来解释:赞成票为 50%,反对票为 30%,弃权票为 20%。

对于任一直觉模糊数 $\alpha = (\mu_\alpha, \nu_\alpha)$,可以通过得分函数 s 对其进行评估[177]:

$$s(\alpha) = \mu_\alpha - \nu_\alpha \tag{2-8}$$

其中 $s(\alpha)$ 为 α 的得分值,且 $s(\alpha) \in [-1,1]$。

例 2.2 $\alpha_1 = (0.6, 0.1)$ 和 $\alpha_2 = (0.7, 0.2)$,通过式(2-8)可得:

$$s(\alpha_1) = 0.6 - 0.1 = 0.5, s(\alpha_2) = 0.7 - 0.2 = 0.5$$

由于 $s(\alpha_1) = s(\alpha_2)$,因此,运用得分函数无法比较 α_1 和 α_2 的大小。

Hong 和 Choi[178]定义了一种精确函数：

$$h(\alpha) = \mu_a + \nu_a \tag{2-9}$$

其中，$\alpha = (\mu_a, \nu_a)$ 为直觉模糊数，$h(\alpha)$ 为 α 的精确度，$h(\alpha)$ 值越大，α 精确度越高。

根据式(2-9)，计算例 2.2 中直觉模糊数 α_1 和 α_1 的精确度，可得：

$$h(\alpha_1) = 0.6 + 0.1 = 0.7, h(\alpha_2) = 0.7 + 0.2 = 0.9$$

从而 $h(\alpha_1) < h(\alpha_2)$，直觉模糊数 α_2 的精确度比 α_1 的精确度高。

得分函数 s 和精确函数 h 类似于统计学中的均值与方差，方差越小，则估计量的结果越好，基于此思想，可以认为：在两个直觉模糊数得分相等的情况下，精确度越高，相应的直接模糊数越大，即 α_2 大于 α_1。

定义 2.3[176]　设 $\alpha_1 = (\mu_{a_1}, \nu_{a_1})$ 和 $\alpha_2 = (\mu_{a_2}, \nu_{a_2})$ 为直觉模糊数，$s(\alpha_1) = \mu_{a_1} - \nu_{a_1}$ 和 $s(\alpha_2) = \mu_{a_2} - \nu_{a_2}$ 分别为 α_1 和 α_2 的得分值，$h(\alpha_1) = \mu_{a_1} + \nu_{a_1}$ 和 $h(\alpha_2) = \mu_{a_2} + \nu_{a_2}$ 分别为 α_1 和 α_2 的精确度，则

若 $s(\alpha_1) < s(\alpha_2)$，则 α_1 小于 α_2，记为 $\alpha_1 < \alpha_2$；

若 $s(\alpha_1) = s(\alpha_2)$，则

1) 若 $h(\alpha_1) = h(\alpha_2)$，则 α_1 等于 α_2，记为 $\alpha_1 = \alpha_2$；

2) 若 $h(\alpha_1) < h(\alpha_2)$，则 α_1 小于 α_2，记为 $\alpha_1 < \alpha_2$；

3) 若 $h(\alpha_1) > h(\alpha_2)$，则 α_1 大于 α_2，记为 $\alpha_1 > \alpha_2$。

定理 2.1　设 $\alpha_1 = (\mu_{a_1}, \nu_{a_1})$ 和 $\alpha_2 = (\mu_{a_2}, \nu_{a_2})$ 为直觉模糊数，则

$$\alpha_1 \leqslant \alpha_2 \Leftarrow \mu_{a_1} \leqslant \mu_{a_2} \text{ 且 } \nu_{a_1} \geqslant \nu_{a_2} \tag{2-10}$$

证明：由于 $s(\alpha_1) = \mu_{a_1} - \nu_{a_1}$，$s(\alpha_2) = \mu_{a_2} - \nu_{a_2}$，$\mu_{a_1} \leqslant \mu_{a_2}$ 且 $\nu_{a_1} > \nu_{a_2}$，则

$$s(\alpha_1) - s(\alpha_2) = (\mu_{a_1} - \nu_{a_1}) - (\mu_{a_2} - \nu_{a_2}) = (\mu_{a_1} - \mu_{a_2}) + (\nu_{a_1} - \nu_{a_2})$$

若 $\mu_{a_1} = \mu_{a_2}$，且 $\nu_{a_1} = \nu_{a_2}$，则 $\alpha_1 = \alpha_2$；否则 $s(\alpha_1) - s(\alpha_2) < 0$，即 $s(\alpha_1) < s(\alpha_2)$。证毕。

Atanassov 给出直觉模糊集的一些基本运算规则：

定义 2.4　设 X 是一个非空集合，$A = \{\langle x, \mu_A(x), \nu_A(x) \rangle, x \in X\}$，$A_1 = \{\langle x, \mu_{A_1}(x) \rangle, \nu_{A_1}(x), x \in X\}$ 和 $A_2 = \{\langle x, \mu_{A_2}(x) \rangle, \nu_{A_2}(x), x \in X\}$ 为直觉模糊集，则

1) $\overline{A} = \{\langle x, \nu_A(x), \mu_A(x) \rangle, x \in X\}$；

2) $A_1 \bigcap A_2 = \{x, \min\{\mu_{A_1}(x), \mu_{A_2}(x)\}, \max\{\nu_{A_1}(x), \nu_{A_2}(x)\}, x \in X\}$；

3) $A_1 \bigcup A_2 = \{x, \max\{\mu_{A_1}(x), \mu_{A_2}(x)\}, \min\{\nu_{A_1}(x), \nu_{A_2}(x)\}, x \in X\}$；

4) $A_1 + A_2 = \{\langle x, \mu_{A_1}(x) + \mu_{A_2}(x) - \mu_{A_1}(x)\mu_{A_2}(x), \nu_{A_1}(x)\nu_{A_2}(x)\rangle, x \in X\}$；

5) $A_1 \times A_2 = \{\langle x, \mu_{A_1}(x)\mu_{A_2}(x), \nu_{A_1}(x) + \nu_{A_2}(x) - \nu_{A_1}(x)\nu_{A_2}(x)\rangle, x \in X\}$；

6) $nA = \{\langle x, 1 - (1 - \mu_A(x))^n, \nu_A(x)^n\rangle, x \in X\}$；

7) $A^n = \{\langle x, \mu_A(x)^n, 1 - (1 - \nu_A(x))^n\rangle, x \in X\}$。

类似 1)~7)，定义直觉模糊数的运算法则：

定义 2.5 设 $\alpha = (\mu_a, \nu_a)$，$\alpha_1 = (\mu_{a_1}, \nu_{a_1})$ 和 $\alpha_2 = (\mu_{a_2}, \nu_{a_2})$ 为直觉模糊数，则

1) $\bar{\alpha} = (\nu_a, \mu_a)$；

2) $\alpha_1 \bigcap \alpha_2 = (\min\{\mu_{a_1} \mu_{a_2}\}, \max\{\nu_{a_1}, \nu_{a_2}\})$；

3) $\alpha_1 \bigcup \alpha_2 = (\max\{\mu_{a_1} \mu_{a_2}\}, \min\{\nu_{a_1}, \nu_{a_2}\})$；

4) $\alpha_1 \bigoplus \alpha_2 = (\mu_{a_1} + \mu_{a_2} - \mu_{a_1} \mu_{a_2}, \nu_{a_1} \nu_{a_2})$；

5) $\alpha_1 \bigotimes \alpha_2 = (\mu_{a_1} \mu_{a_2}, \nu_{a_1} + \nu_{a_2} - \nu_{a_1} \nu_{a_2})$；

6) $\lambda\alpha = (1 - (1 - \mu_a)^\lambda, \nu_a^\lambda), \lambda > 0$；

7) $\alpha^\lambda = (\mu_a^\lambda, 1 - (1 - \nu_a)^\lambda), \lambda > 0$。

定义 2.6 设 $\alpha = (\mu_a, \nu_a)$，$\alpha_1 = (\mu_{a_1}, \nu_{a_1})$ 和 $\alpha_2 = (\mu_{a_2}, \nu_{a_2})$ 为直觉模糊数，λ，$\lambda_1, \lambda_2 > 0$，则

1) $\alpha_1 \bigoplus \alpha_2 = \alpha_2 \bigoplus \alpha_1$；

2) $\alpha_1 \bigotimes \alpha_2 = \alpha_2 \bigotimes \alpha_1$；

3) $\lambda(\alpha_1 \bigoplus \alpha_2) = \lambda\alpha_1 \bigoplus \lambda\alpha_2$；

4) $(\alpha_1 \bigotimes \alpha_2)^\lambda = \alpha_1^\lambda \bigotimes \alpha_2^\lambda$；

5) $\lambda_1 \alpha \bigoplus \lambda_2 \alpha = (\lambda_1 + \lambda_2)\alpha$；

6) $\alpha^{\lambda_1} \bigotimes \alpha^{\lambda_2} = \alpha^{(\lambda_1 + \lambda_2)}$。

定义 2.7 直觉模糊数的模。$\alpha = (\mu_a, \nu_a)$ 的模 $|\alpha|$ 定义为

$$|\alpha| = \sqrt{\mu_a^2 + \nu_a^2} \tag{2-11}$$

如，当 $\alpha = (0.3, 0.2)$ 时，该直觉模糊数的模 $|\alpha| = \sqrt{0.3^2 + 0.2^2} = 0.3606$。

定义 2.8 设有任意两个直觉模糊数 $\alpha_1 = (\mu_{a_1}, \nu_{a_1})$ 和 $\alpha_2 = (\mu_{a_2}, \nu_{a_2})$，将它们夹角余弦定义为 $\cos(\alpha_1, \alpha_2)$：

$$\cos(\alpha_1,\alpha_2)=\frac{\alpha_1\cdot\alpha_2}{|\alpha_1|\cdot|\alpha_2|}=\frac{\mu_{\alpha_1}\cdot\mu_{\alpha_2}+\nu_{\alpha_1}\cdot\nu_{\alpha_2}}{\sqrt{\mu_{\alpha_1}^2+\nu_{\alpha_1}^2}\cdot\sqrt{\mu_{\alpha_2}^2+\nu_{\alpha_2}^2}} \tag{2-12}$$

根据式(2-12),直觉模糊数 $\alpha_1=(0.3,0.2)$ 和 $\alpha_2=(0.6,0.1)$ 的夹角余弦为

$$\cos(\alpha_1,\alpha_2)=\frac{0.3\times0.6+0.2\times0.1}{\sqrt{0.3^2+0.2^2}\times\sqrt{0.6^2+0.1^2}}=0.912$$

定义 2.9[179]　设 $\alpha=(\mu_{\alpha_1},\nu_{\alpha_1})$ 和 $\alpha_2=(\mu_{\alpha_2},\nu_{\alpha_2})$ 为任意直觉模糊数,将它们之间的贴近度定义为

$$\begin{aligned}S(\alpha_1,\alpha_2)&=1-d_2(\alpha_1,\alpha_2)\\&=1-\sqrt{\frac{1}{2}\left[(\mu_{\alpha_1}^2-\mu_{\alpha_2}^2)+(\nu_{\alpha_1}^2-\nu_{\alpha_2}^2)\right]}\end{aligned} \tag{2-13}$$

其中, $d_2(\alpha_1,\alpha_2)$ 为直觉模糊数 α_1 和 α_2 之间的 Euclidean 距离。

2.1.2　犹豫模糊集

由于群决策时,决策者经常面临不确定性和模棱两可的状态,或是不能相互妥协,使得最终无法取得一致共识。为此,一些学者提出了模糊集的广义形式,其中 Torra 和 Norukawa[3-4]提出了犹豫模糊集(HFS)的概念,对一个集合的元素由不同的隶属度来表示,更好地适应了群决策的需要。

定义 2.10　设 X 为一给定的集合,犹豫模糊集是从 $X\rightarrow[0,1]$ 的映射,简记为: $A=\{\langle x,h(x)\rangle,x\in X\}$ 。

其中, $h(x)$ 是 $[0,1]$ 中几个犹豫模糊数(HFN)的集合,犹豫模糊数为 $x\in X$ 属于集合 A 的隶属度值,显然有 $HFN\in[0,1]$ 。犹豫模糊元包含了集合中可能的所有犹豫模糊数,各个犹豫模糊元中的数据长度一般情况下不同,可以根据以下方法进行判定比较犹豫模糊元的大小:

设 $X=\{x_1,x_2,\cdots,x_n\}$ 为一论域, A 和 B 为 X 上的犹豫模糊集, $A=\{\langle x_i,h_A(x_i)\rangle,x_i\in X\}$, $B=\{\langle x_i,h_B(x_i)\rangle,x_i\in X\}$ 。集合中的元素通常是次序紊乱的,首先将它们按升序进行排列:令 $\sigma:(1,2,\cdots,n)\rightarrow(1,2,\cdots,n)$ 为一排列,使 $h_{\sigma(i)}\leqslant h_{\sigma(i+1)}$, $h_{\sigma(i)}$ 是 h 中第 i 大的数。

A 和 B 中元素个数可能不同,令 $l(h_A(x_i))$, $l(h_B(x_i))$ 分别表示 $h_A(x_i)$, $h_B(x_i)$ 中元素的个数, $l_i=\max\{l(h_A(x_i)),l(h_B(x_i))\}$ 。若 $l(h_A(x_i))\neq l(h_B(x_i))$,则通过向元素个数较少的集合中重复添加元素,直至两个集合元素

个数相等。悲观准则下添加数值最小的元素,乐观准则下添加数值最大的元素。为方便起见,本书计算采用悲观准则。

定义 2.11　对任一犹豫模糊元 h,称 $s(h)=1/l\sum_{i=1}^{l}\gamma,(\gamma\in h)$ 为其记分函数,其中 l 是 h 中的元素个数。两个犹豫模糊元 h_1 和 h_2,若 $s(h_1)>s(h_2)$,则 $h_1>h_2$;若 $s(h_1)=s(h_2)$,则 $h_1\approx h_2$。

由于几何平均数受极端值的影响比代数平均数小,也可以采用几何平均数作为得分函数。

定义 2.12　设 $h\in H$,则 $s(h)=l(h)\sqrt[l(h)]{\prod_{i=1}^{l(h)}\gamma_i}$,称为犹豫模糊集的得分函数,其中 $l(h)$ 表示集合 h 中所含元素的个数。若 $s(h_1)>s(h_2)$,则 $h_1>h_2$;若 $s(h_1)=s(h_2)$,则 $h_1\approx h_2$。

Torra[3-4]认为犹豫模糊数的两端的隶属包络可以理解为一个直觉模糊数:

定义 2.13[3-4]　任一犹豫模糊数 h,它的包络 (h^-,h^+) 可以用以下公式转换为直觉模糊数:$A_{env}(h)=(h^-,(1-h^+))$,其中 $h^-=\min\gamma,h^+=\max\gamma,(\gamma\in h)$。

基于犹豫模糊包络关系的内涵,学者[180]研究了两者之间的包络关系集合运算:

1)$A_{env}(h_c)=(A_{env}(h))^c$;

2)$A_{env}(h_1\bigcup h_2)=A_{env}(h_1)\bigcup A_{env}(h_2)$;

3)$A_{env}(h_1\bigcap h_2)=A_{env}(h_1)\bigcap A_{env}(h_2)$;

4)$A_{env}(h^\lambda)=(A_{env}(h))^\lambda$;

5)$A_{env}(\lambda h)=\lambda A_{env}(h)$;

6)$A_{env}(h_1\cdot h_2)=A_{env}(h_1)\cdot A_{env}(h_2)$;

7)$A_{env}(h_1+h_2)=A_{env}(h_1)+A_{env}(h_2)$。

假定任意三个犹豫模糊数 h,h_1 和 h_2,Torra 研究了它们之间的运算法则:

1)$h^c=\bigcup_{\gamma\in h}\{1-\gamma\}$;

2)$h_1\bigcup h_2=\bigcup_{\gamma_1\in h_1,\gamma_2\in h_2}\max\{\gamma_1,\gamma_2\}$;

3)$h_1\bigcap h_2=\bigcup_{\gamma_1\in h_1,\gamma_2\in h_2}\min\{\gamma_1,\gamma_2\}$。

在研究了阿基米德 T 模和 S 模运算基础上,文献[180]研究了犹豫模糊运算

规则:设存在三个任意犹豫模糊元 h,h_1 和 h_2,则:

1) $h^\lambda = \bigcup_{\gamma \in h}\{k^{-1}(\lambda k(\gamma))\}$;

2) $\lambda h = \bigcup_{\gamma \in h}\{l^{-1}(\lambda l(\gamma))\}$;

3) $h_1 \otimes h_2 = \bigcup_{\gamma_1 \in h_1, \gamma_2 \in h_2}\{\gamma_1 \gamma_2\}$;

4) $h_1 \oplus h_2 = \bigcup_{\gamma_1 \in h_1, \gamma_2 \in h_2}\{\gamma_1 + \gamma_2 - \gamma_1 \gamma_2\}$。

其中 $l(t) = k(1-t)$,且 $k:[0\text{-}1] \rightarrow [0\text{-}\infty]$ 为严格递减函数。

犹豫模糊运算规则可以由以下定义给出:

定义 2.14[180]　设有任意三个犹豫模糊数 h,h_1 和 h_2,则:

1) $(h^c)^\lambda = (\lambda h)^c$;

2) $\lambda(h^c) = (h^\lambda)^c$;

3) $h_1^c \cdot h_2^c = (h_1 + h_2)^c$;

4) $h_1^c + h_2^c = (h_1 \cdot h_2)^c$。

其中,$h^c = \bigcup_{\gamma \in h}\{1 - \gamma\}$。

定义 2.15　设 $A = \{\langle x_i, h_A(x_i)\rangle, x_i \in X\}$,$(i = 1,2,\cdots,n)$ 是犹豫模糊集,则 A 的信息能量定义为:

$$E_{HFS}(A) = \sum_{i=1}^{n}\left(\frac{1}{l_i}\sum_{j=1}^{l_i}h_{A\sigma(j)}^2(x_i)\right) \tag{2-14}$$

定义 2.16　设 A 和 B 为两个犹豫模糊集,则 A 和 B 的相关性指标定义为:

$$C_{HFS}(A,B) = \sum_{i=1}^{n}\left[\frac{1}{l_i}\sum_{j=1}^{l_i}h_{A\sigma(j)}(x_i)h_{B\sigma(j)}(x_i)\right] \tag{2-15}$$

在上述定义的基础上,定义两个犹豫模糊集的相关系数。

定义 2.17　设 A 和 B 为两个犹豫模糊集,则 A 和 B 的相关系数定义为:

$$\rho_{HFS}(A,B) = \frac{C_{HFS}(A,B)}{\sqrt{C_{HFS}(A,A)} \cdot \sqrt{C_{HFS}(B,B)}}$$

$$= \frac{\sum\limits_{i=1}^{n}\left[\frac{1}{l_i}\sum\limits_{j=1}^{l_i}h_{A\sigma(j)}(x_i)h_{B\sigma(j)}(x_i)\right]}{\sqrt{\sum\limits_{i=1}^{n}\left[\frac{1}{l_i}\sum\limits_{j=1}^{l_i}h_{A\sigma(j)}^2(x_i)\right]} \cdot \sqrt{\sum\limits_{i=1}^{n}\left[\frac{1}{l_i}\sum\limits_{j=1}^{l_i}h_{B\sigma(j)}^2(x_i)\right]}} \tag{2-16}$$

2.1.3　对偶犹豫模糊集

犹豫模糊集是模糊集的推广,其隶属函数由一个可能值的集合组成,对偶犹豫模糊集又是犹豫模糊集的新拓展,用可能隶属度和可能非隶属度分别表示对事物的确定性和不确定性程度,在处理模糊性和不确定问题上更具有一般性和灵活性,受到学者的广泛关注。

定义 2.18 设 X 为一个固定的集合,在 X 上的对偶犹豫模糊集(DHFS)定义为:

$$D - \{\langle x, h(x), g(x) \rangle, x \in X\} \tag{2-17}$$

其中,$h(x):X \to D[0,1]$ 和 $g(x):X \to D[0,1]$,$h(x)$ 表示 $x \in X$ 的可能隶属度,$g(x)$ 表示 $x \in X$ 的可能非隶属度,且在集合 X 中满足 $0 \leqslant \gamma, \eta \leqslant 1, 0 \leqslant \gamma^+ + \eta^+ \leqslant 1$。

对于任意的 $x \in X$,$\gamma \in h(x)$,$\eta \in g(x)$,$\gamma^+ \in h^+(x) = \bigcup\limits_{\gamma \in h(x)} \max\{\gamma\}$,$\eta^+ \in g^+(x) = \bigcup\limits_{\eta \in g(x)} \max\{\eta\}$,为方便起见,称 $D = \{h(x), g(x)\}$ 为对偶犹豫模糊元,简记为 $D = \{h, g\}$。

定义 2.19 一些特殊的对偶犹豫模糊集:(1)完全可能集 $D = \{\{1\}, \{0\}\}$;(2)完全不可能集 $D = \{\{0\}, \{1\}\}$;(3)完全不确定集(所有都是可能的)$D = [0,1]$;(4)空集 $D = \varnothing$。

定义 2.20 令 X 为一个固定的集合,D, D_1 和 D_2 是 X 上的三个对偶犹豫模糊集,λ 为任意实数,则:

1) $D^c = \begin{cases} \bigcup\limits_{\gamma \in h, \eta \in g} \{\{\eta\}, \{\gamma\}\}, & \text{若 } h \neq \varnothing, g \neq \varnothing; \\ \bigcup\limits_{\gamma \in h} \{\{1-\gamma\}, \{\varnothing\}\}, & \text{若 } h \neq \varnothing, g = \varnothing; \\ \bigcup\limits_{\eta \in g} \{\{\varnothing\}, \{1-\eta\}\}, & \text{若 } h = \varnothing, g \neq \varnothing. \end{cases}$

2) $D_1 \bigcup D_2 = \{h \in (h_1 \bigcup h_2) \mid h \geqslant \max(h_1^-, h_2^-), g \in (g_1 \bigcap g_2) \mid g \leqslant \min(g_1^+, g_2^+)\}$;

3) $D_1 \bigcap D_2 = \{h \in (h_1 \bigcap h_2) \mid h \leqslant \min(h_1^+, h_2^+), g \in (g_1 \bigcup g_2) \mid g \geqslant \max(g_1^-, g_2^-)\}$;

4) $D_1 \oplus D_2 = \{h_{D_1} \oplus h_{D_2}, g_{D_1} \otimes g_{D_2}\} = \bigcup\limits_{\gamma \in h, \eta \in g} \{\{\gamma_{D_1} + \gamma_{D_2} - \gamma_{D_1} \gamma_{D_2}\}, \{\eta_{D_1} \eta_{D_2}\}\}$;

5) $D_1 \otimes D_2 = \{h_{D_1} \otimes h_{D_2}, g_{D_1} \oplus g_{D_2}\} = \bigcup\limits_{\gamma \in h, \eta \in g} \{\{\gamma_{D_1} \gamma_{D_2}\}, \{\eta_{D_1} + \eta_{D_2} - $

$\eta_{D_1}\eta_{D_2}\}\}$；

6) $\lambda D = \bigcup\limits_{\gamma_{D_1}\in h_D,\eta_{D_1}\in g_D}\{1-(1-\gamma_D)^\lambda,(\eta_D)^\lambda\}$；

7) $D^\lambda = \bigcup\limits_{\gamma_{D_1}\in h_D,\eta_{D_1}\in g_D}\{(\eta_D)^\lambda,1-(1-\gamma_D)^\lambda\}$。

$D=\{h(x),g(x)\}$ 是对偶犹豫模糊元，h 和 g 两个集合中元素通常是次序紊乱的，一般将其中元素按数值大小升序排列，即令 $\sigma:(1,2,\cdots,n)\to(1,2,\cdots,n)$ 为一排列，使 $h_{\sigma(i)}\leqslant h_{\sigma(i+1)},g_{\sigma(i)}\leqslant g_{\sigma(i+1)}$。其中 $h_{\sigma(i)},g_{\sigma(i)}$ 分别是 h 和 g 中第 i 大的数。

此外，集合 $h_H(x_i),g_H(x_i),h_D(x_i)$ 和 $g_D(x_i)$ 中所包含的元素个数通常不等。令 $l_i=\max\{l(h_H(x_i)),l(g_H(x_i)),l(h_D(x_i)),l(g_D(x_i))\}$，其中，$l(h_H(x_i)),l(g_H(x_i)),l(h_D(x_i)),l(g_D(x_i))$ 分别表示 $h_H(x_i),g_H(x_i),h_D(x_i)$ 和 $g_D(x_i)$ 中元素的个数。若任意两个集合中元素个数不等，在悲观准则下，重复添加元素较少的集合中最小的元素，使两者所含元素的个数相等为止。

定义 2.21　任一对偶犹豫模糊数 $d=(h,g)$，定义得分函数 $s(d)$ 和精确函数 $p(d)$：

$$s(d)=\frac{1}{\sharp h}\sum_{\gamma_i\in h}\gamma_i-\frac{1}{\sharp g}\sum_{\eta_i\in g}\eta_i \tag{2-18}$$

$$p(d)=\frac{1}{\sharp h}\sum_{\gamma_i\in h}\gamma_i+\frac{1}{\sharp g}\sum_{\eta_i\in g}\eta_i \tag{2-19}$$

其中，$\sharp h$ 和 $\sharp g$ 分别为 h 和 g 中元素的个数。对于任意两个对偶犹豫模糊数 d_1 和 d_2：

(1) 若 $s(d_1)>s(d_2)$，则 d_1 优于 d_2，记为 $d_1>d_2$；

(2) 若 $s(d_1)<s(d_2)$，则 d_1 劣于 d_2，记为 $d_1<d_2$；

(3) 若 $s(d_1)=s(d_2)$，则

①若 $p(d_1)>p(d_2)$，则 d_1 优于 d_2，记为 $d_1>d_2$；

②若 $p(d_1)=p(d_2)$，则 d_1 与 d_2 等价，记为 $d_1\approx d_2$；

③若 $p(d_1)<p(d_2)$，则 d_1 劣于 d_2，记为 $d_1<d_2$。

例 2.3　有三个对偶犹豫模糊元，$A=\{(0.3,0.4),(0.1,0.2)\}$，$B=\{(0.5,0.6),(0.3,0.4)\}$，$C=\{(0.6),(0.3,0.4)\}$，对它们进行比较。

首先,应用式(2-18)得:

$$s(A) = \frac{0.3+0.4}{2} - \frac{0.1+0.2}{2} = 0.2 ; s(B) = \frac{0.5+0.6}{2} - \frac{0.3+0.4}{2} = 0.2 ;$$

$$s(C) = 0.6 - \frac{0.3+0.4}{2} = 0.25 。$$

因为 $s(A) = s(B) < s(C)$,所以 C 优于 A 和 B。

其次,再应用式(2-19)得:

$$p(A) = \frac{0.3+0.4}{2} + \frac{0.1+0.2}{2} = 0.5$$

$$p(B) = \frac{0.5+0.6}{2} + \frac{0.3+0.4}{2} = 0.9$$

因为 $p(A) < p(B)$,所以 A 劣于 B。综上,最终排序结果为:$C > B > A$。

定义 2.22　设对偶犹豫模糊集 $D = \{\langle x_i, h_D(x_i), g_D(x_i)\rangle \mid x_i \in X, i = 1, 2, \cdots, n\}$,称:

$$E(H) = \sum_{i=1}^{n} \frac{1}{l_i} \left\{ \sum_{j=1}^{l_i} \left[h_{D\sigma(j)}^2(x_i) + g_{D\sigma(j)}^2(x_i) \right] \right\} \tag{2-20}$$

为集合 H 的信息能量。

定义 2.23　设 H 和 D 是两个对偶犹豫模糊集,称:

$$C(H, D) = \sum_{i=1}^{n} \frac{1}{l_i} \left\{ \sum_{j=1}^{l_i} \left[h_{H\sigma(j)}(x_i) h_{D\sigma(j)}(x_i) + g_{H\sigma(j)}(x_i) g_{D\sigma(j)}(x_i) \right] \right\} \tag{2-21}$$

为集合 H 和 D 的相关性指标。

显然:$C(H, H) = E(H)$, $C(H, D) = C(D, H)$。

定义 2.24　设 H 和 D 是两个对偶犹豫集,则称:

$$\rho(H, D) = \frac{C(H, D)}{\sqrt{E(H)} \sqrt{E(D)}}$$

$$= \frac{\displaystyle\sum_{i=1}^{n} \frac{1}{l_i} \left\{ \sum_{j=1}^{l_i} \left[h_{H\sigma(j)}(x_i) h_{D\sigma(j)}(x_i) + g_{H\sigma(j)}(x_i) g_{D\sigma(j)}(x_i) \right] \right\}}{\sqrt{\displaystyle\sum_{i=1}^{n} \frac{1}{l_i} \left\{ \sum_{j=1}^{l_i} \left[h_{H\sigma(j)}^2(x_i) + g_{H\sigma(j)}^2(x_i) \right] \right\}} \cdot \sqrt{\displaystyle\sum_{i=1}^{n} \frac{1}{l_i} \left\{ \sum_{j=1}^{l_i} \left[h_{D\sigma(j)}^2(x_i) + g_{D\sigma(j)}^2(x_i) \right] \right\}}}$$

为集合 H 和 D 的相关系数。

2.1.4　中智犹豫模糊集

1999 年,Smarandache[6]从哲学的角度,借助三个组件(t,i,f)＝(truth, indeterminacy, falsehood)提出了中智集(neutrosophic set)的概念,中智集作为经典集、模糊集、直觉模糊集的广义形式框架,是处理不确定性信息的一个数学工具。

定义 2.25[6]　Smarandache 从哲学的角度引入了中智集的概念,令 X 为一个给定的集合,X 上的中智集 A 定义为:

$$A＝\{(x,T_A(x),I_A(x),F_A(x)|x\in X\} \tag{2-22}$$

其中,$T_A(x):X\to]^-0,1^+[,I_A(x):X\to]^-0,1^+[,F_A(x):X\to]^-0,1^+[$,分别为 A 的真值隶属度函数,不确定隶属度函数和非真值隶属度函数,且对任意的 $x\in X,T_A(x),I_A(x)$ 和 $F_A(x)$ 是没有限制的,即 $^-0\leqslant \sup T_A(x)+\sup I_A(x)+\sup F_A(x)\leqslant 3^+$。

然而,当中智集取值于 $]^-0,1^+[$ 的标准或非标准子区间时,在科学和工程领域是十分不方便操作的。对此,Wang 等人[89]用 $[0,1]$ 代替 $]^-0,1^+[$,引入如下形式的中智集的概念。

定义 2.26[89]　设 X 为一个给定的集合,X 上的中智集 A 定义为:

$$A＝\{(x,T_A(x),I_A(x),F_A(x)|x\in X\} \tag{2-23}$$

$T_A(x):X\to [0,1],I_A(x):X\to [0,1],F_A(x):X\to [0,1]$,满足 $0\leqslant T_A(x)+I_A(x)+F_A(x)\leqslant 3$。论域 X 上所有中智集构成的集合记为 $NS(X)$。

定义 2.27[89]　设 A 和 B 是论域 X 上的两个中智集,则:

1) $A\subseteq B$ 当且仅当对任意的 $x\in X,T_A(x)\leqslant T_B(x),I_A(x)\leqslant I_B(x)$,$F_A(x)\leqslant F_B(x)$;

2) $A＝B$ 当且仅当 $A\subseteq B$ 和 $B\subseteq A$;

3) $A^c＝\{\langle x,F_A(x),1-I_A(x),T_A(x)\rangle \mid x\in X\}$;

4) $A\bigcup B＝\{\max(T_A(x),T_B(x)),\min(I_A(x),I_B(x)),\min(F_A(x),F_B(x)),\mid x\in X\}$;

5) $A\bigcap B＝\{\min(T_A(x),T_B(x)),\max(I_A(x),I_B(x)),\max(F_A(x),F_B(x)),\mid x\in X\}$;

6) $A \times B = \{T_A(x) + T_B(x) - T_A(x)T_B(x), I_A(x)I_B(x), F_A(x)F_B(x) \mid x \in X\}$。

定义 2.28[89]　设 X 是一个固定的集合，X 上的中智犹豫模糊集定义为：

$$N = \{\langle x, t(x), i(x), f(x) \rangle \mid x \in X\} \qquad (2\text{-}24)$$

其中，$t(x) \in [0,1], i(x) \in [0,1], f(x) \in [0,1]$ 分别表示对 $x \in X$ 属于集合 N 的真值犹豫度、不确定犹豫度和非真值犹豫度，满足如下条件：$0 \leqslant \delta, \gamma, \eta \leqslant 1$ 和 $0 \leqslant \gamma^+ + \delta^+ + \eta^+ \leqslant 3, \gamma \in t(x), \delta \in i(x), \eta \in f(x), \gamma^+ \in t^+(x) = \bigcup\limits_{\gamma \in t(x)} \max\{\gamma\}, \delta^+ \in i^+(x) = \bigcup\limits_{\delta \in i(x)} \max\{\delta\}$，和 $\eta^+ \in f^+(x) = \bigcup\limits_{\eta \in f(x)} \max\{\eta\}, x \in X$。

为了方便起见，将 $n(x) = \{t(x), i(x), f(x)\}$ 称为单值中智犹豫模糊元 (SVNHFE)，可简记为 $n = \{t, i, f\}$。

定义 2.29　设 n_1 和 n_2 是固定集合 X 上的两个单值中智犹豫模糊元，则两者之间的基本运算规则为

1) $n_1 \bigcup n_2 = \{t \in (t_1 \bigcup t_2) \mid t \geqslant \max(t_1^-, t_2^-), i \in (i_1 \bigcap i_2) \mid i \leqslant \min(i_1^+, i_2^+), f \in (f_1 \bigcap f_2) \mid f \leqslant \min(f_1^+, f_2^+)\}$；

2) $n_1 \bigcap n_2 = \{t \in (t_1 \bigcap t_2) \mid t \leqslant \min(t_1^+, t_2^+), i \in (i_1 \bigcap i_2) \mid i \geqslant \max(i_1^-, i_2^-), f \in (f_1 \bigcup f_2) \mid f \geqslant \max(f_1^-, f_2^-)\}$；

3) $n_1 \oplus n_2 = \{t_1 \oplus t_2, i_1 \otimes i_2, f_1 \otimes f_2\}$

$$= \bigcup\limits_{\gamma_1 \in t_1, \delta_1 \in i_1, \eta_1 \in f_1, \gamma_2 \in t_2, \delta_2 \in i_2, \eta_2 \in f_2} \{\{\gamma_1 + \gamma_2 - \gamma_1\gamma_2\}, \{\delta_1\delta_2\}, \{\eta_1\eta_2\}\};$$

4) $n_1 \otimes n_2 = \{t_1 \otimes t_2, i_1 \oplus i_2, f_1 \oplus f_2\}$

$$= \bigcup\limits_{\gamma_1 \in t_1, \delta_1 \in i_1, \eta_1 \in f_1, \gamma_2 \in t_2, \delta_2 \in i_2, \eta_2 \in f_2} \{\{\gamma_1\gamma_2\}, \{\delta_1 + \delta_2 - \delta_1\delta_2\},$$
$\{\eta_1 + \eta_2 - \eta_1\eta_2\}\}$；

5) $\lambda n_1 = \bigcup\limits_{\gamma_1 \in t_1, \delta_1 \in i_1, \eta_1 \in f_1} \{\{1 - (1 - \gamma_1)^\lambda\}, \{\delta_1^\lambda\}, \{\eta_1^\lambda\}\}, \lambda > 0$；

6) $n_1^\lambda = \bigcup\limits_{\gamma_1 \in t_1, \delta_1 \in i_1, \eta_1 \in f_1} \{\{\gamma_1^\lambda\}, \{1 - (1 - \delta_1)^\lambda\}, \{1 - (1 - \eta_1)^\lambda\}\}, \lambda > 0$。

参考直觉模糊数夹角余弦的公式，定义中智犹豫模糊数的夹角余弦。

定义 2.30[181]　设 $n_1 = \{t_1, i_1, f_1\}$ 和 $n_2 = \{t_2, i_2, f_2\}$ 是任意两个中智犹豫模糊元，则 n_1 和 n_2 的夹角余弦定义为：

$\cos(n_1, n_2) =$

$$\frac{\left(\frac{1}{l_1}\sum_{\gamma_1\in t_1}\gamma_1\right)\left(\frac{1}{l_2}\sum_{\gamma_2\in t_2}\gamma_2\right) + \left(\frac{1}{p_1}\sum_{\delta_1\in i_1}\delta_1\right)\left(\frac{1}{p_2}\sum_{\delta_2\in i_2}\delta_2\right) + \left(\frac{1}{q_1}\sum_{\eta_1\in f_1}\eta_1\right)\left(\frac{1}{q_2}\sum_{\eta_2\in f_2}\eta_2\right)}{\sqrt{\left(\frac{1}{l_1}\sum_{\gamma_1\in t_1}\gamma_1\right)^2 + \left(\frac{1}{p_1}\sum_{\delta_1\in i_1}\delta_1\right)^2 + \left(\frac{1}{q_1}\sum_{\eta_1\in f_1}\eta_1\right)^2} \cdot \sqrt{\left(\frac{1}{l_2}\sum_{\gamma_2\in t_2}\gamma_2\right)^2 + \left(\frac{1}{p_2}\sum_{\delta_2\in i_2}\delta_2\right)^2 + \left(\frac{1}{q_2}\sum_{\eta_2\in f_2}\eta_2\right)^2}}$$

$$(2\text{-}25)$$

其中,l_i,p_i 和 $q_i (i=1,2)$ 分别是模糊数 t_i,i_i 和 $f_i (i=1,2)$ 中元素的个数,$0\leqslant$ $\cos(n_1,n_2)\leqslant 1$。

为了比较两个中智犹豫模糊元,定义基于夹角余弦的对比规则:

定义 2.31[181]   设 $n_1 = \{t_1, i_1, f_1\}$ 和 $n_2 = \{t_2, i_2, f_2\}$ 是任意两个中智犹豫模糊元,则 n_i 和理想模糊元 $n^* = \{1, 0, 0\}$ 之间的夹角余弦为:

$$\cos(n_i, n^*) = \frac{\frac{1}{l_i}\sum_{\gamma_i\in t_i}\gamma_i}{\sqrt{\left(\frac{1}{l_i}\sum_{\gamma_i\in t_i}\gamma_i\right)^2 + \left(\frac{1}{p_i}\sum_{\delta_i\in i_i}\delta_i\right)^2 + \left(\frac{1}{q_i}\sum_{\eta_i\in f_i}\eta_i\right)^2}} \quad (2\text{-}26)$$

① 如果 $\cos(n_1, n^*) > \cos(n_2, n^*)$,则 n_1 优于 n_2,记为 $n_1 \succ n_2$;

② 如果 $\cos(n_1, n^*) = \cos(n_2, n^*)$,则 n_1 等价于 n_2,记为 $n_1 \approx n_2$。

2.2 多属性决策方法

模糊多属性决策理论在应用数学的几乎所有领域都有所发挥。本节针对本研究的需要,介绍几种决策理论中的研究方法,为下文的具体研究提供准备。

2.2.1 专家评判法

专家评判法是指通过收集整理专家对备选方案各个指标和因素的重要性程度给出主观判断信息来确定权数的赋权法,又称专家赋权法,关键是选择好专家,要选择出该领域和专业真正的专家、学者作为评判专家。专家不宜太多,也不宜太少,应根据实际情况选定。同时,应当建立专家数据库,使用反馈排序法分析专家的真正水平和倾向性。

专家评判法的基本思路是:邀请一批对所研究问题有深入了解的专家,使其各自独立地对每个评价指标赋予权数。然后将专家意见集中起来,求出每个指标权数的均值和方差。由于每位专家对各评价指标的重要程度认识不一致,所赋权数也有差异。通过均值和方差分析,可以观测到专家意见的离散程度。如果第一次专家意见过于分散，可以进行第二次直至第 n 次，目的要使专家意见接近一致，并以最后一次各专家权数的均值作为评价指标的权数。

专家评判法的基本步骤归纳如下：

(1) 构造专家评价分值的数据结构，如表 2-1 所示。

表 2-1 专家评价分值数据结构表

Tab. 2-1 Data structure table of expert evaluation score

	Z_1	Z_2	$\cdots$	Z_n
X_1	ω_{11}	ω_{12}	$\cdots$	ω_{1n}
X_2	ω_{21}	ω_{22}	$\cdots$	ω_{2n}
$\vdots$	$\vdots$	$\vdots$	$\cdots$	$\vdots$
X_p	ω_{p1}	ω_{p2}	$\cdots$	ω_{pn}

(2) 根据上述数据结构，计算各个指标的算数平均数 $\bar{\omega}$：

$$\bar{\omega}_i = \frac{1}{n} \sum_{j=1}^{n} \omega_{ij} \quad (i=1,2,\cdots,p) \tag{2-27}$$

(3) 进行归一化处理，生成各个指标的权重 $\overline{W}$：

$$\overline{W}_i = \frac{\bar{\omega}_i}{\sum\limits_{i=1}^{p} \bar{\omega}_i} \quad (i=1,2,\cdots,p) \tag{2-28}$$

其中，$W_i \in (0,1)$ 且 $\sum\limits_{i=1}^{p} W_i = 1$。

2.2.2 TOPSIS 法

TOPSIS 法（Technique for Order Preference by Similarity to Ideal Solution），直译为逼近理想解法，是 Hwang 和 Yoon 于 1981 年提出的一种适用于根据多项指标对多个研究对象进行比较评价的统计方法。其基本思路是通过构造多指标问题的理想解和负理想解，并以靠近理想解和远离负理想解两个基准作为评价各对象的判断依据，因而也被称为双基准法[182]。

TOPSIS 法的具体算法步骤归纳如下：

(1) 设有 m 个被评价对象，n 个指标，指标值为 x_{ij}，则决策矩阵为 $\boldsymbol{X} = (x_{ij})_{m \times n}$，如表 2-2 所示。

表 2-2　原始数据矩阵

Tab. 2-2　Original data matrix

	指标 1	指标 2	...	指标 n
对象 1	X_{11}	X_{12}	...	X_{1n}
对象 2	X_{21}	X_{22}	...	X_{2n}
⋮	⋮	⋮	...	⋮
对象 m	X_{m1}	X_{m2}	...	X_{mn}

（2）指标的规范化。评价指标中有的是正指标，如效益类指标。有的是逆指标，如成本类指标。评价时要求都具有相同的趋势，一般把逆指标转化为正指标，转化方法可以采用倒数法（即 $1/x$）和差值法（即 $1-x$）。

（3）用向量归一法对决策矩阵作标准化处理，得标准化矩阵 $\boldsymbol{Y}=(y_{ij})_{m\times n}$，其中

$$y_{ij}=\frac{x_{ij}}{\sqrt{\sum_{i=1}^{m}x_{ij}^{2}}}\quad(i=1,2,\cdots,m;j=1,2,\cdots,n)\tag{2-29}$$

（4）计算加权标准化矩阵。设决策者给出的各属性的权重向量为：

$\boldsymbol{W}=(w_{1},w_{2},\cdots w_{n})^{\mathrm{T}}$，则 $u_{ij}=w_{j}\cdot y_{ij}\quad(i=1,2,\cdots,m;j=1,2,\cdots,n)$

加权标准化矩阵为：

$$\boldsymbol{U}=(u_{ij})_{m\times n}=(w_{j}y_{ij})_{m\times n}\tag{2-30}$$

（5）确定正理想解和负理想解。

正理想解为：

$$U_{0}^{+}=\{(\max_{1\leqslant i\leqslant m}u_{i}(j)/j\in J^{+},(\min_{1\leqslant i\leqslant m}u_{i}(j)/j\in J^{-})\}$$

负理想解为：

$$U_{0}^{-}=\{(\min_{1\leqslant i\leqslant m}u_{i}(j)/j\in J^{+},(\max_{1\leqslant i\leqslant m}u_{i}(j)/j\in J^{-})\}$$

其中，J^{+} 表示效益型指标集，J^{-} 表示成本型指标集。

（6）计算第 i 个方案到正理想解、负理想解的距离。

备选方案到正理想解的距离为：

$$D_{i}^{+}=\sqrt{\sum_{j=1}^{n}\left[u_{i}(j)-u_{0}^{+}(j)\right]^{2}}\quad(i=1,2,\cdots,m)\tag{2-31}$$

备选方案到负理想解的距离为：

$$D_i^- = \sqrt{\sum_{j=1}^{n}\left[u_i(j) - u_0^-(j)\right]^2} \quad (i = 1,2,\cdots,m) \tag{2-32}$$

（7）计算各评价对象的相对贴近度：

$$C_i^* = \frac{D^-}{D_i^+ + D_i^-} \quad (i = 1,2,\cdots,m) \tag{2-33}$$

按照相对贴近度大小对被评价对象排序，相对贴近度 C_i^* 的值越大，被评价对象越优；反之，相对贴近度 C_i^* 的值越小，被评价对象越劣。因此，可以根据 C_i^* 的值对各备选方案进行排序和择优。

2.2.3　灰色关联法

灰色关联分析是灰色系统理论中十分活跃的一个分支，其基本思想是根据序列曲线几何形状的相似程度来判断不同序列之间的联系是否紧密。基本思路是通过线性插值的方法将系统因素的离散行为观测值转化为分段连续的折线，进而根据折线的几何特征构造测度关联程度的模型。折线几何形状越接近，相应序列之间的关联度就越大，反之就越小[183]。

定义 2.32[183]　设 X_i 为系统因素，其在序号 k 上的观测数据为 $x_i(k)$，$k = 1,2,\cdots,n$，则称 $X_i = \{x_i(1),x_i(2),\cdots,x_i(n)\}$ 为因素 X_i 的行为序列。

1）若 k 为时间序号，$x_i(k)$ 为因素 X_i 在 k 时刻的观测数据，则称

$$X_i = \{x_i(1),x_i(2),\cdots,x_i(n)\}$$

为因素 X_i 的时间序列；

2）若 k 为指标序号，$x_i(k)$ 为因素 X_i 关于第 k 个指标的观测数据，则称

$$X_i = \{x_i(1),x_i(2),\cdots,x_i(n)\}$$

为因素 X_i 的行为指标序列；

3）若 k 为观测对象序号，$x_i(k)$ 为因素 X_i 关于第 k 个对象的观测数据，则称

$$X_i = \{x_i(1),x_i(2),\cdots,x_i(n)\}$$

为因素 X_i 的行为横向序列。

无论是时间序列数据、指标序列数据，还是横向序列数据，都可以用来做灰色关联分析。

定义 2.33　设 $X_0 = \{x_0(1),x_0(2),\cdots,x_0(n)\}$ 为系统特征行为序列，且

$$X_i = \{x_i(1), x_i(2), \cdots, x_i(n)\} \quad (i = 1, 2, \cdots, m)$$

为相关因素序列。给定实数 $\gamma(x_0(k), x_i(k))$，若实数

$$\gamma(X_0, X_i) = \frac{1}{n} \sum_{k=1}^{n} \gamma(x_0(k), x_i(k)) \tag{2-34}$$

满足：

（1）规范性

$$0 < \gamma(X_0, X_i) \leqslant 1, \gamma(X_0, X_i) = 1 \Leftarrow X_0 = X_i;$$

（2）接近性

$$| x_0(k) - x_i(k) | \text{ 越小}, \gamma(x_0(k), x_i(k)) \text{ 越大};$$

（3）整体性

对于 $X_i, X_j \in X = \{X_s \mid s = 0, 1, 2, \cdots, m\}$，有 $\gamma(X_i, X_j) \neq \gamma(X_j, X_i)$ $(i \neq j)$；

（4）偶对称性

对于 $X_i, X_j \in X$，有 $\gamma(X_i, X_j) = \gamma(X_j, X_i) \Leftrightarrow X = \{X_i, X_j\}$，则称 $\gamma(X_0, X_i)$ 为 X_i 与 X_0 的灰色关联度，$\gamma(x_0(k), x_i(k))$ 为 X_i 与 X_0 在 k 点的关联系数。

定义 2.34　设系统行为序列

$$X_0 = \{x_0(1), x_0(2), \cdots, x_0(n)\}$$

$$X_i = \{x_i(1), x_i(2), \cdots, x_i(n)\} \quad (i = 1, 2, \cdots, m)$$

对于 $\rho \in (0, 1)$，令

$$\gamma(x_0(k), x_i(k)) =$$

$$\frac{\min\limits_{i} \min\limits_{k} | x_0(k) - x_i(k) | + \rho \max\limits_{i} \max\limits_{k} | x_0(k) - x_i(k) |}{| x_0(k) - x_i(k) | + \rho \max\limits_{i} \max\limits_{k} | x_0(k) - x_i(k) |} \tag{2-35}$$

$$\gamma(x_0, x_i) = \frac{1}{n} \sum_{k=1}^{n} \gamma(x_0(k), x_i(k)) \tag{2-36}$$

则称 $\gamma(X_0, X_i)$ 为 X_0 和 X_i 的灰色关联度，其中 ρ 称为分辨系数，一般取 $\rho = 0.5$。

灰色关联分析的具体算法步骤归纳如下：

（1）对决策信息作规范化处理

在实际决策信息评价中，由于从多方面对事物进行评价，采用不同角度，既

有数值越大越好的正向指标(效益型指标),又有数值越小越好的逆向指标(成本型指标)。同时,各指标的量纲也不相同。为了将评价信息统一化,需要对原始评价信息进行规范化处理。本书采用将逆向指标正向化的方法,将原始评价信息矩阵 $A = (\alpha_{ij})_{m \times n}$ 转化为同向的决策信息矩阵 $R = (r_{ij})_{m \times n}$。

对正向指标的属性值,有:

$$r_{ij} = \frac{\alpha_{ij} - \min_i \alpha_{ij}}{\max_i \alpha_{ij} - \min_i \alpha_{ij}} \quad (i = 1, 2, \cdots, m; j = 1, 2, \cdots, n) \tag{2-37}$$

对逆向指标的属性值,有:

$$r_{ij} = \frac{\max_i \alpha_{ij} - \alpha_{ij}}{\max_i \alpha_{ij} - \min_i \alpha_{ij}} \quad (i = 1, 2, \cdots, m; j = 1, 2, \cdots, n) \tag{2-38}$$

(2)确定理想方案的数列

在各指标下选择最优方案,将之作为参考指标,其决策信息组成理想方案数列:

$$R_0 = \{r_{01}, r_{02}, \cdots, r_{0n}\}$$

其中,$r_{0j} = \max_j x_{ij} (i = 1, 2, \cdots, m; j = 1, 2, \cdots, n)$。

(3)计算各个备选方案决策信息与理想方案数列的距离 Δ_{ij},即:

$$\Delta_{ij} = |r_{0j} - r_{ij}| \quad (i = 1, 2, \cdots, m; j = 1, 2, \cdots, n) \tag{2-39}$$

(4)计算两个数列距离的最大值 $\Delta_{\max}$ 和最小值 $\Delta_{\min}$,其中:

$$\Delta_{\max} = \max_i \max_j \Delta_{ij}, \quad \Delta_{\min} = \min_i \min_j \Delta_{ij} \tag{2-40}$$

(5)计算理想方案决策信息数列与各个备选方案数列之间的关联系数,形成关联系数矩阵 $E_{m \times n}$,其中:

$$E_{m \times n} = \begin{bmatrix} \zeta_1(1) & \zeta_1(2) & \cdots & \zeta_1(n) \\ \zeta_2(1) & \zeta_2(2) & \cdots & \zeta_2(n) \\ \vdots & \vdots & & \vdots \\ \zeta_m(1) & \zeta_m(2) & \cdots & \zeta_m(n) \end{bmatrix}$$

ζ_{ij} 表示第 i 个备选方案与理想方案在属性 j 下的相对差值:

$$\zeta_{ij} = \frac{\Delta_{\min} + \rho \Delta_{\max}}{\Delta_{ij} + \rho \Delta_{\max}} \quad (i = 1, 2, \cdots, m; j = 1, 2, \cdots, n) \tag{2-41}$$

其中,ρ 为灰色关联分析的分辨系数,$\rho \in [0, 1]$,本书中取 $\rho = 0.5$。

（6）计算理想方案决策信息数列与各个备选方案的数列之间的关联程度 r_i，将其与各个指标的权重值相乘得到加权关联度值。其中：

$$r_i = \sum_{i=1}^{n} \zeta_{ij} w_j \quad (i = 1, 2, \cdots, m) \tag{2-42}$$

（7）根据加权的灰色关联度值 $r_i (i = 1, 2, \cdots, m)$，按照关联度的大小进行排序选择，选择符合实际情况的最优方案。

2.2.4　投影分析法

对于某一多属性决策问题，设 $Y = \{Y_1, Y_2, \cdots, Y_n\}$ 为方案集，$C = \{C_1, C_2, \cdots, C_m\}$ 为属性集，$\boldsymbol{W} = (\omega_1, \omega_2, \cdots, \omega_m)^{\mathrm{T}}$ 为权重向量，其中 $\omega_j \in [0, 1]$ （$j = 1, 2, \cdots, m$），$\sum_{j=1}^{m} \omega_j = 1$。设决策矩阵为 $\boldsymbol{D} = (d_{ij})_{m \times n}$ 为模糊信息决策矩阵，首先考虑属性权重完全未知的情形。

为方便起见，在 $\boldsymbol{D} = (d_{ij})_{m \times n}$ 的基础上，用 $Y_i (i = 1, 2, \cdots, m)$ 表示方案，其中：

$$\boldsymbol{Y}_i = (d_{i1}, d_{i2}, \cdots, d_{im})^{\mathrm{T}} \quad (i = 1, 2, \cdots, n)$$

定义 2.35[184]　设 $\boldsymbol{Y}_i = (d_{i1}, d_{i2}, \cdots, d_{im})^{\mathrm{T}}$ 为第 i 个方案，则称

$$s(\boldsymbol{Y}_i) = (s(d_{i1}), s(d_{i2}), \cdots, s(d_{im}))^{\mathrm{T}}$$

为方案 $\boldsymbol{Y}_i$ 的得分向量，其中，$s(d_{ij})$ 由定义 2.3、定义 2.10 或定义 2.20 计算得出。称

$$| s(\boldsymbol{Y}_i) | = \sqrt{\sum_{j=1}^{m} s^2(d_{ij})} \tag{2-43}$$

为 $s(\boldsymbol{Y}_i)$ 的模，$0 \leqslant | s(\boldsymbol{Y}_i) | \leqslant \sqrt{m}$。

定义 2.36[184]　设 $\alpha_j^+ = (1)^*$ （$j = 1, 2, \cdots, m$）为 m 个最大的模糊数，则称

$$\boldsymbol{Y}^+ = (\alpha_1^+, \alpha_2^+, \cdots, \alpha_m^+)^{\mathrm{T}}$$

为模糊理想点，且称 $s(\boldsymbol{Y}^+) = (s(\alpha_1^+), s(\alpha_2^+), \cdots, s(\alpha_m^+))^{\mathrm{T}}$ 为模糊理想点 $\boldsymbol{Y}^+$ 的得分向量，其中 $s(\alpha_j^+) = 1, (j = 1, 2, \cdots, m)$，则 $s(\boldsymbol{Y}^+) = (1, 1, \cdots, 1)^{\mathrm{T}}$。

定义 2.37[184]　设 $s(\boldsymbol{Y}^+) = (s(\alpha_1^+), s(\alpha_2^+), \cdots, s(\alpha_m^+))^{\mathrm{T}}$ 为模糊理想点 $\boldsymbol{Y}^+$ 的得分向量，称

$$| s(\boldsymbol{Y}_i) | = \sqrt{\sum_{j=1}^{m} s^2(a_j^+)} \qquad (2\text{-}44)$$

为模糊理想点 $\boldsymbol{Y}^+$ 的模,显然,$| s(\boldsymbol{Y}_i) | = \sqrt{m}$。

定义 2.38[184]　设 $s(\boldsymbol{Y}_i) = (s(d_{i1}), s(d_{i2}), \cdots s(d_{im}))^{\mathrm{T}}$ 和 $s(\boldsymbol{Y}^+) = (s(a_1^+),$ $s(a_2^+), \cdots, s(a_m^+))^{\mathrm{T}}$ 分别为方案 $\boldsymbol{Y}_i$ 和理想点 $\boldsymbol{Y}^+$ 的得分向量,则称

$$\cos(s(\boldsymbol{Y}_i), s(\boldsymbol{Y}^+)) = \frac{\sum_{j=1}^{m} s(d_{ij}) s(\boldsymbol{Y}^+)}{| s(\boldsymbol{Y}_i) | | s(\boldsymbol{Y}^+) |} \qquad (2\text{-}45)$$

为得分向量 $s(\boldsymbol{Y}_i)$ 和 $s(\boldsymbol{Y}^+)$ 之间夹角的余弦函数。

因为向量是由方向和模两部分组成,而 $\cos(s(\boldsymbol{Y}_i), s(\boldsymbol{Y}^+))$ 仅仅只是反映了得分向量 $s(\boldsymbol{Y}_i)$ 和 $s(\boldsymbol{Y}^+)$ 方向之间的相似程度。为了更全面度量 $s(\boldsymbol{Y}_i)$ 和 $s(\boldsymbol{Y}^+)$ 之间的相似程度,以下给出 $s(\boldsymbol{Y}_i)$ 和 $s(\boldsymbol{Y}^+)$ 上的投影公式:

$$\begin{aligned}
\mathrm{Prj}_{s(\boldsymbol{Y}^+)} s(\boldsymbol{Y}_i) &= | s(\boldsymbol{Y}_i) | \cos(s(\boldsymbol{Y}_i), s(\boldsymbol{Y}^+)) \\[2mm]
&= | s(\boldsymbol{Y}_i) | \frac{\sum_{j=1}^{m} s(d_{ij}) s(a_j^+)}{| s(\boldsymbol{Y}_i) | | s(\boldsymbol{Y}^+) |} \\[2mm]
&= \frac{\sum_{j=1}^{m} s(d_{ij}) s(a_j^+)}{| s(\boldsymbol{Y}^+) |} \\[2mm]
&= \frac{1}{\sqrt{m}} \sum_{j=1}^{m} s(d_{ij})
\end{aligned} \qquad (2\text{-}46)$$

显然,$\mathrm{Prj}_{s(\boldsymbol{Y}^+)} s(\boldsymbol{Y}_i)$ 的值越大,$s(\boldsymbol{Y}_i)$ 和 $s(\boldsymbol{Y}^+)$ 就越接近,意味着方案 $\boldsymbol{Y}_i$ 越接近理想方案 $\boldsymbol{Y}^+$,即方案 $\boldsymbol{Y}_i$ 越优。

如果属性 $C_j (j=1,2,\cdots,m)$ 的权重向量 $\boldsymbol{W} = (\omega_1, \omega_2, \cdots, \omega_m)^{\mathrm{T}}$ 已知,则有如下定义:

定义 2.39　设 $s(a_i) = (s(r_{i1}), s(r_{i2}), \cdots, s(r_{im}))^{\mathrm{T}}$ 为方案 $\boldsymbol{Y}_i$ 的得分向量,则称

$$s(a_i) = (s(r_{i1}), s(r_{i2}), \cdots, s(r_{im}))^{\mathrm{T}}$$

为方案 $\boldsymbol{Y}_i$ 的加权得分向量,称

$$|s_\omega(\boldsymbol{Y}_i)| = \sqrt{\sum_{j}^{m}(\omega_j s(d_{ij}))^2} \tag{2-47}$$

为 $s_\omega(\boldsymbol{Y}_i)$ 的模。其中 $\boldsymbol{W} = (\omega_1, \omega_2, \cdots, \omega_m)^{\mathrm{T}}, \omega_j \geqslant 0 (j = 1, 2, \cdots, m), \sum_{j=1}^{m} \omega_j = 1$

为属性 C_j 的权重向量。

定义 2.40　设 $\boldsymbol{Y}^+ = (\alpha_1^+, \alpha_2^+, \cdots, \alpha_m^+)^{\mathrm{T}}$ 为模糊理想点，则称

$$s_\omega(\boldsymbol{Y}^+) = (\omega_1 s(\alpha_1^+), \omega_2 s(\alpha_2^+), \cdots, \omega_m s(\alpha_m^+))^{\mathrm{T}}$$

为模糊理想点 $\boldsymbol{Y}^+$ 的加权得分向量。由上式可得

$$s_\omega(\boldsymbol{Y}^+) = (\omega_1, \omega_2, \cdots, \omega_m)^{\mathrm{T}}$$

所以，$s_\omega(\boldsymbol{Y}^+)$ 等同于权重向量 ω。

定义 2.41　$s_\omega(\boldsymbol{Y}^+) = (\omega_1 s(\alpha_1^+), \omega_2 s(\alpha_2^+), \cdots, \omega_s s(\alpha_m^+))^{\mathrm{T}}$ 为理想点 $\boldsymbol{Y}^+$ 加权得分向量，则

$$|s_\omega(\boldsymbol{Y}^+)| = \sqrt{\sum_{j}^{m}(\omega_j s(\alpha_j^+))^2} \tag{2-48}$$

为模糊理想点 $\boldsymbol{Y}^+$ 的加权模。

式 (2-48) 可以变形为：$|s_\omega(\boldsymbol{Y}^+)| = \sqrt{\sum_{j}^{m} \omega_j^2} = |\omega| \tag{2-49}$

在上述定义的基础上，给出 $s_\omega(\boldsymbol{Y}_i)$ 和 $s_\omega(\boldsymbol{Y}^+)$ 之间的夹角余弦函数和 $s_\omega(\boldsymbol{Y}_i)$ 在 $s_\omega(\boldsymbol{Y}^+)$ 的投影公式。

定义 2.42　设 $s_\omega(\boldsymbol{Y}_i) = (\omega_1 s(d_{i1}), \omega_2 s(d_{i2}), \cdots, \omega_m s(d_{im}))^{\mathrm{T}}$ 和 $s_\omega(\boldsymbol{Y}^+) = (\omega_1 s(\alpha_1^+), \omega_2 s(\alpha_2^+), \cdots, \omega_m s(\alpha_m^+))^{\mathrm{T}}$ 分别为备选方案 $\boldsymbol{Y}_i$ 和理想方案 $\boldsymbol{Y}^+$ 的加权得分向量，则称

$$\cos(s_\omega(\boldsymbol{Y}_i), s_\omega(\boldsymbol{Y}^+)) = \frac{\sum\limits_{j=1}^{m} \omega_j^2 s(d_{ij}) s(\alpha_j^+)}{|s_\omega(\boldsymbol{Y}_i)| \, |s_\omega(\boldsymbol{Y}^+)|} \tag{2-50}$$

为加权得分向量 $s_\omega(\boldsymbol{Y}_i)$ 和 $s_\omega(\boldsymbol{Y}^+)$ 之间夹角的余弦函数。

类似于式 (2-46)，给出 $s_\omega(\boldsymbol{Y}_i)$ 在 $s_\omega(\boldsymbol{Y}^+)$ 上的投影公式：

$$\begin{aligned}
\mathrm{Prj}_{s(Y^+)} s_\omega(\boldsymbol{Y}_i) &= |s_\omega(\boldsymbol{Y}_i)| \cos(s_\omega(\boldsymbol{Y}_i), s_\omega(\boldsymbol{Y}^+)) \\[2mm]
&= |s_\omega(\boldsymbol{Y}_i)| \, \frac{\sum\limits_{j=1}^{m} \omega_j^2 s(d_{ij}) s(\alpha_j^+)}{|s_\omega(\boldsymbol{Y}_i)| \, |s_\omega(\boldsymbol{Y}^+)|} \\[2mm]
&= \frac{1}{|\omega|} \sum_{j=1}^{m} \omega_j^2 s(d_{ij})
\end{aligned} \tag{2-51}$$

$\mathrm{Prj}_{s_\omega(Y^+)} s_\omega(Y_i)$ 的值越大,$s_\omega(Y_i)$ 和 $s_\omega(Y^+)$ 就越接近,意味着方案 Y_i 越接近于理想方案 Y^+,即方案 Y_i 越优。

2.2.5 相关分析法

（1）皮尔逊相关系数

相关关系是不完全确定的随机关系,连续变量间的相关系数用皮尔逊(Pearson)相关系数来测定,两个连续变量 X 和 Y 之间的皮尔逊相关系数的计算公式为:

$$r = \frac{\sum (X-\overline{X})(Y-\overline{Y})}{\sqrt{\sum (X-\overline{X})^2}\sqrt{\sum (Y-\overline{Y})^2}} = \frac{l_{XY}}{l_{XX} \cdot l_{YY}} \tag{2-52}$$

其中,$l_{XX} = \sum (X-\overline{X})^2$,$l_{YY} = \sum (Y-\overline{Y})^2$,$l_{XY} = \sum (X-\overline{X})(Y-\overline{Y})$。

r 的取值在 -1 和 1 之间,r 值与变量相关程度之间的关系如表 2-3 所示。

表 2-3　$|r|$ 的取值与相关程度

Tab. 2-3　$|r|$-value and degree of correlation

$|r|$ 值	0.00~0.19	0.20~0.39	0.40~0.69	0.70~0.89	0.90~1.00
判定	极低相关	低度相关	中度相关	高度相关	极高相关

（2）Spearman 秩相关系数

假设有容量为 n 的由两个变量 X 和 Y 构成的随机样本,分别计算每个观测关于变量 X 和 Y 的秩变量 u_i 和 $v_i (i=1,2,\cdots,n)$,用 $d_i = u_i - v_i$ 表示第 i 个样本对应于两个变量的秩之差,则 Spearman 秩相关系数的计算公式为:

$$r_s = 1 - \frac{6\sum_{i=1}^{n} d_i^2}{n(n^2-1)} \tag{2-53}$$

Spearman 秩相关系数的取值也是 -1 和 1 之间。计算出 Spearman 秩相关系数 r_s 后,要对该系数进行检验。检验的原假设为:两变量不相关。在满足原假设的条件下,如果是小样本,则 r_s 服从 Spearman 分布;在大样本下,统计量 $z = r_s \sqrt{n-1}$ 近似服从标准正态分布。

（3）Kendall 秩相关系数

Kendall 秩相关系数是利用变量的秩进行变量之间的一致性趋势检验。假

设有容量为 n 的由 x 和 y 两个变量构成的随机样本,首先计算每个观测变量关于变量 x 和 y 的秩变量 u 和 v,然后将 n 个观测变量按变量 x 升序排列。则 n 个观测关于变量 x 和 y 的秩如下[184]:

x 的秩变量 u:$1,2,\cdots,n$;y 的秩变量 v:$v_1,v_2,\cdots,v_n$。

设在 v_1 的后面有 R_1 个秩大于 v_1,v_2 的后面有 R_2 个秩大于 v_2,$\cdots$,在 v_{n-1} 后面有 R_{n-1} 个秩大于 v_{n-1},令:$R=R_1+R_2+\cdots+R_{n-1}$,显然,变量 x 和 y 相关性越强,则 R 越大。

Kendall 秩相关系数按如下公式求得:

$$r_k=\frac{4R}{n(n-1)}-1 \tag{2-54}$$

Kendall 秩相关系数的绝对值不超过 1。

（4）Wilcoxon 符号秩检验

定序变量配对样本间的相关性常用 Wilcoxon 符号秩检验,Wilcoxon 检验利用两个配对组的数值之差进行检验。求出数值差之后,按照绝对值由小到大对这些差值排序。计算最小的秩和,记为 T。如果样本配对数目 $n\leqslant15$,则直接将 T 值与查表得到的临界值比较[185]。

如果 $n>15$,则 T 值近似服从正态分布,可以用 z 分数作为检验统计量。

检验统计量为:

$$z=\frac{T-\mu_T}{\sigma_T} \tag{2-55}$$

其中,$\mu_T=\frac{n(n+1)}{4}$,$\sigma_T=\sqrt{\frac{n(n+1)(2n+1)}{24}}$。

上式中,n 为配对数目,T 为正值差的秩或负值差的秩中的较小者。

（5）Friedman 检验

Friedman 检验是 M. Friedman 于 1937 年提出的,它是随机化区组设计的非参数替代技术。随机化区组设计的假定与方差分析(ANOVA)的假定一样,即观察值是从正态总体中随机抽取的。如果不满足这个假定,或研究对象是排序数据,则应采用 Friedman 检验。Friedman 检验有三个基本假定:一是区组相互独立;二是区组与处理之间没有交互效应;三是各区组内的观察值可以进行排序[186]。

待检验的假设如下：

H_0:处理总体相同　　H_1:至少有一个处理总体不同

进行 Friedman 检验时，首先把原始数据转换为排名。Friedman 检验是在每个区组内分别从 1 到 c 进行排序。每个区组都有 c 个排名，其中 c 是处理水平数。利用这些排名，Friedman 检验可以判断不同的处理水平（列）是否来自同一个总体。Friedman 检验所用的检验统计量见式（2-56），该统计量近似服从卡方分布，如果 $c>4$，或 $c=3$ 且 $b>9$，或 $c=4$ 且 $b>4$，则自由度为 $df=c-1$。

Friedman 检验的统计量为：

$$\chi_r^2 = \frac{12}{bc(c+1)} \sum_{j=1}^{c} R_j^2 - 3b(c+1) \tag{2-56}$$

式中，c＝处理水平（列数），b＝区组（行）数，j＝特定处理水平，$\chi_r^2 \approx \chi^2$，$df=c-1$，R_j＝特定处理水平（列）的秩和。

2.3　指标体系设计原则

对于设计评价指标体系，人们曾提出很多原则，对前人的成果进行梳理，得到以下四种原则。

2.3.1　名正性原则

名不正，则言不顺。将一个评价方案的名称包括在评价指标体系之内，名正原则的第一个要求就是，对一个系统评价方案的冠名要准确。评价方案的名称是对评价任务和评价内容的最高概括，冠名不正确会误导评价方案的设计和指标选择。其次，对于每一个指标，也要立名确切，不致产生歧义。

2.3.2　理论性原则

一个层次评价指标体系就是对评价对象系统性质和特征结构的一个科学描述，所以应遵循关于具体事物的那些科学理论。组织管理学[187]、系统学[188]和各种专业理论关于系统结构和系统特性的相关论述[189]为提出科学的评价指标体系提供了基本依据和有效线索。

2.3.3　具体性原则

原则虽然不是客观规律本身，但是作为客观规律对人们行为的制约性反映，同样具有唯一性。系统评价方案要有具体针对性。如中国大学评价指标体系与美国的应是非常不同的，对重点大学的评价指标体系不能照搬到对一般大学的评价中。矛盾的特殊性原理是指导系统评价方案设计的重要原理。

2.3.4　完备性原则

完备性原则是对评价指标体系的科学性特征的要求。在实际应用中，一个科学的系统评价指标体系至少应满足以下三项要求：同级评价指标间的非因果性原则、指标内容间的排斥性原则、指标内涵的单一性和同质性原则[190]。

2.4　本章小结

本章对研究涉及的相关基础理论和方法进行了介绍，包括直觉模糊集、犹豫模糊集、对偶犹豫模糊集、中智犹豫模糊集的相关理论和系统评价理论中关于评价指标体系设计的原则，以及多属性决策方法中的专家评判法、TOPSIS法、灰色关联法、投影分析法、相关分析法等研究方法，为后续实证研究做好理论准备。

第3章　中国大学评价体系现状分析

1987 年 9 月,中国管理科学研究院以美国费城科学情报研究所公布的《科学引文索引》(SCI)为指标对中国 87 所重点大学进行了排名,排名结果发表在《科技日报》上,这个大学排名虽然只有一个单项指标,却是中国第一个严格意义的大学社会评价,具有划时代的意义。目前,知名度和影响力较大的中国大学评价体系有四个:广研院评价体系、校友会评价体系、中评榜评价体系和软科评价体系。

3.1　中国大学评价指标体系分析

3.1.1　广研院评价体系

广东管理科学研究院中国大学评价课题组早在 20 世纪 90 年代初就开始对国内大学排名进行实践探索。该课题组主要由武书连牵头组织并负责,其发布的排行榜也常简称为武书连榜。截至 2018 年,该机构已连续 23 年发布中国大学排行榜。

1993 年 6 月,课题组组长武书连等人在《广东科技报》上发表了以"目标评价和定量评价"为核心的大学排名《中国大学评价——1991 研究与发展》,这是国内首个涵盖自然科学和人文社会科学在内的综合评价;1997 至 1999 年,该机构连续三年在《科学学与科学技术管理》杂志上发表大学排行榜;2000 年,在国内首推能体现高校基本职能的大学排行榜——《中国大学评价 1998》,该评价体系的设置依据也由以往的"投入产出"改为"大学对社会的贡献";2010 年在《科学学与科学技术管理》杂志上发表《2010 中国大学评价》[191],对指标体系进行梳理汇总。之后该机构每年对三级指标进行完善性修改的基础上一直沿用至今。

《2018 中国大学评价》以《中国高等教育法》为依据,设置了三级指标体系。一级指标 2 个:人才培养(63.06%)和科学研究(36.94%);二级指标有 4 个:大约为本科生培养(43.69%)、研究生培养(19.38%)、自然科学研究(25.17%)和社会科学研究(11.77%);三级指标包括本科毕业生就业率、教师平均学术水平、研究生科研成果和国内引文数据库论文及引用等共计 47 项指标。具体信息如表 3-1 所示。

　　广研院评价体系的特点在于其指标体系完全透明且可重复。为了实现把不同类型的大学进行比较,做了两个假设:一是假设不同类型大学的科研人员具有相同的创新能力,二是假设不同类型的大学科研人员具有相同的获取科研经费的能力。基于两个假设,确定了各类大学的难度系数,实现了各大学之间的可比性。

表 3-1　武书连 2018 中国大学评价体系

Tab. 3-1　China University Evaluation System of Wu Shulian（2018）

一级指标	二级指标	三级指标	
人才 培养 （0.6306）	本科生 培养 （0.4369）	本科基础 （0.1850）	本科毕业生就业率
			新生录取分数线
			全校生师比
			本科毕业生数
		毕业生 就业质量 （0.1370）	薪酬
			考研率
			出国率
			性价比
		教师水平 （0.0402）	教师平均学术水平
		教学保障 （0.0746）	规划教材
			虚拟仿真实验教学中心
			实验教学示范中心
			精品视频公开课
			精品资源共享课
			本科专业综合改革试点
			教学名师
			卓越人才系列（本科）
			挑战杯全国大学生课外学术科技作品竞赛奖
			挑战杯全国大学生创业竞赛奖（本科）
			全国大学生数学建模竞赛奖
			全国大学生英语竞赛特等奖
			互联网＋
			中国青少年科技创新奖（本科生）
			教学成果奖（涉及本科部分）

（续表）

一级指标	二级指标	三级指标	
人才 培养 （0.6306）	研究生 培养 （0.1938）	创新型研究生 （0.1573）	研究生科研成果
		应用型研究生 （0.0339）	全部硕士生折半
		研究生 质量加分 （0.0025）	挑战杯全国大学生课外学术科技作品竞赛奖
			全国研究生数学建模竞赛奖
			全国大学生英语竞赛奖（研究生）
			中国青少年科技创新奖（研究生）
			卓越人才系列（研究生）
			教学成果奖（涉及研究生部分）
科学 研究 （0.3694）	自然科学 研究 （理工农医） （0.2517）	国内引文数据库论文及引用	
		国际引文数据库论文及引用	
		艺术作品	
		专利授权	
		专利转让	
		科学与技术奖	
		国家大学科技园	
		军工资质	
	社会科 学研究 （人文社科） （0.1177）	国内引文数据库论文及引用	
		国际引文数据库论文及引用	
		艺术作品	
		专利授权	
		高等学校科学研究优秀成果奖（人文社会科学）	
		国家大学科技园	

3.1.2 校友会评价体系

中国校友会网的历史可追溯到中国管理科学研究院高等院校比较研究课题组。该课题组 1989 年发表了中国第一个综合大学排名——《中国重点高等院校科学计量多项指标排序及其分析》,2001 年艾瑞深中国校友会网(cuaa. net)建立并以此为平台开展中国大学评价研究,自 2003 年推出国内首个由网络评选产生的大学排名至今,已连续 16 年发布"中国大学综合实力排行榜"。

《2018 中国校友会大学排行榜》设立了四级评价指标体系。一级指标有 3 个,分别为人才培养(52.06%)、科学研究(31.85%)和社会影响(16.09%);二级指标由教育教学(27.97%)、学科专业(10.88%)、杰出师资(13.21%)、科研成果(17.09%)、科研基地(6.99%)、科研项目(7.77%)、办学层次(1.17%)、社会声誉(10.49%)和国际影响(4.43%)9 项指标构成;三级指标由教学水平(6.22%)、杰出校友(17.09%)、双创教育(3.11%)、德育教育(1.55%)、学科建设(6.99%)、专业建设(3.89%)、杰出师资(13.21%)、高端科研成果(17.09%)、科研创新基地(5.44%)、学术平台(1.55%)、基础科研项目(7.77%)、办学定位(1.17%)、社会/校友捐赠(6.22%)、生源质量(2.33%)、媒体影响(1.94%)和国际影响(4.43%)16 项指标组成;四级指标由相关观测点组成。具体信息如表 3-2 所示。

校友会评价体系的特点:一是指标设置以校友、质量、影响为特色;二是指标选取注重高端指标,而不是规模性指标;三是以中国大学的人才产出和科学贡献为基准[192]。

表 3-2　校友会 2018 中国大学评价体系

Tab. 3-2　China University Evaluation System of CUAA (2018)

一级指标	二级指标	三级指标	权重
人才培养 (52.06%)	教育教学 (27.97%)	教学水平	6.22%
		杰出毕业生校友	17.09%
		创新创业教育	3.11%
		德育教育	1.55%
	学科专业 (10.88%)	学科建设	6.99%
		专业建设	3.89%
	杰出师资	杰出师资	13.21%

一级指标	二级指标	三级指标	权重
科学研究 （31.85%）	科研成果	高端科研成果	17.09%
	科研基地 （6.99%）	科研创新基地	5.44%
		学术平台	1.55%
	科研项目	基础科研项目	7.77%
社会影响 （16.09%）	办学层次	办学定位	1.17%
	社会声誉 （10.49%）	社会/校友捐赠	6.22%
		生源质量	2.33%
		媒体影响	1.94%
	国际影响	国际影响	4.43%

3.1.3　中评榜评价体系

武汉大学中国科学评价研究中心于 2004 年首次发布《中国大学及学科专业评价报告》（简称中评榜），截至 2018 年，该机构已连续 15 年发布大学排行榜。该排行榜的特点是采用"综合＋分类"评价方法，既有"中国本科院校竞争力总排行榜"，又分别对重点大学、一般大学、民办大学、独立学院和高职高专院校分别进行排名。

《2018 中国本科院校竞争力总排名》指标体系共设立一级指标 4 个，二级指标 13 个，三级指标 31 个。一级指标包括办学能力（15%）、科教产出（35%）、质量与水平（35%）和学校影响力（15%）4 个方面，二级指标包括教师队伍、教育经费、项目与平台等 13 个方面，三级指标包括杰出人才、研究生导师数、专任教师数等 31 个方面。具体信息如表 3-3 所示。

表 3-3　中评榜 2018 中国本科院校竞争力评价体系

Tab. 3-3　China University Evaluation System of RCCSE（2018）

一级指标	一级权重	二级指标	二级权重
办学能力	15%	教师队伍	4.5%
		教育经费	1.5%
		项目与平台	9.0%

一级指标	一级权重	二级指标	二级权重
科教产出	35％	学生数量	7.0％
		学生获奖	10.5％
		科研成果	14％
		效率与效益	3.5％
质量与水平	35％	学生质量与水平	5.25％
		教学质量与水平	5.25％
		科研质量与水平	14.0％
		学科质量与水平	10.5％
学校影响力	15％	学术影响力	6.0％
		社会影响力	9.0％

《2018 中国重点大学竞争力排名》的评价指标体系较为全面、系统,采用三级评价指标体系。一级指标由办学能力(15％)、科教产出(35％)、质量与水平(35％)、学校影响力(15％)四大指标构成;二级指标由教师队伍(4.5％)、教育经费(1.5％)、项目与平台(9％)、学生数量(7％)、学生获奖(10.5％)、科研成果(14％)、效率与效益(3.5％)、学生质量与水平(5.25％)、教学质量与水平(5.25％)、科研质量与水平(14％)、学科质量与水平(10.5％)、学术影响力(6％)、社会影响力(9％)13 项指标构成;三级指标由杰出人才、研究生导师数、专任教师数、生师比等 31 个指标构成。该排行榜的特点是坚持分类评价、同类比较,以不同数据来源、不同指标体系、不同权重对不同层次的大学分别进行评价[193]。具体信息如表 3-4 所示。

表 3-4　中评榜 2018 中国重点大学评价体系

Tab. 3-4　China Key University Evaluation System of RCCSE（2018）

一级指标	一级权重	二级指标	二级权重	三级指标	三级权重
办学能力	15％	教师队伍	4.5％	杰出人才(院士、长江、千人计划等)	0.9％
				研究生导师数	0.9％
				专任教师数	2.25％
				生师比	0.45％

（续表）

一级指标	一级权重	二级指标	二级权重	三级指标	三级权重
办学能力	15%	教育经费	1.5%	教育经费总额	0.75%
				生均教育经费	0.75%
		项目与平台	9%	学位点数	1.8%
				国家级科研基地	1.8%
				国家自科基金项目数	1.8%
				国家社科基金项目数	2.25%
				教育部文化部等科研项目数	1.35%
科教产出	35%	学生数量	7%	本科毕业生数	1.4%
				研究生毕业生数	1.4%
				留学生毕业生数	1.4%
				杰出校友数	2.8%
		学生获奖	10.5%	国际性全国性竞赛获奖数	10.5%
		科研成果	14%	发表论文数	4.2%
				发明专利数	2.8%
				高被引著作数（社科）	3.5%
				高被引论文数	3.5%
		效率与效益	3.5%	师均科研产出率	3.5%
质量与水平	35%	学生质量与水平	5.25%	新生入学平均分数	2.625%
				毕业生就业率	2.625%
		教学质量与水平	5.25%	教学成果奖	2.625%
				课程及教材	2.625%
		科研质量与水平	14%	国家级省部级科技奖励	3.5%
				论文被引数	7.0%
				ESI 全球前 1% 学科数	3.5%
		学科质量与水平	10.5%	优势学科数	10.5%
学校影响力	15%	学术影响力	6%	国家双一流计划	6.0%
		社会影响力	9%	学校网络声誉	9.0%

3.1.4　软科评价体系

为了"客观呈现中国大学在整体实力和关键办学指标上的特点与差异,为挑选大学提供可靠参考",2015 年上海软科首次发布"中国最好大学"排名,随后每年初更新,截至 2018 年,已连续发布 4 年中国大学排名。

2018 年上海软科"中国最好大学排名"指标体系中,首次引入"社会捐赠收入(5%)"来衡量大学人才培养的社会声誉,同时将"培养结果"指标权重由 15% 降至 10%。指标类别共分 4 类:人才培养(45%)、科学研究(40%)、服务社会(10%)、国际化(5%)。具体指标共有 10 项:生源质量(30%)、培养结果(10%)、社会声誉(5%)、顶尖人才(10%)、顶尖成果(10%)、科研规模(10%)、科研质量(10%)、科技服务(5%)、成果转化(5%)和学生国际化(5%)。每个具体指标仅采用一个观测数据进行测量。具体信息如表 3-5 所示。

软科"中国最好大学排名"的特点:一是 10 项指标的选取排除了诸如长江学者、国家重点实验室等"政府部门主导的优选结果"[194],由基于大学服务对象——学生、雇主、学者等的立场确定;二是透明度较高,对各项指标的统计方法、数据来源及原始数据等均予公布。

表 3-5　上海软科 2018 中国大学评价体系

Tab. 3-5　China University Evaluation System of Shanghai Ranking（2018）

指标类别	指标名称	指标内涵	权重
人才培养 （45%）	生源质量（新生高考成绩）	录取新生的高考成绩	30%
	培养结果（毕业生就业率）	本科毕业生的就业率	10%
	社会声誉（社会捐赠收入）	学校基金会年度社会捐赠收入	5%
科学研究 （40%）	科研规模（论文数量）	Scopus 数据库收录的论文数	10%
	科研质量（论文质量）	学科标准化后的论文影响力	10%
	顶尖成果（高被引论文）	被引用次数位居各个学科世界前 1%的论文数	10%
	顶尖人才（高被引学者）	各个学科被引用次数最高的中国学者数	10%
服务社会 （10%）	科技服务（企业科研经费）	企事业单位委托的科技经费数	5%
	成果转化（技术转让收入）	大学技术转让当年实际收入	5%
国际化 （5%）	学生国际化（留学生比例）	学历留学生占在校生总数的比例	5%

3.2 中国大学评价体系存在问题

大学排名从客观角度为人们提供了一种观察和分析高等教育事业发展的视角,在那个角度上,我们可以去寻找差距。关于大学排名,教育部部长陈宝生说"尊敬排名,不唯排名,重在走自己的路,建设中国特色的世界一流高等学校。"大学排名发展到今天,我们不应再纠结于大学排名是否应该存在,而是应当如何正确看待大学排名,理性分析大学排名,合理使用排名结果,并科学引导、促进大学排名的健康发展,使其真正成为引导、促进我国高等教育事业科学发展的一支重要力量。目前中国大学评价体系还不成熟,存在一些亟待改进的问题。

3.2.1 评价体系科学性有待改进

大学评价指标体系的科学化程度直接决定了评价结果的有效性和可靠性。因此,评价指标的选取和权重的设定都应科学、合理,才能使评价结果更具权威性。但是就目前情况看,国内知名度和影响力最大的四个大学评价机构仍然没有建立起比较科学的评价指标体系,影响了评价结果的公信力。

首先,有些评价指标的设立缺乏明确的目的指向,不知道其能反映大学的什么问题。如"专任教师数""研究生导师数""国家大学科技园"作为评价指标能说明什么问题?各种档次的"科研项目数""发表论文数"又能说明什么问题?"毕业生就业率"作为评价指标的科学性也值得商榷,一是由于该指标为学校自报,其准确性值得怀疑,二是该指标并不能反映毕业生真实的就业质量。因此,专家在设计评价体系时必须对每一项指标作全面的考量。

其次,指标选取和权重设定缺乏明确的依据,且变动过于频繁。国外知名的大学评价体系,如美国的 US News,英国的 QS、THE,其指标和权重均保持多年不变,而国内大学评价机构几乎每年都要对其指标和权重进行调整,且大多不对调整原因作出解释和说明,其结果一方面造成一些大学名次剧烈波动,令大学感到无所适从,另一方面也反映了其评价体系还不够科学,仍处于逐步完善过程中。

最后,定性评价方法缺乏,在一定程度上影响评价结果的准确性。高等教育评价是一个复杂的系统工程,任何一种评价方法都不能"包治百病",有各自的优点、缺点和特定的适用范围。目前,国内四个知名大学排行榜均采用定量评价方法,不可否认其在推进大学评价客观化方向的作用。然而,过分注重对指标的定量分析往往忽略了对评价对象概念和本质的定性揭示,一些定性评价方法仍然是必要的。建议将定性与定量方法相结合,使评价结果更加科学、合理。

3.2.2　评价数据透明度有待提升

我国高等教育全面数据基本掌握在政府部门、高等院校手中,数据的透明度和公开性一直以来很低。长期以来,高等院校的内部运行数据不为外界所知,本应公开的数据也被贴上"机密"的标签秘而不宣,导致高校成为一个灰色系统,给社会机构开展大学评价带来很多困难,评价机构采用的数据过于陈旧且不够全面,不能真实反映大学当下的实际情况,收集信息的困难是导致大学评价失真的重要因素。

同时,由于评价机构获取数据的困难,也使某些本应被采纳的评价指标最终被弃用,客观上影响了大学评价体系的科学性。上述问题严重影响了中国大学评价的科学发展,当务之急是要建立强制性的信息披露制度,使高校信息能够依法向社会开放,社会各界都能平等简便地获取大学的内部信息。此外,由于评价机构大多不公开原始数据,使社会无法对其数据的真实性和准确性进行有效监督,加上有的评价机构不负责任,不对数据进行认真核实,也会造成原始数据的失真。

3.2.3　评价体系多样性有待扩展

世界知名的大学排行榜基本上都是建立在公众所认可的大学分类基础上的,其综合性排行也就是对同类大学的综合性比较。如美国 US News 发布的全美最佳学院排行榜,就是依据卡内基高等学校分类法,把高等学校划分为全国性大学、全国性文理学院、地区性大学和地区性文理学院四大类,在同类别的大学中设置相似的可比性指标,分别进行排名。而国内的评价机构却对大学之间的差异性视而不见,采用同一套指标体系评价全国所有大学,如此笼统的评价不可能反映学校特色,对绝大多数高校都是不公平的。

广东管理科学研究院中国大学评价课题组在分类评价方面进行了积极探索,在其评价体系中,大学类型由体现学科比例的"类"和体现科研规模的"型"两部分组成,类分14种,型分4种。然而,虽然该课题组对不同类型学校进行了单项排名,但在进行大学综合排名时,仍然将所有高校放在一起,以"对社会的贡献作为唯一衡量标准",仅用人才培养和科学研究两个指标进行评价排名。虽然该排名机构也尝试建立转换系数,试图从技术角度入手解决社会科学与自然科学的研究成果以及不同层次、不同类型学校之间相互比较问题,但这种方法在学术界仍有广泛争议,其科学性还有待进一步论证。

对大学进行分类评价提高了评价的针对性、准确性和公信度,使得大学评价更加科学,评价结果更加准确,大学排名的公信力进一步提高。但截至目前,我国仍没有社会公认的较权威的分类评价标准,随着科学技术的进步、经济社会的发展,学科之间交叉融合的趋势愈发明显,现有按学科类型的分类标准已不能适应大学评价的需要,对大学的分类应该不断完善。因此,评价机构应借鉴国外先进分类评价经验,结合我国实际,探索建立更科学、符合时代发展的大学分类新标准,制定具有中国特色的大学评价新体系,使大学社会评价结果更具科学性和权威性。

3.2.4 评价结果稳定性有待提高

作者在对国内四个知名大学排行榜进行考察时,发现有些大学在同一排行榜不同年份的排名中,存在名次波动过大的现象。以2016至2018年排名结果为例,长安大学在广研院排行榜中2016年排第100名,2017年降为第105名,2018年又降为第117名,三年间降幅达17名;西安电子科技大学在校友会排行榜中2016年排第69名,2017年上升为第49名,2018年又上升为第46名,三年间增幅达23名;中国石油大学(北京)在中评榜中2016年排第94名,2017年降为第98名,2018年又降为第120名,三年间降幅达26名。即使同一所高校在不同的排行榜中排名变动趋势也完全不同。如暨南大学在校友会排行榜中2016年至2018年的排名分别为第58、69和74名,三年间降了16名;同期暨南大学在中评榜中排名分别为第75、65和56名,三年间排名上升了19名。

如果按照表面上的排名结果理解,一所大学的排名波动较大,说明该校的综合实力和发展水平已经出现了大幅度变化,但实际情况是,虽然一所大学的规模可能因为"合并"在较短时间内得到扩充,但其办学质量和水平在短时间内一般不会有较大改变。最终排名结果出现如此大的差异,其根本原因还是源自评价理论基础的缺乏和不完善。像这种名次大幅度的变化并不能反映大学的真实办学水平,也会让高校和社会公众无所适从。对大学进行评价本来是一件非常严肃的科学工作,如此多变的评价结果只能使人怀疑排名结果的科学性与严谨性。

3.3　本章小结

本章介绍了广东管理科学研究院、中国校友会网、中评榜、上海软科四个国内知名大学评价体系的指标和权重构成、各个中国大学评价体系的特点以及目前中国大学评价体系存在的不足,为下文开展实证研究奠定基础。

第 4 章　基于熵权 TOPSIS 的直觉模糊多属性决策模型构建

随着直觉模糊集理论研究的不断深入及其应用范围的不断拓展,基于直觉模糊集的多属性决策理论与方法研究引起学者的广泛关注,本章将研究如何科学合理地构造直觉模糊距离测度,进而建立基于直觉模糊熵权 TOPSIS 的多属性决策模型,将其应用于中外大学评价体系相关性的研究。

4.1　问题描述

考虑直觉模糊环境下的多属性决策问题,设 $\{A_1, A_2, \cdots, A_m\}$ 为方案集,$e = \{e_1, e_2, \cdots, e_t\}$ 为评价专家集,$C = \{C_1, C_2, \cdots, C_n\}$ 为属性集,专家 $e_k \in e$ 对方案 $A_i \in A$ 关于属性 $C_j \in C$ 进行测度,从而构成直觉模糊评价矩阵 $\boldsymbol{R}^{(k)} = (r_{ij}^{(k)})_{m \times n}$ $(k = 1, 2, \cdots, t)$,$r_{ij}^{(k)} = (\mu_{ij}^{(k)}, \nu_{ij}^{(k)})$ 为直觉模糊数。设 $\boldsymbol{\lambda} = (\lambda_1, \lambda_2, \cdots, \lambda_t)$ 为专家权重向量,$\lambda_k \in [0, 1]$ 且 $\sum_{k=1}^{t} \lambda_k = 1$。假设专家对决策方案具有一定的偏好,且偏好值向量为 $\boldsymbol{P} = \{P_1, P_2, \cdots, P_n\}$,$P_j = (\mu_j, \nu_j)$ $(j = 1, 2, \cdots, n)$ 为直觉模糊数,建立基于直觉模糊集的多属性决策方法。

4.1.1　直觉模糊集的距离测度

衡量两个事物的差异程度是现实中经常遇到的问题,因此有关直觉模糊距离的测度研究已引起学者的广泛关注,但是目前关于直觉模糊距离测度的文献主要基于算数加权平均的距离测度。本节将从有序加权的角度深入研究直觉模糊距离测度,提出直觉模糊距离测度,并研究其在多属性决策中的应用。

定义 4.1[195]　设 $\alpha_1 = (\mu_{\alpha_1}, \nu_{\alpha_1})$ 和 $\alpha_2 = (\mu_{\alpha_2}, \nu_{\alpha_2})$ 为任意两个直觉模糊数,则

$$d_{IFD}(\alpha_1, \alpha_2) = \frac{1}{2}(|\mu_{\alpha_1} - \mu_{\alpha_2}| + |\nu_{\alpha_1} - \nu_{\alpha_2}|) \tag{4-1}$$

为直觉模糊数 α_1 和 α_2 的距离测度。

定理 4.1　对任意直觉模糊数 $\alpha = (\mu_\alpha, \nu_\alpha)$,$\alpha_1 = (\mu_{\alpha_1}, \nu_{\alpha_1})$ 和 $\alpha_2 = (\mu_{\alpha_2}, \nu_{\alpha_2})$,

由式(4-1)给出的直觉模糊距离有如下性质:

(1) 非负性:$d_{IFD}(\alpha_1,\alpha_2)\geqslant 0$;

(2) 交换性:$d_{IFD}(\alpha_1,\alpha_2)=d_{IFD}(\alpha_2,\alpha_1)$;

(3) 齐次性:$d_{IFD}(\alpha,\alpha)=0$;

(4) 三角性:$d_{IFD}(\alpha,\alpha_1)+d_{IFD}(\alpha,\alpha_2)\geqslant d_{IFD}(\alpha_1,\alpha_2)$。

证明:性质(1)显然成立。以下证明性质(2)、(3)和(4)。

首先证明性质(2):

因为　　　　$|\mu_{\alpha_1}-\mu_{\alpha_2}|=|\mu_{\alpha_2}-\mu_{\alpha_1}|,|\nu_{\alpha_1}-\nu_{\alpha_2}|=|\nu_{\alpha_2}-\nu_{\alpha_1}|$,

从而　　　　$|\mu_{\alpha_1}-\mu_{\alpha_2}|+|\nu_{\alpha_1}-\nu_{\alpha_2}|=|\mu_{\alpha_2}-\mu_{\alpha_1}|+|\nu_{\alpha_2}-\nu_{\alpha_1}|$,

即　　　　　$d_{IFD}(\alpha_1,\alpha_2)=d_{IFD}(\alpha_2,\alpha_1)$,性质(2)证毕。

因为 $d_{IFD}(\alpha,\alpha)=|\mu_\alpha-\mu_\alpha|+|\nu_\alpha-\nu_\alpha|=0$,性质(3)证毕。

因为 $|\mu_{\alpha_1}-\mu_{\alpha_2}|=|\mu_{\alpha_1}-\mu_\alpha+\mu_\alpha-\mu_{\alpha_2}|\leqslant|\mu_{\alpha_1}-\mu_\alpha|+|\mu_\alpha-\mu_{\alpha_2}|$ 和 $|\nu_{\alpha_1}-\nu_{\alpha_2}|=|\nu_{\alpha_1}-\nu_\alpha+\nu_\alpha-\nu_{\alpha_2}|\leqslant|\nu_{\alpha_1}-\nu_\alpha|+|\nu_\alpha-\nu_{\alpha_2}|$,

所以 $\dfrac{1}{2}(|\mu_{\alpha_1}-\mu_{\alpha_2}|+|\nu_{\alpha_1}-\nu_{\alpha_2}|)\leqslant\dfrac{1}{2}(|\mu_{\alpha_1}-\mu_\alpha+\mu_\alpha-\mu_{\alpha_2}|)+\dfrac{1}{2}(|\nu_{\alpha_1}-\nu_\alpha+\nu_\alpha-\nu_{\alpha_2}|)$

从而 $d_{IFD}(\alpha_1,\alpha_2)\leqslant d_{IFD}(\alpha,\alpha_1)+d_{IFD}(\alpha,\alpha_2)$,性质(4)证毕。

4.1.2　直觉模糊加权距离测度

基于两个直觉模糊数的距离,给出直觉模糊集的加权距离测度。

定义 4.2[195]　设 $A=(\alpha_1,\alpha_2,\cdots,\alpha_n)$ 和 $B=(\beta_1,\beta_2,\cdots,\beta_n)$ 为直觉模糊集,则

$$IFWD=(A,B)=\Big[\sum_{j=1}^{n}w_j(d_{IFD}(\alpha_j,\beta_j))^\lambda\Big]^{\frac{1}{\lambda}} \tag{4-2}$$

为直觉模糊集 A 和 B 的加权距离,$w=\{w_1,w_2,\cdots,w_n\}$ 是权重向量,满足 $w_j\in$ $[0,1]$,$\sum_{j=1}^{n}w_j=1$,$d_{IFD}(\alpha_j,\beta_j)$ 为直觉模糊数 α_j 和 β_j 的距离。依据 λ 和权重向量 w 的不同取值,可得 IFWD 不同形式的直觉模糊距离测度。例如:

(1) 当 $\lambda=1$,则 IFWD 退化为直觉模糊加权 Hamming 距离(IFWHD):

$$IFWHD(A,B)=\sum_{j=1}^{n}w_j d_{IFD}(\alpha_j,\beta_j) \tag{4-3}$$

若 $w=\Big(\dfrac{1}{n},\dfrac{1}{n},\cdots,\dfrac{1}{n}\Big)$,则 IFWHD 退化为标准直觉模糊 Hamming 距离

(IFNHD)。

(2) 当 $\lambda=2$ 时，IFWD 退化为直觉模糊加权 Euclidean 距离（IFWED）：

$$IFWD(A,B)=\left[\sum_{j=1}^{n} w_j(d_{IFD}(\alpha_j,\beta_j))^2\right]^{\frac{1}{2}} \tag{4-4}$$

若 $w=\left(\dfrac{1}{n},\dfrac{1}{n},\cdots,\dfrac{1}{n}\right)$，则 IFWED 退化为标准直觉模糊 Euclidean 距离（IF-NED）。

(3) 当 $\lambda \to 0$ 时，可得直觉模糊加权几何距离（IFWGD）：

$$IFWGD(A,B)=\prod_{j=1}^{n}(d_{IFD}(\alpha_j,\beta_j))^{w_j} \tag{4-5}$$

若 $w=\left(\dfrac{1}{n},\dfrac{1}{n},\cdots,\dfrac{1}{n}\right)$，则 IFWGD 退化为标准直觉模糊 Euclidean 几何距离（IFNGD）。

4.1.3　直觉模糊有序加权距离测度

在有些实际情况下，需要在集结数据之前对数据进行排序，对偏差较高和较低的值赋予较小的权重，以减少偏差。例如，跳水和体操比赛中评委打分时，需要对各评委给出的分值进行排序，然后去掉最高分和最低分，把剩下的数据进行加总得到运动员的最终得分。为处理上述问题，基于有序加权算子（OWA）和有序加权距离（OWD）的思想，提出直觉模糊有序加权距离测度（IFOWD）。

定义 4.3　设 $A=(\alpha_1,\alpha_2,\cdots,\alpha_n)$ 和 $B=(\beta_1,\beta_2,\cdots,\beta_n)$ 为直觉模糊集，则

$$IFOWD(A,B)=\left[\sum_{j=1}^{n} w_j(d_{IFD}(\alpha_{(\sigma j)},\beta_{(\sigma j)}))^{\lambda}\right]^{\frac{1}{\lambda}} \tag{4-6}$$

为直觉模糊集 A 和 B 的有序加权距离（IFOWD），其中 $w=\{w_1,w_2,\cdots,w_n\}^{\mathrm{T}}$ 为与 IFOWD 相关联的权重向量，满足 $w_j\in[0,1]$，$\sum_{j=1}^{n} w_j=1$。$(\sigma(1),\sigma(2),\cdots,\sigma(n))$ 是 $(1,2,\cdots,n)$ 的一个置换，对任意的 j，满足 $d_{IFD}(\alpha_{\sigma(j-1)},\beta_{\sigma(j-1)})\geqslant d_{IFD}(\alpha_{\sigma(j)},\beta_{\sigma(j)})$，$d_{IFD}(\alpha_j,\beta_j)$ 为直觉模糊数 α_j 与 β_j 的距离。

在 IFOWD 中，当赋予参数 w 和 λ 不同的值时，可以得到 IFOWD 不同形式的直觉模糊距离测度。

(1) 当 $\lambda=1$ 时，IFOWD 退化为直觉模糊有序加权 Hamming 距离（IF-

OWHD）：

$$IFOWD(A,B) = \sum_{j=1}^{n} w_j (d_{IFD}(\alpha_{\sigma(j)}, \beta_{\sigma(j)})) \qquad (4\text{-}7)$$

在上式中，若对任意的 j，权重 $w_j = 1/n$，则 IFOWHD 退化为标准直觉模糊 Hamming 距离（IFNHD），当 $d_{IFD}(\alpha_{\sigma(j-1)}, \beta_{\sigma(j-1)}) = d_{IFD}(\alpha_{\sigma j}, \beta_{\sigma j})(j = 1, 2, \cdots, n)$ 时，可得直觉模糊加权平均 Hamming 距离（IFWHD）。

（2）当 $\lambda = 2$ 时，IFOWD 退化为直觉模糊加权 Euclidean 距离（IFOWED）：

$$IFOWED(A,B) = \sqrt{\sum_{j=1}^{n} w_j (d_{IFD}(\alpha_{\sigma(j)}, \beta_{\sigma(j)}))^2} \qquad (4\text{-}8)$$

此时，若对任意的 j，权重 $w_j = 1/n$，则 IFOWHD 退化为标准直觉模糊 Euclidean 距离（IFNED），当 $d_{IFD}(\alpha_{\sigma(j)}, \beta_{\sigma(j)}) = d_{IFD}(\alpha_j, \beta_j)(j = 1, 2, \cdots, n)$ 时，可得直觉模糊加权平均 Euclidean 距离（IFWED）。

（3）当 $\lambda \to 0$ 时，可得直觉模糊有序加权几何距离（IFOWGD）：

$$IFOWGD(A,B) = \prod_{j=1}^{n} (d_{IFD}(\alpha_{\sigma(j)}, \beta_{\sigma(j)}))^{w_j} \qquad (4\text{-}9)$$

此时，若对任意的 j，权重 $w_j = 1/n$，可得标准直觉模糊几何距离（IFNGD），当 $d_{IFD}(\alpha_{(j)}, \beta_{(j)}) = d_{IFD}(\alpha_j, \beta_j)(j = 1, 2, \cdots, n)$ 时，可得直觉模糊加权几何距离（IFWGD）。

受 Zhao et al.[196]、Merigo 和 Casanovas[197,198] 和 Gil-Lafuente[199] 等学者的启发，可得 IFOWD 的其他特殊形式，如：

（1）当 $w_1 = 1, w_j = 0(j \neq 1)$ 时，得到两个直觉模糊集的最大距离（MAXD）；

（2）当 $w_n = 1, w_j = 0(j \neq n)$ 时，得到两个直觉模糊集的最小距离（MIND）；

（3）一般地，当 $w_k = 1, w_j = 0(j \neq k)$ 时，得到位置直觉模糊距离（Step-IFOWD）。

关于有序加权距离测度 IFOWD 的一个关键问题是如何确定与之相关联的权重，从定义可见，IFOWD 具有有序加权算子的良好性质。可根据 IFOWD 的特征，给出三种权重确定方法：

（1）设

$$w_j = \frac{d_{IFD}(\alpha_{\sigma(j)}, \beta_{\sigma(j)})}{\sum_{j=1}^{n} (d_{IFD}(\alpha_{\sigma(j)}, \beta_{\sigma(j)}))} \qquad (4\text{-}10)$$

由上式得到的权重满足 $w_j \in [0,1]$，$\sum\limits_{j=1}^{n} w_j = 1$，且 $w_{j+1} \geqslant w_j$，因此是风险偏好型心态的权重确定方法，此时决策者持乐观心态。

（2）设

$$w_j = \frac{e^{-(d_{IFD}(\alpha_{\sigma(j)},\beta_{\sigma(j)}))}}{\sum\limits_{j=1}^{n} e^{-(d_{IFD}(\alpha_{\sigma(j)},\beta_{\sigma(j)}))}} \tag{4-11}$$

由上式得到的权重满足 $w_j \in [0,1]$，$\sum\limits_{j=1}^{n} w_j = 1$，且 $w_{j+1} \geqslant w_j$，因此是风险厌恶型心态的权重确定方法，此时决策者持悲观或谨慎心态。

（3）设 $\quad \dot{d}_{IFD}(\alpha_{\sigma(j)},\beta_{\sigma(j)}) = \frac{1}{n} \sum\limits_{j=1}^{n} d_{IFD}(\alpha_{\sigma(j)},\beta_{\sigma(j)}) \tag{4-12}$

和 $\ddot{d}(d_{IFD}(\alpha_{\sigma(j)},\beta_{\sigma(j)}),\dot{d}_{IFD}(\alpha_{\sigma(j)},\beta_{\sigma(j)})) = |d_{IFD}(\alpha_{\sigma(j)},\beta_{\sigma(j)}) - \dot{d}_{IFD}(\alpha_{\sigma(j)},\beta_{\sigma(j)})|$

设 $w_j = \dfrac{1 - \ddot{d}(d_{IFD}(\alpha_{\sigma(j)},\beta_{\sigma(j)}),\dot{d}_{IFD}(\alpha_{\sigma(j)},\beta_{\sigma(j)}))}{\sum\limits_{j=1}^{n} 1 - \ddot{d}(d_{IFD}(\alpha_{\sigma(j)},\beta_{\sigma(j)}),\dot{d}_{IFD}(\alpha_{\sigma(j)},\beta_{\sigma(j)}))} \tag{4-13}$

由上式得到的权重满足 $w_j \in [0,1]$，$\sum\limits_{j=1}^{n} w_j = 1$，且 $d_{IFD}(\alpha_{\sigma(j)},\beta_{\sigma(j)})$ 越靠近平均值，则其权重越大，此时决策者为风险中性，持中庸心态。

针对实际情况，专家可以根据自己的决策心态或者具体问题特点，应用式（4-10）、（4-11）或（4-13）的赋权法，对 IFOWD 设定合适的权重，然后进行数据集成，得到较为理想的评价结果。

例4.1　设 $A = (\alpha_1,\alpha_2,\alpha_3,\alpha_4) = \{(0.8,0.2),(0.7,0.2),(0.5,0.4),(0.3,0.5)\}$ 和 $B = (\beta_1,\beta_2,\beta_3,\beta_4) = \{(0.5,0.1),(0.6,0.2),(0.7,0.1),(0.4,0.4)\}$ 为两个直觉模糊数集，用 IFOWD 计算两者之间的距离测度。

解：首先计算对应直觉模糊的距离，如 $d_{IFD}(\alpha_1,\beta_1) = \frac{1}{2}(|0.8-0.5|+|0.2-0.1|) = 0.2$，同理可得：$d_{IFD}(\alpha_2,\beta_2) = 0.05$，$d_{IFD}(\alpha_3,\beta_3) = 0.25$，$d_{IFD}(\alpha_4,\beta_4) = 0.1$。

对以上四个距离从大到小降序排列，有

$$d_{IFD}(\alpha_{\sigma(1)},\beta_{\sigma(1)}) = d_{IFD}(\alpha_3,\beta_3) = 0.25$$

$$d_{IFD}(\alpha_{\sigma(2)}, \beta_{\sigma(2)}) = d_{IFD}(\alpha_1, \beta_1) = 0.2$$

$$d_{IFD}(\alpha_{\sigma(3)}, \beta_{\sigma(3)}) = d_{IFD}(\alpha_4, \beta_4) = 0.1$$

$$d_{IFD}(\alpha_{\sigma(4)}, \beta_{\sigma(4)}) = d_{IFD}(\alpha_2, \beta_2) = 0.05$$

如果用式(4-11)计算权重,不失一般性,分别考虑 $\lambda = 1$ 和 $\lambda = 2$ 的情形,可以计算直觉模糊集 A 与 B 之间的有序加权距离:

(1) 当 $\lambda = 1$ 时,有

$IFOWD(A, B) = 0.42 \times 0.25 + 0.33 \times 0.2 + 0.17 \times 0.1 + 0.08 \times 0.05 = 0.192$;

(2) 当 $\lambda = 2$ 时,有

$IFOWD(A, B) = 0.42 \times 0.25^2 + 0.33 \times 0.2^2 + 0.17 \times 0.1^2 + 0.08 \times 0.05^2 = 0.26$。

4.2　基于熵权 TOPSIS 的直觉模糊决策模型

4.2.1　模型的构建

设 $A = (A_1, A_2, \cdots, A_m)$ 为方案集,$C = (C_1, C_2, \cdots, C_m)$ 为评价指标集,评价指标 C_j 的权重为 w_j:$0 \leqslant w_j \leqslant 1$,$j = 1, 2, \cdots, n$,且 $\sum_{j=1}^{n} w_j = 1$。

(1) 构建直觉模糊集评价矩阵

设有 k 位专家参与评价,在信息不完全确定的模糊环境下,每位专家均采用直觉模糊集形式给出各个待评方案的指标评价值。在直觉模糊语言环境条件下,给出基于直觉模糊数的多属性决策矩阵:

$$\boldsymbol{X} = (x_{ij})_{m \times n} = ((\mu_{ij}, \nu_{ij}))_{m \times n}$$

$$= \begin{bmatrix} (\mu_{11}, \nu_{11}) & (\mu_{12}, \nu_{12}) & \cdots & (\mu_{1n}, \nu_{1n}) \\ (\mu_{21}, \nu_{21}) & (\mu_{22}, \nu_{22}) & \cdots & (\mu_{2n}, \nu_{2n}) \\ \vdots & \vdots & & \vdots \\ (\mu_{m1}, \nu_{m1}) & (\mu_{m2}, \nu_{m2}) & \cdots & (\mu_{mn}, \nu_{mn}) \end{bmatrix} \tag{4-14}$$

利用 IFWA 算子集成专家个体的评价矩阵 $\boldsymbol{D}^k (k = 1, 2, \cdots, t)$,得到群直觉模糊评价矩阵 $\boldsymbol{D} = (r_{ij})_{m \times n}$,这里

$$r_{ij} = IFWA(r_{ij}^{(1)}, r_{ij}^{(2)}, \cdots, r_{ij}^{(t)}) = \sum_{j=1}^{n} \lambda_j r_{ij}^{(k)} \tag{4-15}$$

为了消除不同量纲对决策结果的影响,对矩阵 $D=(r_{ij})_{m\times n}$ 进行规范化处理,得到规范化矩阵 $Y=(y_{ij})_{m\times n}$,分别针对效益型属性和成本型属性的计算公式为:

$$\mu_{ij}^{*}=\frac{\mu_{ij}}{\sum\limits_{i=1}^{m}\nu_{ij}},\nu_{ij}^{*}=\frac{\nu_{ij}}{\sum\limits_{i=1}^{m}\mu_{ij}},i=1,2,\cdots,m;j\in I_1 \text{效益型属性} \quad (4\text{-}16)$$

$$\mu_{ij}^{*}=\frac{1/\nu_{ij}}{1/\sum\limits_{i=1}^{m}\mu_{ij}},\nu_{ij}^{*}=\frac{1/\mu_{ij}}{1/\sum\limits_{i=1}^{m}\nu_{ij}},i=1,2,\cdots,m;j\in I_2 \text{成本型属性}$$

$$(4\text{-}17)$$

此外,考虑各属性的权重信息,对式(4-15)进行加权,得到加权的直觉模糊多属性决策矩阵:

$$
\begin{aligned}
R=(r_{ij})_{m\times n}&=(w_j,x_{ij})=((\sigma_{ij},\tau_{ij}))_{m\times n}\\
&=\begin{bmatrix}
(\sigma_{11},\tau_{11}) & (\sigma_{12},\tau_{12}) & \cdots & (\sigma_{1n},\tau_{1n})\\
(\sigma_{21},\tau_{21}) & (\sigma_{22},\tau_{22}) & \cdots & (\sigma_{2n},\tau_{2n})\\
\vdots & \vdots & & \vdots\\
(\sigma_{m1},\tau_{m1}) & (\sigma_{m2},\tau_{m2}) & \cdots & (\sigma_{mn},\tau_{mn})
\end{bmatrix}
\end{aligned}
\quad (4\text{-}18)
$$

其中,$\sigma_{ij}=(\nu_{ij}^{*})^{w_j}$,$\tau_{ij}=1-(1-\mu_{ij}^{*})^{w_j}$。

在式(4-18)中,$0\leqslant\mu_{ij}^{*}\leqslant1,0\leqslant\nu_{ij}^{*}\leqslant1,0\leqslant\mu_{ij}^{*}+\nu_{ij}^{*}\leqslant1,i=1,2,\cdots,m;j=1,2,\cdots,n$ 由直觉模糊集的定义可知,上述直觉模糊集矩阵已经是规范化后的评价矩阵。

(2)确定直觉模糊正负理想方案

正理想解为:

$r^{+}=\{(\sigma_1^{+},\tau_1^{+}),(\sigma_2^{+},\tau_2^{+}),\cdots,(\sigma_n^{+},\tau_n^{+})\}$

$=\{\langle(\max\limits_{i}\sigma_{ij}|j\in J_1,\min\limits_{i}\sigma_{ij}|j\in J_2),(\min\limits_{i}\tau_{ij}|j\in J_1,\max\limits_{i}\tau_{ij}|j\in J_2)\rangle\}$ （4-19）

负理想解为:

$r^{-}=\{(\sigma_1^{-},\tau_1^{-}),(\sigma_2^{-},\tau_2^{-}),\cdots,(\sigma_n^{-},\tau_n^{-})\}$

$=\{\langle(\min\limits_{i}\sigma_{ij}|j\in J_1,\max\limits_{i}\sigma_{ij}|j\in J_2),(\max\limits_{i}\tau_{ij}|j\in J_1,\min\limits_{i}\sigma_{ij}|j\in J_2)\rangle\}$ （4-20）

其中,J_1 代表效益型指标,J_2 代表成本型指标。

(3)计算各方案与正负理想解的距离

根据式(4-6),计算各方案 $A_i(i=1,2,\cdots,m)$ 分别与正负理想解的有序加权距离:

$$d(r_i,r^+)=IFOWD(r_i,r^+)=\left[\sum_{i=1}^{m}w_j(d_{IFD}(r_{\sigma(j)},r_{\sigma(j)}^+))^{\lambda}\right]^{\frac{1}{\lambda}} \quad (4\text{-}21)$$

$$d(r_i,r^-)=IFOWD(r_i,r^-)=\left[\sum_{i=1}^{m}w_j(d_{IFD}(r_{\sigma(j)},r_{\sigma(j)}^-))^{\lambda}\right]^{\frac{1}{\lambda}} \quad (4\text{-}22)$$

$$d(r^-,r^+)=IFOWD(r^-,r^+)=\left[\sum_{i=1}^{m}w_j(d_{IFD}(r_{\sigma(j)}^-,r_{\sigma(j)}^+))^{\lambda}\right]^{\frac{1}{\lambda}} \quad (4\text{-}23)$$

(4) 计算各方案与正理想解的相对贴近度

基于传统 TOPSIS 的思想,计算方案 $A_j(j=1,2,\cdots,m)$ 与直觉模糊正理想解的相对贴近度 $R(A_j)$:

$$R(A_j)=\frac{IFOWD(A_j,A^-)}{IFOWD(A_j,A^+)+IFOWD(A_j,A^-)} \quad (4\text{-}24)$$

按照 $R(A_j)$ 的大小对方案进行排序和优选,$R(A_j)$ 取值越大,对应的方案越优。

4.2.2　属性权重的确定

直觉模糊熵(Intuitionistic Fuzzy Entropy,IFE)采用概率论作为度量信息的数学工具,可以更好地克服主观性和模糊性对不确定信息造成的影响,本书用直觉模糊熵确定属性的权重。首先介绍垂面距离的概念,垂面距离是指在正理想解与负理想解之间,分别过这两点作以正负理想解连线为法向量的平面之间的距离。根据定义,各方案与正负理想解的垂面距离分别为:

$$V_i^+=\frac{d^2(r^+,r^-)+d^2(r^+,r_i)-d^2(r^-,r_i)}{2d(r^+,r^-)} \quad (4\text{-}25)$$

$$V_i^-=\frac{d^2(r^+,r^-)+d^2(r^-,r_i)-d^2(r^+,r_i)}{2d(r^+,r^-)} \quad (4\text{-}26)$$

设决策者对方案没有任何偏好,完全根据样本信息客观赋权而获得方案排序,而理想情况下,各方案与正理想方案的垂面距离越小越好,即有:

$$\begin{cases} \min\sum_{i=1}^{m}V_i^+=\sum_{i=1}^{m}\dfrac{d^2(r^+,r^-)+d^2(r^+,r_i)-d^2(r^-,r_i)}{2d(r^+,r^-)} \\ \text{s.t. } \sum_{i=1}^{n}w_j=1,w_j\geqslant 0,j=1,2,\cdots,n \end{cases} \quad (4\text{-}27)$$

直觉模糊熵能全面刻画直觉模糊集的不确定性程度,熵值越大,不确定性程度越大,决策者主观偏好越不明确,理想情况下,应尽可能使熵值越小越好,即有:

$$\begin{cases} \min\sum_{i=1}^{n} w_j^2 E_j = \sum_{j=1}^{n} w_j^2 \frac{1}{m}\sum_{i=1}^{m}(1-\sqrt{(1-\pi_{ij})^2 - \mu_{ij} \cdot \nu_{ij}}) \\ \mathrm{s.\,t.}\ \sum_{j=1}^{n} w_j = 1, w_j \geqslant 0, j = 1,2,\cdots,n \end{cases} \quad (4\text{-}28)$$

综合式(4-27)和(4-28),可得如下的综合属性权重确定模型:

$$\begin{cases} \min Z = \theta\sum_{i=1}^{m} \frac{d^2(r^+,r^-) + d^2(r^+,r_i) - d^2(r^-,r_i)}{2d(r^+,r^-)} + \\ (1-\theta)\sum_{j=1}^{n} w_j \frac{1}{m}\sum_{i=1}^{m}(1-\sqrt{(1-\pi_{ij})^2 - \mu_{ij} \cdot \nu_{ij}}) \\ \mathrm{s.\,t.}\ \sum_{j=1}^{n} w_j = 1, w_j \geqslant 0, j = 1,2,\cdots,n \end{cases} \quad (4\text{-}29)$$

在式(4-29)中,θ 为平衡系数,取值范围为$[0,1]$,表示决策者对两个模型的偏好程度,一般情况下取值为 0.5。对式(4-29)的求解,可以构造 Lagrange 函数进行非线性规划求解,也可以利用 Lingo 软件编程求解。

4.2.3　模型决策程序

Step1:根据式(4-15),将专家的个体评价矩阵集结为群体直觉模糊评价矩阵。

Step2:根据式(4-16)和(4-17),将成本型属性转化为效益型属性,得到规范化的决策矩阵。

Step3:根据式(4-29),取平衡系数为 0.5,计算属性的权重向量 $w=(w_1,w_2,\cdots,w_n)$。根据式(4-18)对规范化决策矩阵进行加权,得到加权的直觉模糊多属性决策矩阵。

Step4:根据式(4-19)和(4-20),确定加权直觉模糊决策矩阵的正理想方案 r^+ 和负理想方案 r^-。

Step5:根据式(4-21)和(4-22),计算各方案与正理想方案和负理想方案的距离。

Step6:根据式(4-24),计算各方案与正理想方案的相对贴近度 $R(A_j)$。

Step7：根据 $R(A_j)$ 取值的大小，对各方案进行排序和择优。

4.3　实例分析

4.3.1　中外大学评价体系相关性问题描述

2015 年 10 月 24 日，国务院印发了《统筹推进世界一流大学和一流学科建设总体方案》，提出"双一流"建设的指导思想要"坚持中国特色、世界一流""建立健全绩效评价机制，积极采用第三方评价，提高科学性和公信度"。大学排名是当前社会影响力广泛的第三方评价，自 1987 年《科技日报》刊载了由中国管理科学研究院对国内 87 所重点大学的排名后，对我国大学排行的研究开始兴起。此后的 20 年间，先后有 20 余家机构发布了近百个大学排行榜[200]。ESI 数据库是美国科技信息研究所 2001 年推出的衡量科研绩效，跟踪科学发展趋势的分析工具，是当前世界范围公认的较权威的学科绩效评估工具[201]，尤其是 ESI 前 1‰ 学科成为 2017 年国家首批"双一流"建设遴选的参考指标之一。中国大学排行榜具有典型的中国特色，ESI 学科评价更侧重于世界水平，这两个评价体系之间指标是否存在相关性，各个中国大学评价体系与 ESI 评价体系相关性强弱如何？这即是本书要研究的问题。

4.3.2　模型的应用及求解

选取国内知名度和影响力较大的四个大学评价体系为研究对象：A_1——广东管理科学研究院武书连课题组自 1993 年开始发布的年度《中国大学评价》（简称广研院榜），A_2——中国校友会网大学研究团队自 2003 年开始发布的年度《中国大学评价研究报告》（简称校友会榜），A_3——武汉大学中国科学评价研究中心邱均平教授课题组自 2004 年开始发布的年度《中国大学竞争力排名》（简称中评榜），A_4——上海软科自 2015 年开始发布的《中国最好大学排名》（简称软科榜）。分别从科研生产力 C_1、科研影响力 C_2、科研扩展力 C_3 和科研创新力 C_4 四个维度对四个中国大学评价与 ESI 学科评价体系的相关性进行评价。请三名专家独立对四个中国大学排行榜进行评价，得到如表 4-1～表 4-3 所示的直觉模糊评价矩阵。

表 4-1 直觉模糊评价矩阵 $D^{(1)}$

Tab. 4-1 Intuitionistic fuzzy evaluation matrix $D^{(1)}$

	C_1	C_2	C_3	C_4
A_1	(0.6, 0.2)	(0.4, 0.3)	(0.7, 0.3)	(0.6, 0.3)
A_2	(0.7, 0.3)	(0.7, 0.3)	(0.6, 0.2)	(0.6, 0.2)
A_3	(0.5, 0.4)	(0.5, 0.3)	(0.2, 0.6)	(0.4, 0.4)
A_4	(0.5, 0.4)	(0.6, 0.4)	(0.6, 0.2)	(0.5, 0.3)

表 4-2 直觉模糊评价矩阵 $D^{(2)}$

Tab. 4-2 Intuitionistic fuzzy evaluation matrix $D^{(2)}$

	C_1	C_2	C_3	C_4
A_1	(0.7, 0.3)	(0.8, 0.2)	(0.6, 0.3)	(0.6, 0.2)
A_2	(0.4, 0.5)	(0.6, 0.2)	(0.7, 0.3)	(0.3, 0.4)
A_3	(0.5, 0.5)	(0.8, 0.2)	(0.6, 0.2)	(0.7, 0.2)
A_4	(0.5, 0.2)	(0.7, 0.2)	(0.8, 0.1)	(0.7, 0.1)

表 4-3 直觉模糊评价矩阵 $D^{(3)}$

Tab. 4-3 Intuitionistic fuzzy evaluation matrix $D^{(3)}$

	C_1	C_2	C_3	C_4
A_1	(0.5, 0.2)	(0.5, 0.3)	(0.8, 0.2)	(0.6, 0.1)
A_2	(0.6, 0.3)	(0.6, 0.2)	(0.7, 0.2)	(0.8, 0.1)
A_3	(0.5, 0.3)	(0.7, 0.2)	(0.5, 0.3)	(0.5, 0.4)
A_4	(0.7, 0.3)	(0.4, 0.4)	(0.6, 0.3)	(0.4, 0.2)

基于 IFE-TOPSIS 方法的主要步骤如下：

(1) 假设三位专家的权重向量为 $\lambda = (0.3, 0.3, 0.4)$，利用直觉模糊加权算子 IFWA 将专家个体评价意见集成为群体评价矩阵，结果如表 4-4 所示。

表 4-4　直觉模糊群体评价矩阵 D

Tab. 4-4　Intuitionistic fuzzy group evaluation matrix D

	C_1	C_2	C_3	C_4
A_1	(0.60, 0.26)	(0.60, 0.27)	(0.72, 0.26)	(0.60, 0.17)
A_2	(0.59, 0.35)	(0.63, 0.23)	(0.67, 0.23)	(0.64, 0.19)
A_3	(0.50, 0.38)	(0.69, 0.26)	(0.46, 0.33)	(0.55, 0.32)
A_4	(0.59, 0.29)	(0.59, 0.32)	(0.68, 0.20)	(0.54, 0.18)

（2）因为四个属性 $C_j(j=1,2,3,4)$ 为效益型指标,利用式(4-16),对直觉模糊群评价矩阵进行规范化,得到规范化的决策矩阵 $Y=(r_{ij})_{m\times n}$

$$Y=\begin{bmatrix} (0.47,0.11) & (0.56,0.11) & (0.71,0.10) & (0.70,0.07) \\ (0.46,0.15) & (0.58,0.09) & (0.66,0.09) & (0.74,0.08) \\ (0.39,0.17) & (0.64,0.10) & (0.45,0.13) & (0.64,0.14) \\ (0.46,0.13) & (0.55,0.13) & (0.67,0.08) & (0.63,0.08) \end{bmatrix}$$

（3）根据式(4-29),取平衡系数为 0.5,利用 Lingo 软件,计算得到属性权重向量 $w=(0.2041,0.2561,0.2650,0.2748)$。

根据式(4-18)对决策矩阵进行加权,得到加权的直觉模糊多属性决策矩阵 R:

$$R=\begin{bmatrix} (0.46,0.12) & (0.56,0.19) & (0.55,0.28) & (0.49,0.28) \\ (0.68,0.12) & (0.54,0.20) & (0.53,0.25) & (0.50,0.31) \\ (0.69,0.10) & (0.56,0.23) & (0.58,0.15) & (0.58,0.24) \\ (0.66,0.12) & (0.59,0.18) & (0.51,0.25) & (0.49,0.24) \end{bmatrix}$$

（4）确定加权直觉模糊决策矩阵的正理想方案 r^+ 和负理想方案 r^-:

$A^+=\{x_1^+,x_2^+,\cdots,x_n^+\}=\{\langle 0.69,0.10\rangle,\langle 0.59,0.18\rangle,\langle 0.58,0.15\rangle,\langle 0.58,0.24\rangle\}$

$A^-=\{x_1^-,x_2^-,\cdots,x_n^-\}=\{\langle 0.64,0.12\rangle,\langle 0.54,0.23\rangle,\langle 0.51,0.28\rangle,\langle 0.49,0.31\rangle\}$

（5）设专家持谨慎心态,经协商得到 IFOWD 权重向量 $w=(0.35,0.3,0.25,0.1)^T$。

（6）设 $\lambda=2$,根据式(4-6)计算各方案 $A_j(j=1,2,3,4)$ 与正负理想方案的距

离 IFOWD(A_j, A^+)和 IFOWD(A_j, A^-)。根据式(4-24),计算四个方案与正理想方案的相对贴近度 $R(A_j)$,结果如表 4-5 所示。

表 4-5　基于 IFE-TOPSIS 方法的评价结果

Tab. 4-5　Evaluation results based on IFE-TOPSIS method

	IFOWD(A_j, A^+)	IFOWD(A_j, A^-)	$R(A_j)$	Ranking
A_1	0.054	0.058	0.518	2
A_2	0.082	0.046	0.359	4
A_3	0.052	0.054	0.509	3
A_4	0.043	0.072	0.626	1

(7) 根据相对贴近度 $R(A_j)$ 的大小,对四个中国大学评价体系与 ESI 学科评价体系的相关性进行排序:$A_4 > A_1 > A_3 > A_2$。即软科榜与 ESI 学科评价相关性最强,其次为广研院榜,再次为中评榜,最后为校友会榜。

4.4　中外大学评价体系相关性的实证检验

为验证以上结论的合理性,应用统计学中的相关分析,对广研院榜、校友会榜、中评榜和软科榜四个中国大学评价体系与 ESI 学科评价体系的相关性进行检验。

4.4.1　研究数据的获取

2001 年,美国科技信息研究所推出基本科学指标数据库(ESI)。它对全球高校和科研机构近 11 年的 SCIE 和 SSCI 的发文进行统计,按照 22 个学科领域的总被引次数进行排序,对国家/地区、科研机构和科学家的学术水平进行全面衡量,数据每两个月更新一次[202]。因为 2017 年 3 月更新的 ESI 数据(检索时间为 2017 年 3 月 10 日)覆盖范围为 2006 年 1 月 1 日至 2016 年 12 月 31 日,包含 2017 年中国大学评价数据的统计区间,所以本研究选取 2017 年 3 月 ESI 数据。

相关研究[202]已经表明:重点大学较之一般大学,更适合应用 ESI 学科指标进行评价,故而在样本的选取上,本研究选择 2017 年 3 月进入 ESI 学科排名的"985 工程"高校为研究对象。国防科学技术大学属于军事院校,其很多研究成果因涉密不能公开发表,中央民族大学学科特色未进入 ESI 学科排名。因此,剔除上述两所高校,最终将研究对象限定为 37 所"985 工程"高校。

4.4.2　评价指标的选择

本研究的主要指标包括:中国大学评价得分 Y,ESI 学科指标 X。其中,ESI 学科指标主要包括四个:发表论文数为 X_1(千篇)、总被引频次为 X_2(千次)、高被引论文数为 X_3(篇)、热点论文数为 X_4(篇),分别对应科研生产力、科研影响力、科研扩展力和科研创新力四个维度,各指标的具体含义如下:

(1)发表论文数。某学科近十年来发表的 SCI/SSCI 论文总数,反映某单位或学科对世界学术交流量的贡献,被 ESI 数据库收录的论文都是较高质量的论文。

(2)总被引频次。ESI 学科排名的决定性指标,某学科近十年发表的 SCI/SSCI 论文被 ESI 数据库收录期刊所引用的总次数,该指标集中反映了学科的影响力。

(3)高被引论文。指某学科领域近十年来被引频次排在世界前 1% 的论文,反映了学科的扩展能力,该指标越大,表明该单位有能力产出更多的优秀论文。

(4)热点论文。指某学科领域发表在最近两年且最近两个月被引频次排名位于世界前 0.1% 的论文,反映了学科的创新能力,是学科具有朝气的源动力[203]。

4.4.3　相关性检验

应用 SPSS 19.0 统计分析软件,分别计算 37 所"985 工程"高校的大学评价得分与 ESI 各项指标的相关系数,并进行显著性检验,结果如表 4-6 所示。相关分析结果表明:中国大学评价得分与 ESI 各项指标的皮尔逊相关系数基本都在 0.7 以上,为高度相关或极高相关,且在 0.01 的水平上显著。进一步的分析表明,中国大学评价得分与发表论文数 X_1 和总被引频次 X_2 两项指标的相关性最大,除了校友会评价体系,其他三个评价体系的皮尔逊相关系数基本在 0.9 以上,为极高相关;大学评价得分与高被引文数 X_3、热点论文数 X_4 两项指标的相关系数在 0.8~0.9 之间,为高度相关。

表 4-6 中国大学评价得分与 ESI 指标的简单相关分析

Tab. 4-6 Correlation analysis between the

score of Chinese universities and ESI index

指标		广研院榜 得分	校友会榜 得分	中评榜 得分	软科榜 得分
发表论文数 X_1	相关系数	0.936**	0.777**	0.922**	0.891**
	Sig.（双侧）	0.000	0.000	0.000	0.000
总被引频次 X_2	相关系数	0.928**	0.837**	0.920**	0.908**
	Sig.（双侧）	0.000	0.000	0.000	0.000
高被引文数 X_3	相关系数	0.893**	0.857**	0.875**	0.946**
	Sig.（双侧）	0.000	0.000	0.000	0.000
热点论文数 X_4	相关系数	0.847**	0.843**	0.817**	0.887**
	Sig.（双侧）	0.000	0.000	0.000	0.000

注：**表示在置信度（双侧）为 0.01 时,相关性是显著的。

设中国大学评价得分与 ESI 各项评价指标的相关系数分别为 $r(A_j)$,指标集的权重向量为 $w=(0.1,0.25,0.3,0.35)^{\mathrm{T}}$,则综合相关系数 $R(A_j)=\sum_{j=1}^{4}w_j r(A_j)$。

根据表 4-6 的数据,计算可得 $R(A_1)=0.890,R(A_2)=0.839,R(A_3)=0.871,R(A_4)=0.910$,即 $R(A_4)>R(A_1)>R(A_3)>R(A_2)$。

根据表 4-7 的数据,计算可得 $R^*(A_1)=0.855,R^*(A_2)=0.724,R^*(A_3)=0.823,R^*(A_4)=0.863$,即 $R^*(A_4)>R^*(A_1)>R^*(A_3)>R^*(A_2)$。

表 4-7 中国大学评价得分与 ESI 指标的秩相关分析

Tab. 4-7 Rank correlation analysis between the

score of Chinese universities and ESI index

指标			广研院榜 排名	校友会榜 排名	中评榜 排名	软科榜 排名
Spearman 的 rho	发表论文数 X_1	相关系数	0.919**	0.781**	0.907**	0.860**
		Sig.（双侧）	0.000	0.000	0.000	0.000

（续表）

指标			广研院榜 排名	校友会榜 排名	中评榜 排名	软科榜 排名
Spearman 的 rho	总被引领次 X_2	相关系数	0.893**	0.772**	0.871**	0.820**
		Sig.（双侧）	0.000	0.000	0.000	0.000
	高被引文数 X_3	相关系数	0.871**	0.749**	0.841**	0.897**
		Sig.（双侧）	0.000	0.000	0.000	0.000
	热点论文数 X_4	相关系数	0.797**	0.651**	0.750**	0.866**
		Sig.（双侧）	0.000	0.000	0.000	0.000

注：**表示在置信度（双侧）为 0.01 时,相关性是显著的。

综上分析,统计检验的结果与基于 IFOWD-TOPSIS 方法的分析结果完全一致,表明本书提出的决策方法是有效的。

4.5　本章小结

本章主要研究了指标集为直觉模糊数的信息集成问题,提出了直觉模糊有序加权距离测度方法（IFOWD）,基于评价矩阵的直觉模糊熵确定属性权重,建立了基于熵权 TOPSIS 的多属性决策方法。其核心思想是:应用 IFOWD 对各评价值与偏好值进行测度,根据距离大小对评价对象进行排序与优选。该方法计算简单,丰富了已有的直觉模糊数的研究成果。应用该方法对中国大学评价体系与 ESI 学科评价体系的相关性进行检验,并应用统计学中的相关分析进行验证,两种方法所得结果一致,表明基于熵权 TOPSIS 的决策方法是有效的,可应用于现实决策。

第5章 基于灰关联的犹豫
模糊多属性决策模型构建

犹豫模糊集的隶属度是由离散且数值不等的犹豫模糊数组成,表达方式更加灵活,更适用于多属性决策。犹豫模糊集不需对不同的专家数据进行复杂的集结运算,只需对犹豫模糊元中的不同隶属度进行简单集结运算即可。本书提出的基于灰关联分析的犹豫模糊集群决策方法主要应用灰色系统中的"核与灰度"进行灰色隶属度计算,决策过程更加简便、有效。

5.1 问题的描述

设某一多属性决策问题:$X=\{X_1,X_2,\cdots,X_m\}$ 为方案集,$C=\{C_1,C_2,\cdots,C_n\}$ 为属性集,决策者给出方案 X_i 关于属性 C_j 的评价矩阵为 $\boldsymbol{R}=(r_{ij})_{m\times n}$,其中 $r_{ij}=\{h(x_{ij})\}$ 为犹豫模糊元,表示在属性 C_j 下对方案 X_i 的评价值。属性权重向量 $w=\{w_1,w_2,\cdots,w_n\}^{\mathrm{T}}$ 完全未知,建立犹豫模糊多属性决策模型并求解。

5.1.1 犹豫模糊集的距离测度

由于距离测度在模式识别、聚类分析、图像处理、医疗诊断和决策分析中的广泛应用,学界相关研究成果也越来越多。在直觉模糊集中有很多关于距离测度的方法,但是在犹豫模糊集中相关研究仍然较少,Xia 和 Xu(2011)[33] 给出了一种犹豫模糊集(HFS)的距离测度方法。

定义 5.1 设 M 和 N 是两个犹豫模糊集,属性集 $X=\{X_1,X_2,\cdots,X_n\}$,则 $d(M,N)$ 称为 M 和 N 之间的距离测度,满足以下条件:

(1) $0 \leqslant d(M,N) \leqslant 1$;

(2) $d(M,N)=0$ 当且仅当 $M=N$;

(3) $d(M,N)=d(N,M)$。

一般情况下,M 和 N 中犹豫模糊元的长度不等,即 $l(h_M(x_i)) \neq l(h_N(x_i))$,令 $l_{x_i}=\max\{l(h_M(x_i)),l(h_N(x_i))\}$。为了能够比较 M 和 N,需要将元素较少的

模糊数进行扩展,直到两者长度相等。扩展方法取决于决策者的风险偏好倾向:风险偏好者(乐观主义者)将增添模糊元中元素的最大值,风险规避者(悲观主义者)将增添模糊元中元素的最小值。

例如,$(h_M(x_i)=\{0.2,0.3,0.4\}$,$(h_N(x_i)=\{0.5,0.6\}$,$l(h_M(x_i))>l(h_N(x_i))$。为了比较,必须对 $h_N(x_i)$ 进行扩展至 $h_M(x_i)$ 的长度。风险偏好者令 $h_N(x_i)=\{0.5,0.6,0.6\}$,风险规避者令 $h_N(x_i)=\{0.5,0.5,0.6\}$。

根据 Hamming 距离和 Euclidean 距离测度公式,定义标准犹豫模糊 Hamming 距离测度:

$$d_{hnh}(M,N)=\frac{1}{n}\sum_{i=1}^{n}\left[\frac{1}{l_{x_i}}\sum_{j=1}^{l_{x_i}}\mid h_M^{\sigma(j)}(x_i)-h_N^{\sigma(j)}(x_i)\mid\right] \tag{5-1}$$

标准的犹豫模糊 Euclidean 距离测度:

$$d_{hnh}(M,N)=\left[\frac{1}{n}\sum_{i=1}^{n}\left(\frac{1}{l_{x_i}}\sum_{j=1}^{l_{x_i}}\mid h_M^{\sigma(j)}(x_i)-h_N^{\sigma(j)}(x_i)\mid^2\right)\right]^{\frac{1}{2}} \tag{5-2}$$

其中,$h_M^{\sigma(j)}(x_i)$ 和 $h_N^{\sigma(j)}(x_i)$ 是 $h_M(x_i)$ 和 $h_N(x_i)$ 中第 j 个最大的数值。进一步,可以将式(5-1)和(5-2)扩展为广义的犹豫模糊规范距离测度:

$$d_{ghn}(M,N)=\left[\frac{1}{n}\sum_{i=1}^{n}\left(\frac{1}{l_{x_i}}\sum_{j=1}^{l_{x_i}}\mid h_M^{\sigma(j)}(x_i)-h_N^{\sigma(j)}(x_i)\mid^\lambda\right)\right]^{\frac{1}{\lambda}} \tag{5-3}$$

目前,式(5-3)已经被广泛应用于决策理论研究。

如果将 Hausdorff 距离测度引入犹豫模糊集,可以得到标准的犹豫模糊 Hausdorff 距离测度:

$$d_{ghnh}(M,N)=\left[\frac{1}{n}\sum_{i=1}^{n}\max_{j}\mid h_M^{\sigma(j)}(x_i)-h_N^{\sigma(j)}(x_i)\mid^\lambda\right]^{\frac{1}{\lambda}} \tag{5-4}$$

对式(5-4),考虑 $\lambda=1$ 和 $\lambda=2$ 时的两种特殊情形:

(1) $\lambda=1$ 时,式(5-4)成为标准 Hamming-Hausdorff 距离测度:

$$d_{hhnh}(M,N)=\frac{1}{n}\sum_{i=1}^{n}\max_{j}\mid h_M^{\sigma(j)}(x_i)-h_N^{\sigma(j)}(x_i)\mid \tag{5-5}$$

(2) $\lambda=2$ 时,式(5-4)成为标准 Euclidean-Hausdorff 距离测度:

$$d_{hneh}(M,N)=\left[\frac{1}{n}\sum_{i=1}^{n}\max_{j}\mid h_M^{\sigma(j)}(x_i)-h_N^{\sigma(j)}(x_i)\mid^2\right]^{\frac{1}{2}} \tag{5-6}$$

如果将上述公式重组,可以定义标准混合 Hamming 距离、混合 Euclidean 距离和广义混合距离测度：

$$d_{hhnh}(M,N) = \frac{1}{2n}\sum_{i=1}^{n}\left(\frac{1}{l_{x_i}}\sum_{j=1}^{l_{x_i}}\mid h_M^{\sigma(j)}(x_i) - h_N^{\sigma(j)}(x_i)\mid +\right.$$

$$\left.\max_{j}\mid h_M^{\sigma(j)}(x_i) - h_N^{\sigma(j)}(x_i)\mid\right) \tag{5-7}$$

$$d_{hhhn}(M,N) = \left[\frac{1}{2n}\sum_{i=1}^{n}\left(\frac{1}{l_{x_i}}\sum_{j=1}^{l_{x_i}}\mid h_M^{\sigma(j)}(x_i) - h_N^{\sigma(j)}(x_i)\mid^2 +\right.\right.$$

$$\left.\left.\max_{j}\mid h_M^{\sigma(j)}(x_i) - h_N^{\sigma(j)}(x_i)\mid^2\right)\right]^{\frac{1}{2}} \tag{5-8}$$

$$d_{ghnh}(M,N) = \left[\frac{1}{2n}\sum_{i=1}^{n}\left(\frac{1}{l_{x_i}}\sum_{j=1}^{l_{x_i}}\mid h_M^{\sigma(j)}(x_i) - h_N^{\sigma(j)}(x_i)\mid^\lambda +\right.\right.$$

$$\left.\left.\max_{j}\mid h_M^{\sigma(j)}(x_i) - h_N^{\sigma(j)}(x_i)\mid^\lambda\right)\right]^{\frac{1}{\lambda}} \tag{5-9}$$

通常情况下，决策时应当考虑属性集 X 中每个 x_i 的权重，为此，需要定义犹豫模糊加权距离测度。设 $x_i \in X$，x_i 的权重为 w_i，满足 $w_i \in [0,1]$，$\sum_{i=1}^{n} w_i = 1$，$(i=1,2,\cdots,n)$，可得广义的加权犹豫模糊距离测度：

$$d_{ghw}(M,N) = \left[\sum_{i=1}^{n} w_i\left(\frac{1}{l_{x_i}}\sum_{j=1}^{l_{x_i}}\mid h_M^{\sigma(j)}(x_i) - h_N^{\sigma(j)}(x_i)\mid^\lambda\right)\right]^{\frac{1}{\lambda}} \tag{5-10}$$

广义的加权犹豫模糊 Hausdorff 距离测度：

$$d_{ghwh}(M,N) = \left[\sum_{i=1}^{n} w_i\max_{j}\mid h_M^{\sigma(j)}(x_i) - h_N^{\sigma(j)}(x_i)\mid^\lambda\right]^{\frac{1}{\lambda}} \tag{5-11}$$

特别地，如果 $\lambda=1$，可以得到加权犹豫模糊 Hamming 距离测度、加权犹豫模糊 Hamming-Hausdorff 距离测度，分别为：

$$d_{hwh}(M,N) = \sum_{i=1}^{n} w_i\left[\frac{1}{l_{x_i}}\sum_{j=1}^{l_{x_i}}\mid h_M^{\sigma(j)}(x_i) - h_N^{\sigma(j)}(x_i)\mid\right] \tag{5-12}$$

$$d_{ghwh}(M,N) = \sum_{i=1}^{n} w_i\max_{j}\mid h_M^{\sigma(j)}(x_i) - h_N^{\sigma(j)}(x_i)\mid \tag{5-13}$$

如果 $\lambda=2$，可以得到加权犹豫模糊 Euclidean 距离测度、加权犹豫模糊 Euclidean-Hausdorff 距离测度，如下所示：

$$d_{hwe}(M,N) = \left[\sum_{i=1}^{n} w_i \left(\frac{1}{l_{x_i}} \sum_{j=1}^{l_{x_i}} \mid h_M^{\sigma(j)}(x_i) - h_N^{\sigma(j)}(x_i) \mid^2 \right) \right]^{\frac{1}{2}} \quad (5\text{-}14)$$

$$d_{hweh}(M,N) = \left[\sum_{i=1}^{n} w_i \max_j \mid h_M^{\sigma(j)}(x_i) - h_N^{\sigma(j)}(x_i) \mid^2 \right]^{\frac{1}{2}} \quad (5\text{-}15)$$

如果将加权犹豫模糊距离和加权犹豫模糊 Hausdorff 距离测度进行组合,可得到混合加权犹豫模糊距离测度:

$$d_{ghhw}(M,N) = \left[\sum_{i=1}^{n} w_i \left(\frac{1}{l_{x_i}} \sum_{j=1}^{l_{x_i}} \mid h_M^{\sigma(j)}(x_i) - h_N^{\sigma(j)}(x_i) \mid^{\lambda} + \right. \right.$$

$$\left. \left. \max_j \mid h_M^{\sigma(j)}(x_i) - h_N^{\sigma(j)}(x_i) \mid^{\lambda} \right) \right]^{\frac{1}{\lambda}} \quad (5\text{-}16)$$

5.1.2　灰色犹豫模糊集的概念

定义 5.2　设 $\hat{h}_A(x):X \rightarrow D[0,1]$,$D[0,1]$ 表示区间 $[0,1]$ 上的所有闭合的由若干个不同隶属度组成的数据组。集合 X 上的 $\hat{A} = \{\langle x, h_A(x) \rangle, \hat{x} \in X\}$ 数据组称为区间犹豫模糊集合,可以用 IVHFS 表示[204]。

将 $\hat{h}_A(x)$ 称为区间犹豫模糊元(IVHFE),一般情况,区间犹豫模糊元中的元素长度 $L > 1$。如果犹豫模糊元中元素长度 $L = 1$,则区间犹豫模糊元退化为区间直觉模糊元;如果区间犹豫模糊元中的每一个元素都是实数,则其退化为犹豫模糊元。

定义 5.3[205]　令 X 为某给定的集合,$G[0,1]$ 表示在 $[0,1]$ 上的封闭灰集组合,代表不同的灰色隶属度区间。X 上形如 $GH = \{\langle x, gh_A(x) \rangle, \hat{x} \in X\}$ 的组合,称作灰色犹豫模糊集(GHFS)。其中 $gh_A(x):X \rightarrow G[0,1]$ 表示元素 x 属于集合 GH 上的所有灰色隶属度构成的集合,称 $gh_A(x)$ 为一个灰色犹豫模糊元(GHFE)。

如果对于一个灰色犹豫模糊集,任何一个灰色犹豫模糊元都有 $L = 1$,则灰色犹豫模糊集退化为灰色模糊集;若其灰色犹豫模糊元中任何一个犹豫模糊数都不是区间数,则灰色犹豫模糊集退化为犹豫模糊集。

可见,灰色犹豫模糊集是对犹豫模糊集的扩展,可以进一步利用灰色系统理论解决模糊数学难以解决的"小样本""贫信息"等不确定问题。在应用灰色犹豫模糊多属性决策时,根据各属性的评价值建立决策矩阵。设有 m 个评价对象组成方案集 $A = \{A_1, A_2, \cdots, A_m\}$,$n$ 个决策属性组成指标集 $X = \{X_1, X_2, \cdots, X_n\}$,则灰色犹豫模糊决策矩阵为:

$$GH = \begin{bmatrix} gh_{11} & gh_{12} & \cdots & gh_{1n} \\ gh_{21} & gh_{22} & \cdots & gh_{2n} \\ \vdots & \vdots & & \vdots \\ gh_{m1} & gh_{m2} & \cdots & gh_{mn} \end{bmatrix}$$

5.2 基于灰关联的犹豫模糊决策模型

5.2.1 模型的构建

一般情况下,犹豫模糊集中元素个数并不相同,允许存在不同个数的隶属度值。例如五位专家对方案 A_1 在属性 X_1 下的评价值为 $\{0.2, 0.3, 0.6\}$,表明群决策过程中不同的专家给出了三种不同的结果。出现这种情况的原因,可能是有的专家弃权或者某些专家意见一致。这导致在应用中犹豫模糊元长度不一致。

为了解决上述问题,提出一种带有参数的扩展方法,该方法考虑了决策者的风险偏好、风险中性和风险厌恶三种不同情形。

定义 5.4 对于犹豫模糊数 $h = H\{\gamma^\lambda, \lambda = 1, 2, \cdots, h\}$,设 γ^+ 和 γ^- 分别为犹豫模糊数 h 中最大和最小的元素,称 $\gamma^- = \theta\gamma^+ - (1-\theta)\gamma^-$ 为一个带有参数的扩展值。其中,参数 $\theta(0 \leqslant \theta \leqslant 1)$ 由决策者根据自身风险偏好事先给定。

(1)若参数 $\theta = 1$,则扩展值为 $\gamma^- = \gamma^+$,决策者是风险偏好型,添加犹豫模糊元内数值最大的元素;

(2)若参数 $\theta = 0$,则扩展值为 $\gamma^- = \gamma^-$,决策者是风险规避型,添加犹豫模糊元内数值最小的元素;

(3)若参数 $\theta = 0.5$,则 $\gamma^- = 0.5(\gamma^+ + \gamma^-)$,决策者是风险中性型,添加犹豫模糊元内所有元素的平均数。

定义 5.5 将犹豫模糊集转化为规范化的矩阵 $\mathbf{R} = (r_{ij})_{m \times n}$,若指标属性为效益型,$r_{ij} = h_{ij}$;若指标属性为成本型,则 $r_{ij} = 1 - h_{ij}$。

根据灰色系统理论中核与灰度概念的内涵,本书将其定义扩展到犹豫模糊集:

(1)若 $\otimes$ 为连续灰数,则 $\hat{\otimes} = \dfrac{1}{2}(\underline{a} + \overline{a})$ 为灰数 $\otimes$ 的核;

(2)若 $\otimes$ 为离散灰数,$\hat{\otimes} = \dfrac{1}{n} \sum_{i=1}^{n} a_i$ 为灰数 $\otimes$ 的核;

（3）若灰数 $\otimes \in [\underline{a} + \overline{a}]$，为取值分布已知的随机灰数，$\hat{\otimes} = E(\otimes)$ 为灰数的核。

定义 5.6[183]　设灰数 $\otimes$ 产生的背景或全部为 Ω，$\mu(\otimes)$ 为区间灰数 $\otimes$ 取值数域的测度，称 $g^0(\otimes) = \mu(\otimes)/\mu(\Omega)$ 为灰数 $\otimes$ 的灰度，灰度满足以下性质：

（1）灰度满足规范性，即 $0 \leqslant g^0(\otimes) \leqslant 1$；

（2）灰度满足不确定性：

当 $g^0(\otimes) = 0$ 时，表示不确定性为 0，为完全确定的白数；

当 $g^0(\otimes) = 1$ 时，表示不确定性为 1，为完全不确定的黑数；

当 $0 < g^0(\otimes) < 1$ 时，为不确定的灰数。

定义 5.7　设 $\hat{\otimes}$ 为灰数 $\otimes$ 的核，$g^0(\otimes)$ 为灰度，称 $\hat{\otimes}_{g_0}$ 为灰数 $\otimes$ 的简化形式。

$\hat{\otimes}_{g_0}$ 包含了灰数 $\otimes$ 取值的全部信息，且具有一一对应关系。

根据核与灰度的定义可以计算出 $\hat{\otimes}_{g_0}$，根据 $\hat{\otimes}_{g_0}$ 也可以算出灰数 $\otimes$ 的范围。

定义 5.8　设犹豫模糊元 h 的长度为 l，把 $h_i = (i = 1, 2, \cdots, l)$ 视作离散模糊数 $\otimes$，称 $\hat{\otimes} = 1/l \sum_{i=1}^{l} h_i$ 为犹豫模糊元 h 的核；称 $g^0_+ = \max(h_i) - \hat{\otimes}$ 为上偏离值，$g^0_- = \min(h_i) - \hat{\otimes}$ 为下偏离值，显然有 $g^0_+ \geqslant 0, g^0_- \leqslant 0$。

定义 5.9　设犹豫模糊元 h 的核为 $\hat{\otimes} = 1/l \sum_{i=1}^{l} h_i$，则核部的灰色关联系数为：

$$\xi_i(j) = \frac{\min\limits_{i} \min\limits_{j} |\hat{\otimes}(j) - \max \hat{\otimes}(j)| + \rho \max\limits_{i} \max\limits_{j} |\hat{\otimes}(j) - \max \hat{\otimes}(j)|}{|\hat{\otimes}(j) - \max \hat{\otimes}(j)| + \rho \max\limits_{i} \max\limits_{j} |\hat{\otimes}(j) - \max |\hat{\otimes}(j)|} \quad (5\text{-}17)$$

其中，ρ 为分辨系数，$\rho \in (0, 1)$，一般取 $\rho = 0.5$。

定义 5.10　设 $\hat{\otimes}^{g^0_+}_{g^0_-}$ 为核与上下偏离值的基本形式，且 $\otimes_i = [\otimes^L_i, \otimes^U_i]$，则有

$$\otimes^L_i = \hat{\otimes} + g^0_-(\otimes),$$

$$\otimes^U_i = \hat{\otimes} + g^0_+(\otimes) \quad (5\text{-}18)$$

定义 5.11　设 $\otimes_1 \in [\underline{a}, \overline{a}], \otimes_2 \in [\underline{b}, \overline{b}]$,根据参考文献[205],可得:

$$p(\otimes_1 \geqslant \otimes_2) = \frac{\max[(\overline{a} - \underline{b}), 0] - \max[(\underline{a} - \overline{b}), 0]}{l_1 + l_2} \tag{5-19}$$

其中, $l_1 = \overline{a} - \underline{a}, l_2 = \overline{b} - \underline{b}$ 。

定义 5.12　设 $\otimes_i (i = 1, 2, \cdots, m), R_{ij} = p(\otimes_1 \geqslant \otimes_2)$,若 $\boldsymbol{R}$ 的排序向量为 $\boldsymbol{u} = (u_1, u_2, \cdots, u_m)^{\mathrm{T}}$,则:

$$u_i = \frac{\sum_{j=1}^{m} R_{ij} + \frac{m}{2} - 1}{m(m-1)} \quad (i = 1, 2, \cdots, m) \tag{5-20}$$

5.2.2　属性权重的确定

决策过程中的一个重要问题是属性权重的确定方法。本书给出基于灰色关联系数法的属性权重计算方法。用灰色关联确定群决策中指标权重的原理,将其扩展到灰色犹豫模糊集中。

定义 5.13　设灰色犹豫模糊集的正理想点用 GA^+ 表示,负理想点用 GA^- 表示:

$$GA^+ = \{x_j, \max(gh_{ij}^{\sigma(\lambda)}), j = 1, 2, \cdots, n\}$$

$$GA^- = \{x_j, \min(gh_{ij}^{\sigma(\lambda)}), j = 1, 2, \cdots, n\}$$

定义 5.14　$GH_0 = \{gh_0(1), gh_0(2), \cdots, gh_0(n)\}, gh_0(j) = \max gh_i(j)$, $1 \leqslant i \leqslant m, 1 \leqslant j \leqslant n$ 。根据 $GH_j(j = 1, 2, \cdots, n)$ 的值,利用下式计算各个专家对各评价指标权重经验判断值与参考权重值之间的灰色关联系数 $\zeta_i(j)$ 和灰色关联度权重 w_j:

令 $D = |gh_i(j) - gh_0(j)|$,则

$$\zeta_i(j) = \frac{\min_i \min_j D + \rho \max_i \max_j D}{D + \rho \max_i \max_j D} \tag{5-21}$$

$$w_j = \frac{1}{m} \sum_{j=1}^{m} \zeta_i(j), 1 \leqslant i \leqslant m, 1 \leqslant j \leqslant n \tag{5-22}$$

其中, ρ 为分辨系数, $\rho \in (0, 1)$,一般情况下取 $\rho = 0.5$ 。各个关联度系数的大小,直接反映了各个评价方案与理想方案的贴近程度。

5.2.3　模型决策程序

Step1:根据定义 5.5 将犹豫模糊矩阵转化为规范决策矩阵。

Step2：根据定义 5.8 将规范矩阵转化为核与上下偏离值的决策矩阵 $\hat{\otimes}_{g_-^0}^{g_+^0}$。

Step3：根据式(5-21)和(5-22)确定基于核部的灰色关联系数的属性权重：

$$w(j) = \frac{1}{m} \sum_{i=1}^{m} \zeta_i(j), (1 \leqslant i \leqslant m, 1 \leqslant j \leqslant n)$$

Step4：令 U_i 为综合属性值，按 U_i 确定加权综合属性值。其中：

$$U_i = \sum_{j=1}^{n} w_i \hat{\otimes}_{g_-^0}^{g_+^0} \tag{5-23}$$

Step5：根据式(5-18)，将核与上下偏离值形式还原为常规灰数形式。

Step6：应用式(5-19)和(5-20)，得 **R** 矩阵和 u_i 值，根据 u_i 值对方案选优排序。

5.3　实例分析

5.3.1　研究生培养评价要素问题描述

大学排名在我国已有近 30 年历史，有关研究大都集中在大学排名的影响及其作用上，而对大学排名的科学性研究则极为少见。自 2011 年广东管理科学研究院大学评价课题组发表《2010 中国大学评价》[206] 和 2012 年中国科学技术大学大学评价课题组发表《基于公信力视角的大学排名研究》[207] 以来，学术界才兴起对大学评价的公开性及科学性[208-210] 的研究——但是，这些研究并没有跳出评价体系本身，只是对评价指标进行复演复算，并没有充分运用评价数据之外的事实数据对大学评价结果进行统计检验。本书将数据统计和实证研究相结合，以《2010 中国大学评价》中"研究生培养评价"为例，对各评价要素进行实证研究，旨在分析和寻找影响大学评价结果的核心要素，为高等院校和政府管理部门合理利用大学评价提供依据，为我国高等教育的评价和发展提供参考。

5.3.2　模型的应用及求解

为了对"研究生培养"评价指标的影响因素进行研究，本书将"研究生培养"的主要影响因素归纳为四个：A_1——博士生规模，A_2——硕士生规模，A_3——杰出成果产出，A_4——科学研究水平。为了对四个影响因素的重要性进行排序，经征求专家意见后，拟从四个方面对其进行评价：C_1——学术产出力，C_2——学术影响力,C_3——学术创新力,C_4——学术成长力。请五位专家给出评价对象 A_i 的各指标接近理想的隶属度值用犹豫模糊集 h_{ij} 来表示,构成犹豫模糊决策矩阵 $\boldsymbol{D}=(h_{ij})_{4\times 4}$。如表 5-1 所示。

表 5-1　原始的犹豫模糊决策矩阵 D

Tab. 5-1　Original hesitant fuzzy decision matrix D

	C_1	C_2	C_3	C_4
A_1	$\{0.2,0.3,0.5\}$	$\{0.3,0.6,0.8\}$	$\{0.2,0.3,0.5,0.7,0.8\}$	$\{0.2,0.3,0.4,0.5,0.6\}$
A_2	$\{0.1,0.2,0.4,0.5\}$	$\{0.2,0.3,0.4,0.5\}$	$\{0.3,0.4,0.5,0.6\}$	$\{0.4,,0.5,0.6,0.8\}$
A_3	$\{0.3,0.5,0.6\}$	$\{0.2,0.4,0.6\}$	$\{0.3,0.5,0.6,0.7\}$	$\{0.2,0.3,0.5,0.6\}$
A_4	$\{0.2,0.3,0.4\}$	$\{0.3,0.4,0.6\}$	$\{0.4,0.5,0.6\}$	$\{0.6,0.7,0.8\}$

(1) 因为各个属性均为效益型指标,故不需再对原始犹豫模糊矩阵进行规范化。

(2) 根据定义 5.8,将决策矩阵转化为核与上下偏离值的决策矩阵 $\hat{\otimes}_{g_-^0}^{g_+^0}$。

$$\hat{\otimes}_{g_-^0}^{g_+^0}=\begin{bmatrix} 0.333\,3_{-0.133\,3}^{+0.166\,7} & 0.566\,7_{-0.266\,7}^{+0.233\,3} & 0.500\,0_{-0.300\,0}^{+0.300\,0} & 0.500\,0_{-0.300\,0}^{+0.100\,0} \\ 0.300\,0_{-0.200\,0}^{+0.200\,0} & 0.350\,0_{-0.150\,0}^{+0.150\,0} & 0.450\,0_{-0.150\,0}^{+0.150\,0} & 0.575\,0_{-0.175\,0}^{+0.025\,0} \\ 0.466\,7_{-0.166\,7}^{+0.133\,3} & 0.400\,0_{-0.200\,0}^{+0.200\,0} & 0.525\,0_{-0.225\,0}^{+0.175\,0} & 0.400\,0_{-0.200\,0}^{+0.200\,0} \\ 0.300\,0_{-0.100\,0}^{+0.100\,0} & 0.433\,3_{-0.133\,3}^{+0.166\,7} & 0.500\,0_{-0.100\,0}^{+0.100\,0} & 0.700\,0_{-0.100\,0}^{+0.100\,0} \end{bmatrix}$$

(3) 根据式(5-21)和(5-22),确定基于核部的灰色关联系数的属性权重。

$$\boldsymbol{\gamma}(j)=\begin{bmatrix} 0.529\,3 & 1.000 & 0.857\,1 & 0.428\,6 \\ 0.473\,6 & 0.409\,1 & 0.418\,5 & 0.545\,5 \\ 1.000 & 0.473\,6 & 1.000 & 0.333\,3 \\ 0.473\,6 & 0.529\,3 & 0.857\,1 & 1.000 \end{bmatrix}$$

$$\boldsymbol{w}(j)=[0.239\,8,0.233\,5,0.303\,3,0.223\,4]^{\mathrm{T}}$$

(4) 根据权重值,确定加权综合属性值,令 U_i 为方案 A_i 的综合属性值,应用线性加权法,$U_i=\sum_{j=1}^{n} w_i \hat{\otimes}_{g_-^0}^{g_+^0}$ $(i=1,2,\cdots,m)$。

$$\hat{\otimes}_{g_0^-}^{g_0^+}=\begin{bmatrix} 0.475\,6_{-0.366\,7}^{+0.300\,0} \\ 0.418\,6_{-0.200\,0}^{+0.225\,0} \\ 0.453\,9_{-0.225\,0}^{+0.200\,0} \\ 0.481\,1_{-0.133\,3}^{+0.166\,7} \end{bmatrix}$$

（5）根据式(5-18)，将核与偏离值形式的灰数还原为常规形式。

$$\otimes_1 = [0.108\ 9, 0.775\ 6] \qquad \otimes_2 = [0.218\ 6, 0.643\ 6]$$

$$\otimes_3 = [0.228\ 9, 0.653\ 9] \qquad \otimes_4 = [0.347\ 8, 0.647\ 8]$$

（6）利用灰可能度选优排序，根据式(5-19)和(5-20)，计算得到 $\boldsymbol{R}$ 矩阵和 U_i 值，根据 U_i 值大小进行排序，得到方案排序结果。

$$\boldsymbol{R} = \begin{bmatrix} 0.500\ 0 & 0.510\ 2 & 0.500\ 8 & 0.442\ 5 \\ 0.489\ 8 & 0.500\ 0 & 0.487\ 9 & 0.408\ 0 \\ 0.499\ 2 & 0.512\ 1 & 0.500\ 0 & 0.422\ 2 \\ 0.557\ 5 & 0.592\ 0 & 0.577\ 8 & 0.500\ 0 \end{bmatrix}$$

$$U_i = [0.246\ 1, 0.240\ 5, 0.244\ 5, 0.268\ 9]$$

因为 $U_4 > U_1 > U_3 > U_2$，所以方案排序为：$A_4 > A_1 > A_3 > A_2$。

即在广东管理科学研究院大学评价体系下，研究生培养得分的四个影响因素的重要性排序依次为：科学研究水平＞博士生规模＞杰出成果产出＞硕士生规模。从而表明："科学研究水平"是影响研究生培养水平的第一要素。

5.4　研究生培养评价要素的实证检验

为了对 5.3 节的研究结论进行实证检验，运用 SPSS 19.0 统计软件，针对 2012 年广东管理科学研究院大学排行榜中全国 112 所"211 高校"的"研究生培养得分"与博士毕业生数（博士生培养规模）、硕士毕业生数（硕士生培养规模）、历年获全国优秀博士学位论文数（杰出成果产出）和科学研究得分（科学研究水平）四个指标的相关性进行分析。

5.4.1　简单相关测度

表 5-2 依次列出了 112 所"211 高校"的研究生培养得分 C_{2k} 与科学研究得分 B_{2k}、毕业硕士数 D_{11k}、毕业博士数 D_{12k}、优秀博士论文数 D_{13k} 的相关系数。研究结果表明：各评价要素按照相关性大小排列的顺序为科学研究得分、博士毕业生数、优秀博士论文数、硕士毕业生数。

表 5-2 "211 高校"研究生培养得分的相关性分析

Tab. 5-2 Correlation analysis of postgraduate score of 211-Project universities

		科学研究 得分 C_{2k}	博士毕业生 人数 D_{12k}	优秀博士论文 论文数 D_{13k}	硕士毕业生 人数 D_{11k}
研究生培 养得分	Pearson 相关性	0.996**	0.925**	0.827**	0.755**
	显著性(双侧)	0.000	0.000	0.000	0.000
	N	112	112	112	112

注：**表示在 0.01 水平(双侧)上显著相关。

5.4.2 秩相关测度

表 5-3 给出了 112 所"211 高校"的研究生培养得分与科学研究得分、毕业硕士数、毕业博士数、优秀博士论文数的 Kendall 秩相关系数及显著性检验结果。结果表明：研究生培养得分与科学研究得分的"秩"相关系数远大于与其他因素的"秩"相关系数。

表 5-3 "211 高校"研究生培养得分的秩相关性数据

Tab. 5-3 Rankcorrelation analysis of postgraduate score of 211-Project universities

			科学研究 得分序	硕士生数序	博士生数序	优秀博士论文
Kendall 的 tau_b	研究生培 养得分序	相关系数	0.921**	0.717**	0.772**	0.572**
		Sig.(双侧)	0.000	0.000	0.000	0.000
		N	112	112	112	112

注：**表示在 0.01 水平(双侧)上显著相关。

与"秩"相关系数相呼应的事实是,《2012 中国大学评价》研究生培养得分前 10 名的高校即为科学研究得分前 10 名的高校,并且前 6 名高校的顺序完全一致,如表 5-4 所示。

表 5-4　研究生培养得分与科学研究得分前 10 名的高校对比

Tab. 5-4　Comparison of postgraduate scores with the top 10

universities in scientific research

排名	1	2	3	4	5	6	7	8	9	10
研究生 培养分	浙江 大学	北京 大学	清华 大学	上海 交大	复旦 大学	南京 大学	四川 大学	中山 大学	哈工大	武汉 大学
科学研 究得分	浙江 大学	北京 大学	清华 大学	上海 交大	复旦 大学	南京 大学	中山 大学	武汉 大学	哈工大	四川 大学

数据来源:《挑大学选专业 2012》,北京:中国统计出版社,2012。

5.4.3　线性相关分析

从图 5-1 至图 5-4 可以看出,研究生培养得分 C_{2k} 与科学研究得分 B_{2k} 之间呈现出明显的线性相关关系,与博士毕业生数 D_{12k} 之间也有比较明显的线性关系,但是 C_{2k} 与硕士毕业生数 D_{11k} 之间的线性关系却并不明显。

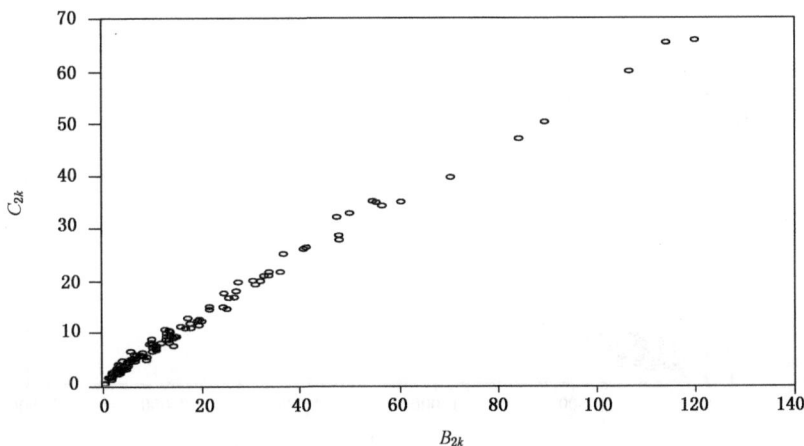

图 5-1　研究生培养得分与科学研究得分的散点图

Fig. 5-1　The scatter plot of postgraduate evaluation score and scientific research score

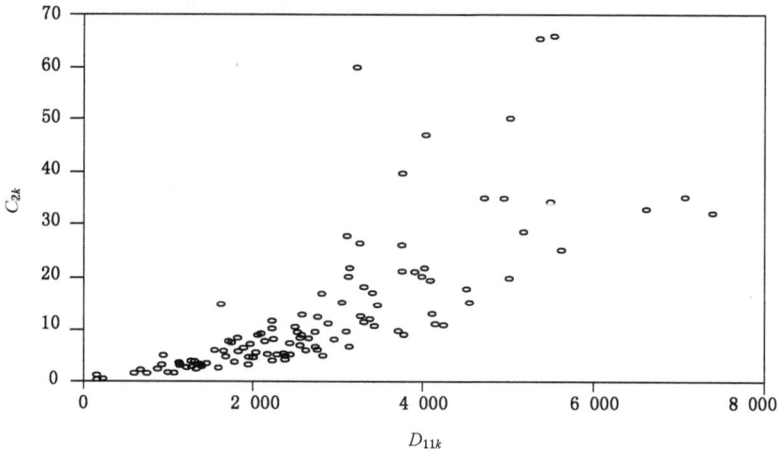

图 5-2　研究生培养得分与硕士毕业生数的散点图

Fig. 5-2　The scatter plot of postgraduate evaluation score and master number

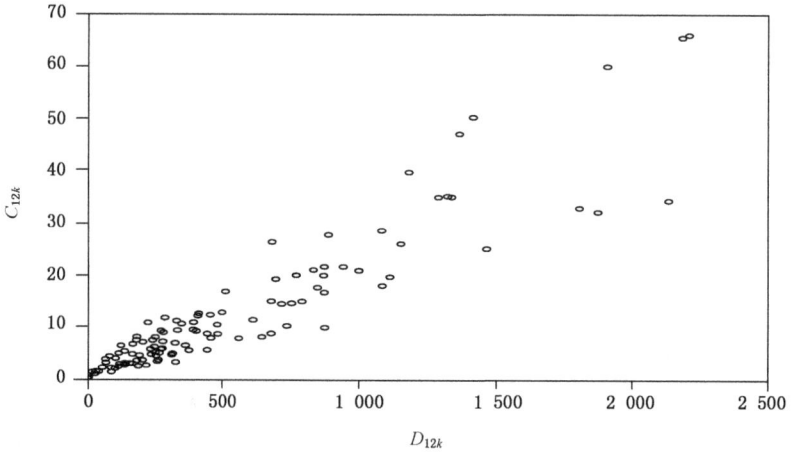

图 5-3　研究生培养得分与博士毕业生数的散点图

Fig. 5-3　The scatter plot of postgraduate evaluation score and doctorate number

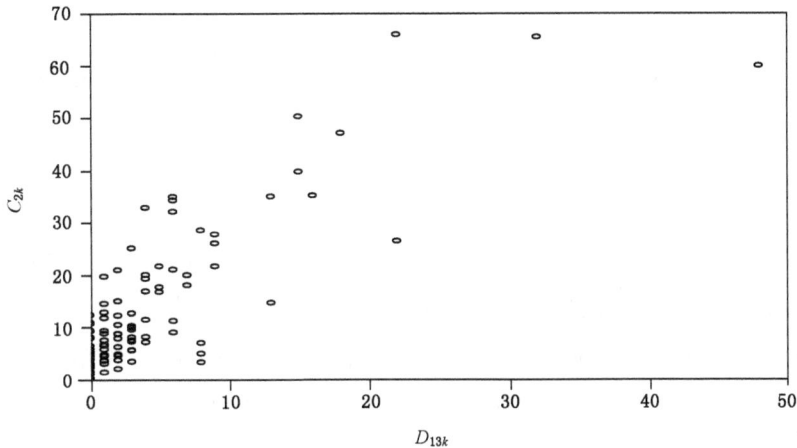

图 5-4　研究生培养得分与全国优秀博士论文数的散点图

Fig. 5-4　The scatter plot of postgraduate evaluation score and NEDD number

5.4.4　实证研究结论

综上分析,"研究生培养得分"与"科学研究得分"两个指标在 Pearson 相关系数和 Kendall"秩"相关系数分别高达 0.996 和 0.921,且两个相关性系数都明显高于其他要素的相关系数;同时,各要素的散点图也显示出"科学研究"与研究生培养得分的线性相关性最为明显。此外,表 5-4 以事实数据表明了"科学研究得分"与"研究生培养得分"之间的"同序"性质。所以,"科学研究"是研究生培养的第一要素——这一点正体现了"研究生教育"与"本科生教育"的关键区别[211]。

5.5　本章小结

本章主要研究了犹豫模糊环境下的多属性决策问题,给出了犹豫模糊集的距离测度公式和属性权重的确定方法,建立了基于灰色关联分析的犹豫模糊多属性决策模型,并应用该模型对研究生培养水平的影响因素进行了分析,得出科学研究水平是影响研究生培养水平的第一要素的研究结论。为了验证结果的科学性,基于广东管理科学研究院《2012 中国大学综合评价》中 112 所"211 高校"的"研究生培养得分"与博士毕业生数、硕士毕业生数、获全国优秀博士论文数和科学研究得分四个指标的相关性进行了实证检验,所得结论与前述方法基本一致,从而证明本书提出的基于灰关联分析的犹豫模糊多属性决策方法是有效的。

第6章 基于投影法的对偶犹豫模糊多属性决策模型构建

Torra 提出的犹豫模糊集是模糊集的推广,犹豫模糊集的隶属函数由一个可能值的集合组成,而对偶犹豫模糊集又是犹豫模糊集的推广,定义了可能隶属度与可能非隶属度。由于对偶犹豫模糊集符合客观事物不确定性和复杂性的特点,在处理模糊性与不确定性问题上更加具有一般性和灵活性。本章对属性完全未知的对偶犹豫模糊决策问题进行研究,建立基于投影法的对偶犹豫模糊决策模型,将其应用于大学评价体系研究,并基于客观数据和统计学方法进行实证检验。

6.1 问题描述

在多属性问题中由于信息缺失,对于属性权重完全未知的决策问题,如何科学合理地确定属性权重,对于决策结果至关重要。本章针对权重完全未知的对偶犹豫模糊集给出对应的优化模型确定属性权重,并且建立基于投影分析法的对偶犹豫模糊集排序方法,得出最优方案。

设某一多属性决策问题: $X = \{X_1, X_2, \cdots, X_m\}$ 为方案集, $C = \{C_1, C_2, \cdots, C_n\}$ 为属性集,决策者给出方案 X_i 关于属性 C_j 的评价矩阵为 $\boldsymbol{R} = (r_{ij})_{m \times n}$,其中 $r_{ij} = \{h(x_{ij}), g(x_{ij})\}$ 为对偶犹豫模糊元,表示在属性 C_j 下对方案 X_i 的评价值。属性权重向量 $w = (w_1, w_2, \cdots, w_n)^{\mathrm{T}}$ 完全未知,建立对偶犹豫模糊多属性决策模型并求解。

6.1.1 对偶犹豫模糊集的距离测度

定义 6.1[212] 设 A 和 B 是关于集合 $X = \{x_1, x_2, \cdots, x_m\}$ 的两个对偶犹豫模糊集,则 A 和 B 之间的距离测度为 $d(A, B)$,满足以下条件:

① $0 \leqslant d(A, B) \leqslant 1$;

② $d(A, B) = 0$ 当且仅当 $A = B$ 时成立;

③ $d(A,B)=d(B,A)$;

④ 设 C 是任意的对偶犹豫模糊集,如果 $A\subseteq B\subseteq C$,则 $d(A,B)\leqslant d(A,C)$ 且 $d(B,C)\leqslant d(A,C)$。

定义 6.2[213] 设 $A=\{\langle x_i,h_A(x_i),g_A(x_i)\rangle,x_i\in X\}$ 和 $B=\{\langle x_i,h_B(x_i),g_B(x_i)\rangle,x_i\in X\}$ 是集合 $X=\{x_1,x_2,\cdots,x_n\}$ 的两个对偶犹豫模糊集,则 A 和 B 之间的广义加权距离测度:

$$d_{1,\lambda}(A,B)=$$

$$\sum_{i=1}^{n}\left\{\frac{1}{n}\left[\frac{1}{l}\left(\sum_{i=1}^{l_{x_i}}|\psi_A^{\sigma(j)}(x_i)-\psi_B^{\sigma(j)}(x_i)|^{\lambda}+\sum_{i=1}^{m_{x_i}}|\phi_A^{\sigma(k)}(x_i)-\phi_B^{\sigma(k)}(x_i)|^{\lambda}\right)\right]\right\}^{\frac{1}{\lambda}} \quad (6-1)$$

其中,$\lambda>0$,$l=l_{xi}+m_{xi}$,$l_{xi}=\max\{l_A(x_i),l_B(x_i)\}$ 和 $m_{x_i}=\max\{m_A(x_i),m_B(x_i)\}$,$l_A(x_i),l_B(x_i)$ 和 $M_A(x_i),m_B(x_i)$ 分别是 $h_A(x_i),h_B(x_i)$ 和 $g_A(x_i),g_B(x_i)$ 中元素的个数。$\psi_A^{\sigma(j)}(x_i),\psi_B^{\sigma(j)}(x_i)$ 和 $\phi_A^{\sigma(k)}(x_i),\phi_B^{\sigma(k)}(x_i)$ 分别是 $h_A(x_i),h_B(x_i)$ 和 $g_A(x_i),g_B(x_i)$ 中第 j 大的值和第 k 大的值。

但是,在某些决策问题中,不允许通过增加元素的值来扩展元素个数少的对偶犹豫模糊元。因此,本书提出另一种距离测度:

$$d_{2,\lambda}(A,B)=$$

$$\sum_{i=1}^{n}\left[\frac{1}{n}\left(|\frac{1}{l_A(x_i)}\sum_{\psi_A\in h_A}\psi_A-\frac{1}{l_B(x_i)}\sum_{\psi_B\in h_B}\psi_B|^{\lambda}+|\frac{1}{m_A(x_i)}\sum_{\phi_A\in g_A}\phi_A-\frac{1}{m_B(x_i)}\sum_{\phi_B\in g_B}\phi_B|^{\lambda}\right)\right]^{\frac{1}{\lambda}} \quad (6-2)$$

其中,$\lambda>0$。

在很多实际决策问题中,需要考虑每一个对偶犹豫模糊元 $x_i\in X$ 的权重,考虑权重的相应距离测度为:

$$d_{w,\lambda}(A,B)=$$

$$\sum_{i=1}^{n}\left(w_i\left(\frac{1}{l}\left(\sum_{j=1}^{l_{x_i}}|\psi_A^{\sigma(j)}(x_i)-\psi_B^{\sigma(j)}(x_i)|^{\lambda}+\sum_{j=1}^{m_{x_i}}|\phi_A^{\sigma(j)}(x_i)-\phi_B^{\sigma(j)}(x_i)|^{\lambda}\right)\right)\right)^{\frac{1}{\lambda}} \quad (6-3)$$

其中,$\lambda>0$。

根据上文距离测度定义,对偶犹豫模糊集 A 和 B 之间的标准 Euclidean 距离测度定义为:

$$d_{dne}(A,B)=$$

$$\left[\frac{1}{2n}\sum_{i=1}^{n}\left(\frac{1}{l_{x_i}}\sum_{j=1}^{l_{x_i}}\mid\psi_A^{\sigma(j)}(x_i)-\psi_B^{\sigma(j)}(x_i)\mid^2+\frac{1}{m_{x_i}}\sum_{j=1}^{m_{x_i}}\mid\phi_A^{\sigma(j)}(x_i)-\phi_B^{\sigma(j)}(x_i)\mid^2\right)\right]^{\frac{1}{2}} \quad (6-4)$$

广义对偶犹豫加权距离测度为：

$$d_{dgn}(A,B)=$$

$$\left[\frac{1}{2n}\sum_{i=1}^{n}\left(\frac{1}{l_{xi}}\sum_{j=1}^{l_{x_i}}\mid\psi_A^{\sigma(j)}(x_i)-\psi_B^{\sigma(j)}(x_i)\mid^\lambda+\frac{1}{m_{x_i}}\sum_{j=1}^{m_{x_i}}\mid\phi_A^{\sigma(k)}(x_i)-\phi_B^{\sigma(k)}(x_i)\mid^\lambda\right)\right]^{\frac{1}{\lambda}} \quad (6-5)$$

其中 $\lambda>0$, $\psi_A^{\sigma(j)}(x_i)$, $\psi_B^{\sigma(j)}(x_i)$ 和 $\phi_A^{\sigma(k)}(x_i)$, $\phi_B^{\sigma(k)}(x_i)$ 分别是集合 A 和 B 的隶属度和非隶属度的第 j 大的值和第 k 大的值。

设对所有的 $x\in X$, $w_i\in[0,1]$ 且 $\sum_{i=1}^{k}w_i=1$, $z_i\in[0,1]$ 且 $\sum_{i=1}^{k}z_i=1$,分别是对偶犹豫模糊集中的隶属度和非隶属度的有关权重,则考虑权重的广义的犹豫加权距离测度为：

$$d_{dgw}(A,B)=$$

$$\left[\frac{1}{2}\sum_{i=1}^{n}w_i\left(\frac{1}{l_{x_i}}\sum_{j=1}^{l_{x_i}}\mid\psi_A^{\sigma(j)}(x_i)-\psi_B^{\sigma(j)}(x_i)\mid^\lambda+\frac{1}{m_{x_i}}\sum_{j=1}^{m_{x_i}}\mid\phi_A^{\sigma(j)}(x_i)-\phi_B^{\sigma(j)}(x_i)\mid^\lambda\right)\right]^{\frac{1}{\lambda}} \quad (6-6)$$

特别地,当 $\lambda=1$ 时,得到标准的 Hamming 距离测度：

$$d_{dwh}(A,B)=$$

$$\frac{1}{2}\sum_{i=1}^{n}w_i\left(\frac{1}{l_{x_i}}\sum_{j=1}^{l_{x_i}}\mid\psi_A^{\sigma(j)}(x_i)-\psi_B^{\sigma(j)}(x_i)\mid^\lambda+\frac{1}{m_{x_i}}\sum_{j=1}^{m_{x_i}}\mid\phi_A^{\sigma(j)}(x_i)-\phi_B^{\sigma(j)}(x_i)\mid\right) \quad (6-7)$$

当 $\lambda=2$ 时,可以得到标准的 Euclidean 距离测度：

$$d_{dwe}(A,B)=$$

$$\left[\frac{1}{2}\sum_{i=1}^{n}w_i\left(\frac{1}{l_{xi}}\sum_{j=1}^{l_{xi}}\mid\psi_A^{\sigma(j)}(x_i)-\psi_B^{\sigma(j)}(x_i)\mid^2+\frac{1}{m_{x_i}}\sum_{j=1}^{m_{x_i}}\mid\phi_A^{\sigma(j)}(x_i)-\phi_B^{\sigma(j)}(x_i)\mid^2\right)\right]^{\frac{1}{2}} \quad (6-8)$$

6.1.2 属性权重的确定

本书应用熵值法确定属性的权重。在对对偶模糊集的熵作出定义时,既要充分考虑隶属度和非隶属度,又要体现出对偶犹豫模糊值中多个数值犹豫的特性。

设 $D=\{(h^1,h^2,\cdots,h^{l_1}),(g^1,g^2,\cdots,g^{l_2})\}$ 为一个对偶犹豫模糊值,其隶属度 $\phi(D)$ 、非隶属度 $\varphi(D)$ 和犹豫度 $\pi(D)$ 指标分别定义如下：

$$\phi(D) = \frac{1}{l_1} \sum_{i=1}^{l_1} h^i \tag{6-9}$$

$$\varphi(D) = \frac{1}{l_2} \sum_{i=1}^{l_2} g^i \tag{6-10}$$

$$\pi(D) = 1 - \phi(D) - \varphi(D) \tag{6-11}$$

下面给出对偶犹豫模糊值的熵公理化定义。

定义 6.3　一个映射 $E:H \to [0,1]$ 称为对偶犹豫模糊值的熵,如 E 满足如下条件:

① $E(D)=0$ 当且仅当 $D=\{\{0\},\{1\}\}$ 或 $D=\{\{1\},\{0\}\}$。

② $E(D)=1$ 当且仅当 $\phi(D)=\varphi(D)$。

③ $E(D_1) \leqslant E(D_2)$ 当 $\phi(D_2) \geqslant \varphi(D_2)$ 时,有 $\phi(D_1) \geqslant \phi(D_2)$,$\varphi(D_2) \geqslant \varphi(D_1)$;或当 $\phi(D_2) \leqslant \varphi(D_2)$ 时,有 $\phi(D_1) \leqslant \varphi(D_2)$,$\varphi(D_2) \leqslant \varphi(D_1)$。

④ $E(D)=E(D^C)$。

下面给出一个新的对偶犹豫模糊值的熵公式。

定理 6.1　对任意的对偶犹豫模糊值 D,令

$$E(D) = \frac{2\phi(D)\varphi(D) + \pi(D)}{\phi(D)^2 + \varphi(D)^2 + \pi(D)} \tag{6-12}$$

则 $E(D)$ 即为对偶犹豫模糊值 D 的熵。

证明:要证明 $E(D)$ 是一个对偶犹豫模糊值的熵,只需证明其满足定义 6.3 中的四项条件。

① 因为 $0 \leqslant h \leqslant 1, 0 \leqslant g \leqslant 1, 0 \leqslant h^+ + g^- \leqslant 1$,所以 $0 \leqslant \phi(D) \leqslant 1, 0 \leqslant \varphi(D) \leqslant 1, 0 \leqslant \pi(D) \leqslant 1$。又因 $2\phi(D)\varphi(D) \leqslant \phi(D)^2 + \varphi(D)^2$,可得:

$$0 \leqslant \frac{2\phi(D)\varphi(D) + \pi(D)}{\phi(D)^2 + \varphi(D)^2 + \pi(D)} \leqslant 1$$

对于条件①,要使 $E(D)=0$,即

$$\frac{2\phi(D)\varphi(D) + \pi(D)}{\phi(D)^2 + \varphi(D)^2 + \pi(D)} = 0 \Leftrightarrow 2\phi(D)\varphi(D) + \pi(D) = 0$$

因为 $0 \leqslant \phi(D), \varphi(D), \pi(D) \leqslant 1$,那么 $2\phi(D)\varphi(D) + \pi(D) = 0$,当且仅当 $2\phi(D)\varphi(D) = 0$ 且 $\pi(D)=0$,即 $\phi(D)=0$,且 $\pi(D)=0$,或者 $\varphi(D)=0$,且 $\pi(D)=0$。

因此,$E(D)=0$ 当且仅当 $D=\{\{0\},\{1\}\}$,或者 $D=\{\{1\},\{0\}\}$。

② 对于条件②,要使 $E(D)=1$,即

$$\frac{2\phi(D)\varphi(D)+\pi(D)}{\phi(D)^2+\varphi(D)^2+\pi(D)}=1 \Leftrightarrow 2\phi(D)\varphi(D)+\pi(D)=\phi(D)^2+\varphi(D)^2+\pi(D)\Leftrightarrow$$

$$2\phi(D)\varphi(D)=\phi(D)^2+\varphi(D)^2 \Leftrightarrow [\phi(D)-\varphi(D)]^2=0$$

因此,$E(D)=1$ 当且仅当 $\phi(D)=\varphi(D)$。

③ 对于条件③,令 $\phi(D)=\phi,\varphi(D)=\varphi$,则 $\pi(D)=1-\phi-\varphi$,式(6-12)简记为:

$$E(D)=\frac{2\phi\varphi+1-\phi-\varphi}{\phi^2+\varphi^2+1-\phi-\varphi}$$

对 $E(\phi,\varphi)$ 关于 ϕ 求偏导得:

$$\frac{\partial E(\phi,\varphi)}{\partial\phi}=\frac{(\varphi-\phi)(2\varphi^2+2-\phi-3\varphi+2\phi\varphi)}{(\varphi^2+\phi^2+1-\phi-\varphi)^2} \tag{6-13}$$

令 $g(\phi,\varphi)=2\varphi^2+2-\phi-3\varphi+2\phi\varphi$,则 $\dfrac{\partial g(\phi,\varphi)}{\partial\varphi}=4\varphi-3+2\phi$,取 $\dfrac{\partial g(\phi,\varphi)}{\partial\varphi}=$

0,得 $\varphi=\dfrac{3-2\phi}{4}$,记 $\varphi^*=\dfrac{3-2\phi}{4}$。

当 $\varphi\leqslant\phi^*$ 时,$\dfrac{\partial g(\phi,\varphi)}{\partial\varphi}\leqslant0$,$g(\phi,\varphi)$ 单调递减;当 $\varphi\geqslant\varphi^*$ 时,$\dfrac{\partial g(\phi,\varphi)}{\partial\varphi}\geqslant0$,

$g(\phi,\varphi)$ 单调递增。得到 $g(\phi,\varphi^*)=\dfrac{4\phi(1-\phi)+7}{8}\geqslant C$,那么 $g(\phi,\varphi)\geqslant C$ 恒成立。

对式(6-13),$2\varphi^2+2-\phi-3\varphi+2\phi\varphi\geqslant0$,$(\varphi^2+\phi^2+1-\phi-\varphi)^2>0$。

当 $\varphi\leqslant\phi$ 时,$\dfrac{\partial g(\phi,\varphi)}{\partial\varphi}\leqslant0$,$E(\phi,\varphi)$ 关于 ϕ 单调递减;当 $\varphi\geqslant\phi$ 时,$\dfrac{\partial g(\phi,\varphi)}{\partial\varphi}\geqslant$

0,$E(\phi,\varphi)$ 关于 ϕ 单调递增。

同理可得,当 $\varphi\leqslant\phi$ 时,$\dfrac{\partial g(\phi,\varphi)}{\partial\varphi}\geqslant0$,$E(\phi,\varphi)$ 关于 ϕ 单调递增;当 $\varphi\geqslant\phi$ 时,

$\dfrac{\partial g(\phi,\varphi)}{\partial\varphi}\leqslant0$,$E(\phi,\varphi)$ 关于 ϕ 单调递减。所以,当 $\phi(D_2)\geqslant\varphi(D_2)$ 时,若

$\phi(D_1)\geqslant\phi(D_2)$ 且 $\varphi(D_2)\geqslant\varphi(D_1)$,则 $E(D_1)\leqslant E(D_2)$;当 $\phi(D_2)\leqslant\varphi(D_2)$ 时,

若 $\phi(D_1)\leqslant\phi(D_2)$ 且 $\varphi(D_2)\leqslant\varphi(D_1)$,则 $E(D_1)\leqslant E(D_2)$。

④ 对于条件④,由 $\phi(D^c)=\varphi(D),\varphi(D^c)=\phi(D),\pi(D^c)=\pi(D)$。

$$E(D^c)=\frac{2\phi(D^c)\varphi(D^c)+\pi(D^c)}{\phi(D^c)^2+\varphi(D^c)^2+\pi(D^c)}=\frac{2\phi(D)\varphi(D)+\pi(D)}{\phi(D)^2+\varphi(D)^2+\pi(D)}=E(D)$$

综上所述，$E(D)=\dfrac{2\phi(D)\varphi(D)+\pi(D)}{\phi(D)^2+\varphi(D)^2+\pi(D)}$ 是对偶犹豫模糊值 D 的熵，证毕。

例 6.1　对偶犹豫模糊值：$d_1=\{(0.3,0.2,0.1),(0.6,0.5,0.4)\}$，$d_2=\{(0.3,0.2),(0.7,0.6,0.5)\}$，$d_3=\{(0.4,0.3),(0.5,0.4)\}$，$d_4=\{(0.4,0.2),(0.6,0.5,0.4)\}$，$d_5=\{(0.4),(0.6,0.5)\}$，$d_6=\{(0.6,0.5,0.4),(0.3,0.2)\}$，$d_7=\{(0.5,0.3),(0.5)\}$，$d_8=\{(0.7,0.6),(0.2,0.1)\}$。

应用式(6-12)，计算上述对偶犹豫模糊值的熵，结果如表 6-1 所示。

表 6-1　对偶犹豫模糊熵计算结果

Tab. 6-1　The result of dual hesitation fuzzy entropy calculation

E	d_1	d_2	d_3	d_4	d_5	d_6	d_7	d_8
$E(d)$	0.847 5	0.786 0	0.981 0	0.925 9	0.956 1	0.888 9	0.980 4	0.612 4

定义 6.4　设属性 $C_j(j=1,2,\cdots,n)$ 在方案 $X_i(i=1,2,\cdots,m)$ 下的评价信息值为：$C_j=\{(x_i,d_{ij}),x_i\in X\}$，其中 d_{ij} 为对偶犹豫模糊值形式的评价信息。则式(6-12)中的 $E(A)$ 即为 d_{ij} 的熵值，属性 C_j 的熵值记为 $\overline{E}_j$，则：

$$\overline{E}_j=\frac{1}{m}\sum_{i=1}^{m}E_{ij},(i=1,2,\cdots,m;j=1,2,\cdots,n)\qquad(6\text{-}14)$$

$\overline{E}_j$ 表示属性 C_j 中评价信息的不确定程度。$\overline{E}_j$ 越大，C_j 的权重越小；$\overline{E}_j$ 越小，C_j 的权重越大。因此，属性 C_j 权重的计算公式为：

$$\omega_j=\frac{1-\overline{E}_j}{n-\sum_{j=1}^{n}\overline{E}_j}(j=1,2,\cdots,n)\qquad(6\text{-}15)$$

6.2　基于投影的对偶犹豫模糊决策模型

6.2.1　模型的构建

设 $X=\{x_1,x_2,\cdots,x_m\}$ 为决策方案集，$C=\{c_1,c_2,\cdots,c_n\}$ 为属性集，属性权重完全未知。决策者对方案 $x_i(i=1,2,\cdots,m)$ 在属性 $c_j(j=1,2,\cdots,n)$ 下的评价信息用对偶犹豫模糊数 $D=\{h(x),g(x)\}$ 的形式给出。首先需要对对偶犹豫模糊值进行规范化处理，处理方法如下：

设 $D=\{h(x),g(x)\}$ 为对偶犹豫模糊数，在集合 $h(x)$ 和 $g(x)$ 两个集合中，

元素次序通常是紊乱的,需对两集合中的元素重新进行排序。令 $\sigma:(1,2,\cdots,m)$ $\rightarrow(1,2,\cdots,m)$ 为一个排列,使得 $h_{\sigma(s)}\geqslant h_{\sigma(s+1)}$ 其中 $s=1,2,\cdots,m-1$,令 $\delta:(1,2,\cdots,n)\rightarrow(1,2,\cdots,n)$ 为一个排列,使得 $g_{\delta(t)}\geqslant g_{\delta(t+1)}$ 其中 $t=1,2,\cdots,n-1$。

此外,在不同的对偶犹豫模糊数 $D=(h_D(x),g_D(x))$ 和 $F=(h_F(x),g_F(x))$ 中,集合 $h_D(x)$ 与 $h_F(x)$ 中及集合 $g_D(x)$ 与 $g_F(x)$ 中所包含元素个数可能会有所不同,令 $l=\max\{l(h_D(x)),l(h_F(x))\}$,$k=\max\{k(g_D(x)),k(g_F(x))\}$。其中,$l(h_D(x))$、$l(h_F(x))$、$k(g_D(x))$、$k(g_F(x))$ 分别表示 $h_D(x)$、$h_F(x)$、$g_D(x)$、$g_F(x)$ 中元素的个数[214]。在乐观准则下,向集合中添加最大的元素,在悲观准则下,向集合中添加最小的元素,使得 $l(h_D(x))=l(h_F(x))$,$k(g_D(x))=k(g_F(x))$。

定义 6.5 $D=(h(x),g(x))$ 为对偶犹豫模糊数,其中 $h(x)=\{h_{\sigma(1)}(x),h_{\sigma(2)}(x),\cdots,h_{\sigma(l)}(x)\}$、$g(x)=\{g_{\delta(1)}(x),g_{\delta(2)}(x),\cdots,g_{\delta(k)}(x)\}$,则 D 的信息能量为:

$$E_{DHFE}(D)=\frac{1}{l}\sum_{s=1}^{l}h_{\sigma(s)}^2(x)+\frac{1}{k}\sum_{t=1}^{k}g_{\delta(t)}^2(x) \tag{6-16}$$

则 A 的模可定义为

$$|D|=\sqrt{E_{DHFE}(D)}=\sqrt{\frac{1}{l}\sum_{s=1}^{l}h_{\sigma(s)}^2(x)+\frac{1}{k}\sum_{t=1}^{k}g_{\delta(t)}^2(x)} \tag{6-17}$$

定义 6.6 设 $D=(h_D(x),g_D(x))$ 和 $F=(h_F(x),g_F(x))$ 为两个对偶犹豫模糊数,其中 $h_D(x)=\{h_{D\sigma(1)}(x),h_{D\sigma(2)}(x),\cdots,h_{D\sigma(l)}(x)\}$、$g_D(x)=\{g_{D\delta(1)}(x),g_{D\delta(2)}(x),\cdots,g_{D\delta(k)}(x)\}$、$h_F(x)=\{h_{F\sigma(1)}(x),h_{F\sigma(2)}(x),\cdots,h_{F\sigma(l)}(x)\}$、$g_F(x)=\{g_{F\delta(1)}(x),g_{F\delta(2)}(x),\cdots,g_{F\delta(k)}(x)\}$,则 D 与 F 的相关性指标定义如下:

$$C_{DHFE}(D,F)=\frac{1}{l}\sum_{s=1}^{l}h_{D\sigma(s)}(x)h_{F\sigma(s)}(x)+\frac{1}{k}\sum_{t=1}^{k}g_{D\delta(t)}(x)_{F\delta(t)}(x) \tag{6-18}$$

定义 6.7 设 D 和 F 为两个对偶犹豫模糊数,则有 D 与 F 的相关系数,即夹角余弦可定义为:

$$K_{DHFE}(D,F)=\frac{C_{DHFE}(D,F)}{\sqrt{E_{DHFE}(D)\cdot E_{DHFE}(F)}} \tag{6-19}$$

结合定义 6.6 和定义 6.7,给出对偶犹豫模糊数投影定义如下。

定义 6.8 设 D 和 F 为两个对偶犹豫模糊数,则 D 在 F 上的投影定义为:

$$\mathrm{Pr}_F^D=|D|K_{DHFE}(D,F)=\frac{C_{DHFE}(D,F)}{\sqrt{E_{DHFE}(F)}}$$

$$
= \frac{\dfrac{1}{l}\sum_{s=1}^{l}h_{D\sigma(s)}(x)h_{F\sigma(s)}(x) + \dfrac{1}{k}\sum_{t=1}^{k}g_{D\delta(t)}(x)g_{F\delta(t)}(x)}{\sqrt{\dfrac{1}{l}\sum_{s=1}^{l}h_{F\sigma(s)}^{2}(x) + \dfrac{1}{k}\sum_{t=1}^{k}g_{F\delta(t)}^{2}(x)}} \tag{6-20}
$$

定义 6.9　令 $D^{*}(x_i)=(h^{*}(x_i),g^{*}(x_i))$ 为理想对偶犹豫模糊数,其中:

$$
h^{*}(x_i)=\{\max_{j}h_{\sigma(1)}(x_{ij}),\max_{j}h_{\sigma(2)}(x_{ij}),\cdots,\max_{j}h_{\sigma(l)}(x_{ij})\} \tag{6-21}
$$

$$
g^{*}(x_i)=\{\min_{j}g_{\delta(1)}(x_{ij}),\min_{j}g_{\delta(2)}(x_{ij}),\cdots,\min_{j}g_{\delta(l)}(x_{ij})\} \tag{6-22}
$$

则对偶犹豫模糊数 D 在理想对偶犹豫模糊数 D^{*} 上的投影为

$$
\mathrm{Pr}_{D^{*}}^{D} = |D| K_{DHFE}(D,D^{*}) = \frac{C_{DHFE}(D,D^{*})}{\sqrt{E_{DHFE}(D^{*})}}
$$

$$
= \frac{\dfrac{1}{l}\sum_{s=1}^{l}h_{D\sigma(s)}(x)h_{D^{*}\sigma(s)}(x) + \dfrac{1}{k}\sum_{t=1}^{k}g_{D\delta(t)}(x)g_{D^{*}\delta(t)}(x)}{\sqrt{\dfrac{1}{l}\sum_{s=1}^{l}h_{D^{*}\sigma(s)}^{2}(x) + \dfrac{1}{k}\sum_{t=1}^{k}g_{D^{*}\delta(t)}^{2}(x)}} \tag{6-23}
$$

对各对偶犹豫模糊元投影的加权求和,得各方案的综合评价分值:

$$
Z_i = \sum_{j=1}^{n}\omega_j \mathrm{Pr}(x_{ij})_{D^{*}}^{D} \ ,(i=1,2,\cdots,m;j=1,2,\cdots,n) \tag{6-24}
$$

根据 Z_i 值的大小,对各方案 X_i 进行排序择优。

6.2.2　模型决策程序

Step1:集成专家对各方案 x_i 的对偶犹豫模糊评价信息,构造对偶犹豫模糊偏好矩阵 $\boldsymbol{D}=[d_{ij}]_{m\times n}$。

Step2:将对偶犹豫模糊决策矩阵中的各对偶犹豫模糊元进行重新排序及长度处理,得到规范化的对偶犹豫模糊偏好矩阵 $\widetilde{\boldsymbol{D}}=[\widetilde{d}_{ij}]_{m\times n}$。

Step3:依据式(6-21)和(6-22),得到理想对偶犹豫模糊元 $D^{*}(x_i)=$ $(h^{*}(x_i),g^{*}(x_i))$。

Step4:依据式(6-23),计算对偶犹豫模糊数 D 在理想对偶犹豫模糊数 D^{*} 上的投影矩阵 $\boldsymbol{\alpha}=[\alpha_{ij}]_{m\times n}$。

Step5:依据式(6-12)、(6-14)和(6-15),计算各属性 C_j 的权重。

Step6:依据式(6-24),计算各方案的综合评价分值 Z_i。

Step7:根据 Z_i 的大小,对各方案排序择优。

6.3 实例分析

6.3.1 中国大学评价体系规模效应问题描述

如果在某个大学评价体系下,一所高校的办学规模越大,其评价得分越高,大学排名越靠前,则称该大学评价体系具有规模效应。大学评价体系的规模效应越强,其排名结果越有利于规模较大的综合性高校,越不利于特色型和专业型高校。因此,科学的大学评价体系应当追求尽量减小乃至消除规模效应。广东管理科学研究院发布的《中国大学评价》、中国校友会网发布的《中国大学学科专业评价报告》和武汉大学中国科学评价研究中心发布的《中国大学竞争力排行榜》是最具有代表性的三个中国大学评价体系。这三个大学评价体系中的三级指标都包含教师人数、毕业生数等反映办学规模的指标。那么,各大学评价得分与其办学规模是否存在相关性,如果存在,哪个大学评价体系的规模效应最强?以上就是本书要探讨的问题。

6.3.2 模型的应用及求解

广研院榜、校友会榜和中评榜是知名的三个中国大学评价体系,其三级评价指标均包含专任教师数、毕业本科生数、毕业硕士生数、毕业博士生数等反映高校办学规模的指标。为研究三个中国大学评价体系是否具有规模效应及相对强度,应用对偶犹豫模糊决策方法进行检验。

构造多属性决策模型如下:方案集:$A = \{A_1, A_2, A_3\}$:A_1——广研院榜,A_2——校友会榜,A_3——中评榜;属性集:$C = \{C_1, C_2, C_3, C_4\}$:$C_1$——专任教师数,$C_2$——本科毕业生数,$C_3$——硕士毕业生数,$C_4$——博士毕业生数。请专家对其进行评价,受认知思维模糊性的影响,专家给出的是对偶犹豫模糊评价信息。基于评价信息建立对偶犹豫模糊决策矩阵,见表 6-2。

表 6-2 原始的对偶犹豫模糊决策矩阵 D_A

Tab. 6-2 The original dual hesitant fuzzy decision matrix D_A

	C_1	C_2	C_3	C_4
A_1	$(\{0.7,0.6\},$ $\{0.3,0.2,0.1\})$	$(\{0.4,0.2\},$ $\{0.5,0.4\})$	$(\{0.9,0.7,0.6\},$ $\{0.1\})$	$(\{0.5,0.4\},$ $\{0.5\})$

（续表）

	C_1	C_2	C_3	C_4
A_2	$(\{0.3\},$ $\{0.6,0.3,0.2\})$	$(\{0.6\},$ $\{0.4,0.3\})$	$(\{0.3,0.2\},$ $\{0.6,0.3\})$	$(\{0.7,0.6\},$ $\{0.3,0.1\})$
A_3	$(\{0.8,0.6\},$ $\{0.2,0.1\})$	$(\{0.7,0.5\},$ $\{0.2\})$	$(\{0.8,0.6\},$ $\{0.2,0.1\})$	$(\{0.8,0.7\},$ $\{0.2\})$

首先,对表 6-2 的对偶犹豫模糊矩阵中的对偶犹豫模糊元进行长度补齐处理。本书采用风险规避型准则,向集合中添加最小值元素,将 $\boldsymbol{D}_A=[d_{ij}]_{3\times4}$ 转化为规范化的对偶犹豫模糊矩阵 $\widetilde{\boldsymbol{D}}_A=[\widetilde{d}_{ij}]_{3\times4}$,如表 6-3 所示。

表 6-3 规范化的对偶犹豫模糊决策矩阵 $\widetilde{\boldsymbol{D}}_A$

Tab. 6-3 *The normalized dual hesitant fuzzy decision matrix* $\widetilde{\boldsymbol{D}}_A$

	C_1	C_2	C_3	C_4
A_1	$(\{0.7,0.6\},$ $\{0.3,0.2,0.1\})$	$(\{0.4,0.2\},$ $\{0.5,0.4\})$	$(\{0.9,0.7,0.6\},$ $\{0.1,0.1\})$	$(\{0.5,0.4\},$ $\{0.5,0.5\})$
A_2	$(\{0.3,0.3\},$ $\{0.6,0.3,0.2\})$	$(\{0.6,0.6\},$ $\{0.4,0.3\})$	$(\{0.3,0.2,0.2\},$ $\{0.6,0.3\})$	$(\{0.7,0.6\},$ $\{0.3,0.1\})$
A_3	$(\{0.8,0.6\},$ $\{0.2,0.1,0.1\})$	$(\{0.7,0.5\},$ $\{0.2,0.2\})$	$(\{0.8,0.6,0.6\},$ $\{0.2,0.1\})$	$(\{0.8,0.7\},$ $\{0.2,0.2\})$

其次,根据式(6-21)和(6-22),得到理想对偶犹豫模糊元 $D^*(x_i)$:

$D^*(x_i)=(\{0.8,0.6\},\{0.2,0.1,0.1\})$、$(\{0.7,0.6\},\{0.2,0.2\})$、$(\{0.9,0.7,0.6\},\{0.1,0.1\})$、$(\{0.8,0.7\},\{0.2,0.1\})$。

再次,依据式(6-23),计算对偶犹豫模糊数 $\boldsymbol{D}_A$ 在理想对偶犹豫模糊数 $\boldsymbol{D}_A^*$ 上的投影矩阵 $\mathrm{Pr}_{D^*}^D=[\alpha_{ij}]_{m\times n}$:

$$\mathrm{Pr}_{D^*}^D=\begin{bmatrix} 0.68 & 0.43 & 0.75 & 0.54 \\ 0.37 & 0.67 & 0.30 & 0.68 \\ 0.72 & 0.64 & 0.69 & 0.77 \end{bmatrix}$$

然后,根据熵值法,计算属性集 C 的权重向量 $\boldsymbol{w}=(w_1,w_2,w_3,w_4)^{\mathrm{T}}$,得到:

$w_1=0.2894,w_2=0.1456,w_3=0.2528,w_4=0.3122$。

最后,计算各方案的综合评价分值 Z_i:Z_1＝0.617 6,Z_2＝0.492 8,Z_3＝0.716 4。

决策结果:因为 Z_3＞Z_1＞Z_2,所以 A_3＞A_1＞A_2。即中评榜的规模效应最强,其次为广研院榜,再次为校友会榜。

6.4 中国大学评价体系规模效应的实证检验

为了验证6.3节的结果,运用统计学中的相关分析法,基于2013年三个中国大学排行榜的数据进行实证检验。需要指出的是,由于校友会网没有公开各高校本科生培养、研究生培养的单项指标得分,中评榜没有公布本科生培养的单项指标得分,所以本书未对上述指标进行检验,但是并不影响整体检验结果的有效性。

6.4.1 本科生规模与其培养得分的关联度

因为中评榜没有给出本科生培养的单项得分,所以本研究只分析了广研院榜评价体系中本科生规模与本科生培养得分之间的相关性,研究分别基于"985高校""211高校""前100强高校"三类高校的数据。

(1)"985高校"本科生规模与本科生培养得分的关联度

选取2013年广研院榜中38所"985高校"(因广研院大学评价体系不含军校,故国防科学技术大学未列入)的相关数据[215],计算本科生培养得分与本科毕业生数的相关系数,结果表明:在0.05的显著性水平上,"985高校"本科生培养得分与本科毕业生数的相关系数为0.354,为低度相关。

(2)"211高校"本科生规模与本科生培养得分的关联度

选取2013年广研院榜中112所"211高校"(国防科学技术大学、第二军医大学、第四军医大学未列入)的相关数据[215],计算本科生培养得分与本科毕业生数的相关系数,结果表明:在0.01的显著性水平上,"211高校"本科生培养得分与本科毕业生数的相关系数为0.429,为中度相关。

(3)"前100强高校"本科生规模与本科生培养得分的关联度

选取2013年广研院榜中综合实力排名"前100强高校"的相关数据[215],计算本科生培养得分与本科毕业生数的相关系数,结果表明:在0.01的显著性水平上,"100强高校"本科生培养得分与本科毕业生数的相关系数为0.374,为低度相关。

表 6-4 的相关性计算结果说明：在广研院大学评价体系中，三种不同层次高校的本科生规模与本科生培养得分的相关性均较弱。其中，"211 高校"两个指标之间的相关系数最大，其次为"100 强高校"，再次为"985 高校"。并且，"985 高校"两个指标之间相关系数的显著性明显弱于"100 强高校"和"211 高校"，"985 高校"的相关系数只是在 0.05 的水平上显著，在 0.01 的水平上并不显著，而"100 强高校"和"211 高校"的相关系数均在 0.01 的水平上显著。

表 6-4　广研院榜本科生规模与本科生培养得分的相关性

Tab. 6-4　The correlation between scale and the score of
undergraduate for Guang Yanyuan Ranking

	985 高校	211 高校	100 强高校
相关性	0.354[*]	0.429[**]	0.374[**]
显著性	0.029	0.000	0.000

注：* * 表示在 0.01 的水平上显著相关，* 表示在 0.05 水平上显著相关。

6.4.2　研究生规模与其培养得分的关联度

本研究分别计算在广研院榜和中评榜两个中国大学评价体系下，"985 高校""211 高校""100 强高校"三种不同层次高校的研究生规模与研究生培养得分之间的相关系数。

（1）"985 高校"研究生规模与研究生培养得分的关联度

① 广研院大学评价体系。选取 2013 年广研院榜中 38 所"985 高校"相关数据[215]，用折算研究生人数代表研究生平均规模，博士生和硕士生的折算系数参照教育部本科教学评估指标中的计算办法。研究生培养得分与研究生人数的相关系数计算结果表明：在 0.01 的显著性水平上，"985 高校"的博士毕业生数与研究生培养得分的相关系数为 0.845，硕士毕业生数与研究生培养得分的相关系数为 0.505，折算研究生总人数与研究生培养得分的相关系数为 0.696。

② 中评榜大学评价体系。选取 2013 年中评榜中 38 所"985 高校"相关数据[216]，研究生培养得分与研究生人数的相关系数计算结果表明：在 0.01 的显著性水平上，"985 高校"博士生数与研究生培养得分的相关系数为 0.913，硕士生

数与研究生培养得分的相关系数为 0.575,折算研究生总数与研究生培养得分的相关系数为 0.771。

(2)"211 高校"研究生规模与研究生培养得分的关联度

① 广研院大学评价体系。选取 2013 年广研院榜中 112 所"211 高校"的相关数据[215],研究生培养得分与研究生人数的相关系数计算结果表明:在 0.01 的显著性水平上,"211 高校"博士生数与研究生培养得分的相关系数为 0.92,硕士生数与研究生培养得分的相关系数为 0.745,折算研究生总数与研究生培养得分的相关系数为 0.853。

② 中评榜大学评价体系。选取 2013 年中评榜中 112 所"211 高校"的相关数据[216],研究生培养得分与研究生人数的相关系数计算结果表明:在 0.01 的显著性水平上,"211 高校"博士生数与研究生培养得分的相关系数为 0.949,硕士生数与研究生培养得分的相关系数为 0.779,折算研究生总数与研究生培养得分的相关系数为 0.887。

(3)"100 强高校"研究生规模与研究生培养得分的关联度

① 广研院大学评价体系。选取 2013 年广研院榜中"100 强高校"的相关数据[215],研究生培养得分与研究生人数的相关性计算结果表明:在 0.01 的显著性水平上,"100 强高校"的折算研究生总数与研究生培养得分的相关系数为 0.833,硕士生数与研究生培养得分的相关系数为 0.709,博士生数与研究生培养得分的相关系数为 0.907。

② 中评榜大学评价体系。选取 2013 年中评榜"100 强高校"的相关数据[216],研究生培养得分与研究生人数的相关系数计算结果表明:在 0.01 的显著性水平上,"100 强高校"的折算研究生总数与研究生培养得分的相关系数为 0.87,硕士生数与研究生培养得分的相关系数为 0.744,博士生数与研究生培养得分的相关系数为 0.942。

表 6-5 的相关性计算结果表明:在 0.01 的水平上,在广研院榜和中评榜两个不同的大学评价体系下,研究生规模与研究生培养得分均呈显著正相关。

表 6-5　两个大学评价体系下研究生规模与研究生培养得分的相关性

Tab. 6-5　The correlation between postgraduate scale and score under two university rankings

		广研院大学评价体系			中评榜大学评价体系		
		折算研究生数	硕士毕业生数	博士毕业生数	折算研究生数	硕士生人数	博士生人数
985 高校研究生培养得分	相关性	0.696**	0.505**	0.845**	0.771**	0.575**	0.913**
	显著性	0.000	0.001	0.000	0.000	0.000	0.000
211 高校研究生培养得分	相关性	0.85³**	0.745**	0.920**	0.887**	0.779**	0.949**
	显著性	0.000	0.000	0.000	0.000	0.000	0.000
100 强高校研究生培养得分	相关性	0.833**	0.709**	0.907**	0.870**	0.744**	0.942**
	显著性	0.000	0.000	0.000	0.000	0.000	0.000

注：＊＊表示在 0.01 的水平上显著相关。

第一，从学校层次上看，"211 高校"相关性＞"100 强高校"相关性＞"985 高校"相关性。以学校综合实力而言，"985 高校"＞"前 100 强高校"＞"211 高校"。相关性强弱顺序恰好与学校层次顺序相反。这说明，综合实力越强的高校，研究生培养得分与研究生规模的相关性越弱，综合实力越弱的学校，其研究生培养得分对研究生规模的依赖程度越大。

第二，从研究生类型上看，"研究生培养得分与博士毕业生数"相关性＞"研究生培养得分与硕士毕业生数"相关性。表明博士生规模对研究生培养得分的贡献度大于硕士生。通过比较三种不同层次高校研究生培养得分与博士毕业生数、硕士毕业生数相关系数的差值可见，学校层次越高，博士生相比硕士生对研究生培养得分的贡献度越大。

第三，从大学评价体系看，中评榜的相关性＞广研院榜的相关性。在两个不同的大学评价体系下，"985 高校"相关系数的差值约为 0.07，"211 高校"相关系数的差值约为 0.03，"100 强高校"相关系数的差值约为 0.035。

6.4.3 大学规模与其评价总得分的关联度

本书分别计算在广研院榜、中评榜和校友会榜三个不同的中国大学评价体系下,大学评价总得分与本科毕业生人数、硕士毕业生人数、博士毕业生人数、专任教师总数的相关系数,具体计算结果如表 6-6、表 6-7 和表 6-8 所示。

(1)大学评价总得分与本科生规模不相关

在三个不同的中国大学评价体系下,大学评价总得分与本科毕业生数的相关系数均在 0.2 以下,且相关系数均不显著。这表明大学评价总得分与本科生规模不相关,本科生规模对大学评价得分没有影响。

(2)大学评价总得分与研究生规模正相关

三个评价体系中大学评价总得分与硕士毕业生数、博士毕业生数之间的相关系数分别处于 0.506~0.779、0.821~0.927 之间,且均在 0.01 的水平上显著。总的来看,大学评价总分与博士毕业生数的相关性大于其与硕士毕业生数的相关性。从学校层次上看,"211 高校"大学评价总分与研究生规模的相关性最强,"100 强高校"的相关性居中,"985 高校"的相关性最弱。

(3)中评榜大学评价得分与高校规模的相关性最大

相对而言,中评榜下高校的规模对大学评价得分的影响最大,其专任教师总数、硕士毕业生数、博士毕业生数三项指标的相关系数最大。广研院榜下高校规模对大学评价得分影响居中,校友会榜下高校规模对大学评价得分的影响相对最弱。

表 6-6 广研院评价体系大学总得分与高校规模的相关分析

Tab. 6-6 **The correlation between total score of university and students scale for Guang Yanyuan Ranking**

		本科生数	硕士生数	博士生数	教师总数
985 高校评价 总得分	相关性	0.111	0.511**	0.853**	0.704**
	显著性	0.505	0.000	0.000	0.000
211 高校评价 总得分	相关性	0.194	0.750**	0.921**	0.857**
	显著性	0.011	0.000	0.000	0.000
100 强高校评价 总得分	相关性	0.119	0.712**	0.908**	0.835**
	显著性	0.240	0.000	0.000	0.000

注:**表示在 0.01 的水平上显著相关。

表 6-7 中评榜评价体系大学总得分与高校规模的相关分析

Tab. 6-7 The correlation between total score of university and students scale for RCCSE Ranking

		本科生数	硕士生数	博士生数	教师总数
985 高校评价 总得分	相关性	0.078	0.540**	0.873**	0.731**
	显著性	0.641	0.000	0.000	0.000
211 高校评价 总得分	相关性	0.168	0.779**	0.927**	0.878**
	显著性	0.076	0.000	0.000	0.000
100 强高校评价 总得分	相关性	0.151	0.710**	0.917**	0.836**
	显著性	0.133	0.000	0.000	0.000

注：**表示在 0.01 的水平上显著相关。

表 6-8 校友会评价体系大学总得分与高校规模的相关分析

Tab. 6-8 The correlation between total score of university and students scale for CUAA Ranking

		本科生数	硕士生数	博士生数	教师总数
985 高校评价 总得分	相关性	0.085	0.506**	0.821**	0.695**
	显著性	0.612	0.000	0.000	0.000
211 高校评价 总得分	相关性	0.171	0.742**	0.904**	0.826**
	显著性	0.063	0.000	0.000	0.000
100 强高校评价 总得分	相关性	0.147	0.703**	0.902**	0.832**
	显著性	0.264	0.000	0.000	0.000

注：**表示在 0.01 的水平上显著相关。

6.4.4 广研院与中评榜评价体系的关联度

鉴于广研院和中评榜大学评价中高校总得分均与研究生人数具有显著的相关性,本书将以"985 高校"和"211 高校"的总得分和研究生培养得分为例,探讨这两个大学评价体系中高校得分数据的相关性。

由表 6-9 可见,在两个不同的中国大学评价体系中,"985 高校"总得分的 Pearson 相关系数为 0.955,研究生培养得分的 Pearson 相关系数为 0.973;"211 高校"总得分的 Pearson 相关系数为 0.940,研究生培养得分的 Pearson 相关系数为 0.857,所有指标的 Spearman 秩相关系数也均在 0.85 以上。并且,表 6-9 中的相关系数在 0.01 的水平上都是显著的。以上分析表明:广研院榜和中评榜大学评价体系下的大学总得分、总排名、研究生培养得分等指标都具有显著的强正相关。

表6-9 广研院榜和中评榜中国大学评价体系的相关性分析

Tab. 6-9 The correlation analysis between university ranking for

Guang Yanyuan and RCCSE

广研院—中评榜 大学评价体系	985 高校		211 高校	
	总得分	研究生培养得分	总得分	研究生培养得分
Pearson 相关系数	0.955**	0.973**	0.940**	0.984**
显著性	0.000	0.000	0.000	0.000
Spearman 秩相关系数	0.958**	0.861**	0.885**	0.857**
显著性	0.000	0.000	0.000	0.000

注：**表示在0.01的水平上显著相关。

为进一步验证上述结论,采用非参数检验方法对以上指标进行检验。由于两个不同的大学评价体系下评分标准的差异,不能对大学的总得分直接进行比较,首先将评价中的原始分转化为正态分布下的标准 Z 分数,然后再对 2013 年112 所"211 高校"在广研院榜和中评榜大学评价中的总得分和研究生培养得分分别进行成对样本 t 检验和 Wilcoxon 符号秩非参数检验,结果如表 6-10 和表 6-11 所示。t 检验统计量的值近似为 0,p 值近似为 1;Wilcoxon 符号秩检验的 p 值均远大于 0.05。两种检验结果表明:在两种不同的大学评价体系下,"211 高校"的总得分、总排名、研究生培养得分、研究生培养得分排名都不存在显著差异,具有较强的相关性。

表6-10 广研院榜和中评榜大学评价中"211 高校"得分的成对样本 t 检验

Tab. 6-10 Paired sample t test of scores of 211-Project universities for

Guang Yanyuan and RCCSE Ranking

广研院—中评榜 大学评价体系		成对差分					t	df	Sig. （双侧）
		均值	标准差	均值的 标准误	差分的 95% 置信区间				
					下限	上限			
对 1	2013 年标准化总得分	0.000	0.347	0.033	−0.065	0.065	0.00	111	1.000

（续表）

广研院—中评榜 大学评价体系		成对差分					t	df	Sig. （双侧）
		均值	标准差	均值的 标准误	差分的 95% 置信区间				
					下限	上限			
对 2	2013 年标准化 研究生培养分	0.000	0.180	0.017	−0.034	0.034	0.00	111	1.000

表 6-11 广研院榜和中评榜大学评价中"211 高校"排名的 Wilcoxon 符号秩检验

Tab. 6-11 Wilcoxon signed rank test of 211-Project universities for

Guang Yanyuan and RCCSE Ranking

广研院—中评榜 大学评价体系	总得分排序差值	研究生培养得分排序差值
Z	−1.380[a]	−0.056[b]
渐近显著性（双侧）	0.168	0.955

注：a 表示基于负秩；b 表示基于正秩。

最后，本书对两种不同大学评价体系下本科生培养得分的相关性进行了检验。根据中评榜"2013 中国重点大学 100 强高校排行榜"中没有给出本科生培养得分，只列出了本科教学水平得分，本研究以此代替本科生培养得分，并在广研院大学评价体系中找到相关学校的本科生培养得分，并列出本科生培养得分排序。然后，对"100 强高校"的本科生培养得分进行秩相关检验，结果如表 6-12 所示。Spearman 秩相关系数为 0.726，而且在 0.01 的水平上显著，这表明在两个不同的大学评价体系下本科生培养得分显著正相关。

表 6-12　广研院榜和中评榜大学评价中高校本科生培养得分秩检验

Tab. 6-12　Rank test of undergraduate score for universities under

Guang Yanyuan and RCCSE Ranking

广研院—中评榜 大学评价体系			中评榜本科 培养得分序	广研院本科 培养得分序
Kendall 的 tau_b	中评榜本科 培养得分序	相关系数	1.000	0.539**
		Sig.（双侧）	—	0.000
		N	100	100
Spearman 的 rho	广研院本科 培养得分序	相关系数	1.000	0.726**
		Sig.（双侧）	—	0.000
		N	100	100

注：＊＊表示在置信度（双侧）为 0.01 时，相关性是显著的。

6.4.5　实证研究结论

（1）在广研院、校友会、中评榜三个不同的中国大学评价体系下，本科生培养得分与本科毕业生数的相关性并不显著，即本科生规模对本科生培养得分没有显著影响，进而本科生规模对大学评价总分也没有显著影响。

（2）在三个大学评价体系下，研究生培养得分与毕业研究生数存在显著的正相关，并且博士毕业生数与研究生培养得分的相关性大于硕士毕业生数，说明研究生规模对研究生培养得分、大学评价总分都具有显著影响。

（3）中评榜在校生规模对大学评价的影响效应最强，广研院榜居中，校友会榜最弱。且在校生规模影响效应与高校层次成反比，即高校综合实力越强，毕业生规模对大学评价得分的影响程度越弱，反之亦然。

（4）广研院和中评榜两个中国大学评价体系中的大学评价总分、研究生培养得分、本科生培养得分三项指标均显著强正相关，说明这两个不同的大学评价数据结构具有高度的一致性。

6.5　本章小结

本章主要研究了对偶犹豫模糊环境下的多属性决策问题，给出了对偶犹豫模糊集的距离测度公式和属性权重的确定方法,建立了基于投影分析法的对偶犹豫模糊多属性决策模型,并应用该模型对三个中国大学评价体系下高校办学规模影响效应进行了分析。为验证结果的科学性,基于 2013 年中国大学排行榜数据,运用统计学的相关分析法对三个大学评价体系的规模效应进行实证检验,所得结果与前述方法一致,证明本书提出的基于投影分析法的对偶犹豫模糊多属性决策模型是有效的。

第7章 基于灰关联投影的中智集多属性决策模型构建

本章针对评价值为中智模糊数且属性权重和时序权重均未知的动态多属性决策问题,提出一种基于灰关联投影思想的多属性决策方法,应用此方法对四个中国大学评价体系的稳定性进行分析,并用实际案例对该方法的有效性进行了实证检验。

7.1 问题描述

设 $S=(X,A,T)$ 为中智犹豫模糊数的动态多属性决策系统,$X=\{x_1,x_2,\cdots,x_m\}$ 为备选方案集,x_i 表示第 i 个备选方案,$i=1,2,\cdots,m$;$A=\{a_1,a_2,\cdots,a_n\}$ 为指标(属性)集,a_j 表示第 j 个指标,$j=1,2,\cdots,n$;$T=\{t_1,t_2,\cdots,t_p\}$ 为所考察的时间集,t_k 表示第 k 个时段,$k=1,2,\cdots,p$;$W=\{w_1,w_2,\cdots,w_n\}$ 为指标权重,w_j 为第 j 个指标权重 $w_j\in[0,1]$,$j=1,2,\cdots,n$;且 $\sum_{j=1}^{n}w_j=1$;$V=\{v_1,v_2,\cdots,v_p\}$ 为时序权重,v_k 为第 k 个时段权重,$k=1,2,\cdots,p$;$d_{ij}(t_k)$ 为在 t_k 时段,备选方案 x_i 在指标 a_j 下的属性值,构成中智犹豫模糊决策矩阵 $\boldsymbol{D}(t_k)=[d_{ij}(t_k)]_{m\times n}$,$i=1,2,\cdots,m$;$j=1,2,\cdots,n$;$k=1,2,\cdots,p$。

7.1.1 中智犹豫模糊集的均值和方差

定义 7.1[170] 设 X 为一个给定集合,X 上的中智犹豫模糊集(NHS)A 定义为

$$A=\{(x,h_A(x))\mid x\in X\} \tag{7-1}$$

其中,$h_A(x)$ 为由区间 $[0,1]$ 上若干不同实数对 $(h_A^T(x),h_A^I(x),h_A^F(x))$ 所构成的集合,

$$h_A^T(x):X\to[0,1],h_A^I(x):X\to[0,1],h_A^F(x):X\to[0,1]$$

分别为集合 A 的真值隶属度函数,不确定隶属度函数、非真值隶属度函数,且对任意的 $x\in X$,$0\leqslant h_A^T(x)+h_A^I(x)+h_A^F(x)\leqslant 3$,为方便起见,称 $h_A(x)$ 为中智犹

豫元(NHE)。X 上所有中智犹豫集构成的集合称为中智犹豫集 NHS(X)。

定义 7.2[170]　设 X 为一个给定集合，X 上的中智犹豫模糊集 $A = \{(x,$ $h_A(x)) | x \in X\}$ 的中智犹豫元为 $h_A(x) = \{h_{Ak} = (h_{Ak}^T(x_i), h_{Ak}^I(x_i), h_{Ak}^F(x_i) | k = 1, 2, \cdots, l_i\} (i = 1, 2, \cdots, n)$。则定义中智犹豫模糊元 $h_A(x_i)$ 的均值 $\bar{h}_A(x_i)$ 为

$$\bar{h}_A(x) = (\bar{h}_A^T(x_i), \bar{h}_A^I(x_i), \bar{h}_A^F(x_i)) \tag{7-2}$$

其中，$\bar{h}_A^T(x_i) = \dfrac{1}{l} \sum^{l_i} h_{Ak}^T(x_i), \bar{h}_A^I(x_i) = \dfrac{1}{l} \sum^{l_i} h_{Ak}^I(x_i), \bar{h}_A^F(x_i) = \dfrac{1}{l} \sum^{l_i} h_{Ak}^F(x_i)$。

中智犹豫模糊元 $h_A(x_i)$ 的方差 $\sigma_{h_A}(x_i)$ 为

$$\sigma_{h_A}(x_i) = (\sigma_{h_A}^T(x_i), \sigma_{h_A}^I(x_i), \sigma_{h_A}^F(x_i)) \tag{7-3}$$

其中，

$$\sigma_{h_A}^T(x_i) = \sqrt{\frac{1}{l_i} \sum_{k=1}^{l_i} [h_{Ak}^T(x_i) - \bar{h}_{Ak}^T(x_i)]^2}, \sigma_{h_A}^I(x_i) = \sqrt{\frac{1}{l_i} \sum_{k=1}^{l_i} [h_{Ak}^I(x_i) - \bar{h}_{Ak}^I(x_i)]^2},$$

$$\sigma_{h_A}^F(x_i) = \sqrt{\frac{1}{l_i} \sum_{k=1}^{l_i} [h_{Ak}^F(x_i) - \bar{h}_{Ak}^F(x_i)]^2}$$

一般情况下，中智犹豫元中的元素个数不同。为能进行有效运算，给出向元素个数较少的中智模糊元中添加元素的原则：乐观原则、悲观原则和中庸原则[217]。

(1) 乐观原则：向元素个数较少的中智元中重复添加数值最大的元素；

(2) 悲观原则：向元素个数较少的中智元中重复添加数值最小的元素；

(3) 中庸原则：在元素个数较少的中智元中重复添加该中智元的平均值，使修正后的中智元与原来的中智元的均值和方差保持一致。

7.1.2　中智犹豫模糊集距离测度

借鉴犹豫模糊元之间的 Euclidean 距离公式，定义中智犹豫元之间的距离测度。

定义 7.3　设 $h_1 = \{h_{1k} = (h_{1k}^T, h_{1k}^I, h_{1k}^F) | k = 1, 2, \cdots, l_1\}, h_2 = \{h_{2k} = (h_{2k}^T, h_{2k}^I, h_{2k}^F) | k = 1, 2, \cdots, l_2\}$ 为定义在集合 X 上的两个中智犹豫模糊元，则 h_1 和 h_2 之间标准的 Hamming 距离为：

$$d_1(h_1, h_2) = \left\{ \frac{1}{3l} \sum_{k=1}^{l_i} | h_1^{\sigma(j)}(x_i) - h_2^{\sigma(j)}(x_i) | \right\} \tag{7-4}$$

h_1 和 h_2 之间标准 Euclidean 距离测度为：

$$d_2(h_1,h_2) = \left\{ \frac{1}{3l} \sum_{k=1}^{l_i} \mid h_1^{\sigma(j)}(x_i) - h_2^{\sigma(j)}(x_i) \mid^2 \right\}^{\frac{1}{2}} \tag{7-5}$$

其中，$l = \max(l_1, l_2)$，l_i 为中智模糊元 h_i 中元素的个数。$h_1^{\sigma(j)}(x_i)$ 和 $h_2^{\sigma(j)}(x_i)$ 是 $h_1(x_i)$ 和 $h_2(x_i)$ 中第 j 个最大的数值。进一步，可以将式(7-4)和(7-5)扩展为广义的中智犹豫模糊距离：

$$d(h_1,h_2) = \left[\frac{1}{3l} \sum_{k=1}^{l_i} \mid h_1^{\sigma(j)}(x_i) - h_2^{\sigma(j)}(x_i) \mid^\lambda \right]^{\frac{1}{\lambda}} \tag{7-6}$$

如果将 Hausdorff 距离测度引入中智犹豫模糊集，可以得到标准的中智犹豫 Hausdorff 距离测度：

$$d(h_1,h_2) = \left[\frac{1}{3l} \sum_{k=1}^{l_i} \max_j \mid h_1^{\sigma(j)}(x_i) - h_2^{\sigma(j)}(x_i) \mid^\lambda \right]^{\frac{1}{\lambda}} \tag{7-7}$$

对式(7-7)，考虑 $\lambda = 1$ 和 $\lambda = 2$ 时的两种特殊情形：

当 $\lambda = 1$ 时，式(7-7)成为标准 Hamming—Hausdorff 中智犹豫距离测度：

$$d(h_1,h_2) = \frac{1}{3l} \sum_{i=1}^{n} \max_j \mid h_1^{\sigma(j)}(x_i) - h_2^{\sigma(j)}(x_i) \mid \tag{7-8}$$

当 $\lambda = 2$ 时，式(7-7)成为标准 Euclidean—Hausdorff 中智犹豫距离测度：

$$d(h_1,h_2) = \left[\frac{1}{3l} \sum_{i=1}^{n} \max_j \mid h_1^{\sigma(j)}(x_i) - h_2^{\sigma(j)}(x_i) \mid^2 \right]^{\frac{1}{2}} \tag{7-9}$$

7.1.3　中智犹豫模糊集相似测度

定义 7.4[218-219]　设 X 为一个论域，函数 $S:NS(X) \times NS(X) \rightarrow [0,1]$ 称为 $NS(X)$ 上的相似度函数，若其满足以下公理条件：对任意的集合 $A,B,C \in NS(X)$，有：

(1) $0 \leqslant S(A,B) \leqslant 1$；

(2) $S(A,B) = 1$ 当且仅当 $A = B$；

(3) $S(A,B) = S(B,A)$；

(4) 若 $A \subseteq B \subseteq C$，则 $S(A,C) \leqslant \min\{S(A,B), S(B,C)\}$。

在定义 7.3 和定义 7.4 的基础上，可以定义一些常用的相似测度公式。

定义 7.5　设论域 $X = \{x_1, x_2, \cdots, x_n\}$ 上的两个中智集 A 和 B 分别为

$$A = \{(x_i, T_A(x_i), I_A(x_i), F_A(x_i) \mid x_i \in X\}$$

和 $\qquad B = \{(x_i, T_B(x_i), I_B(x_i), F_B(x_i) \mid x_i \in X\}$

$d(A,B)$ 为 A 和 B 之间的 Euclidean 距离, 列举以下中智集 A 和 B 间的相似测度公式:

(1) 余弦相似度[220]:

$$\rho(A,B) \approx S_1(A,B) = \frac{1}{n} \cdot$$

$$\sum_{i=1}^{n} \cos\left[\frac{\pi(\mid T_A(x_i) - T_B(x_i) \mid \vee \mid I_A(x_i) - I_B(x_i) \mid \vee \mid F_A(x_i) - F_B(x_i) \mid)}{2}\right];$$

(2) 距离诱导相似度[219]: $S_2(A,B) = 1 - d(A,B)$;

(3) Hausdorff 相似度[221]: $S_3(A,B) = \dfrac{1}{1 + d(A,B)}$。

7.2　基于灰关联投影的中智犹豫模糊决策模型

7.2.1　模型的构建

灰关联投影法将灰色系统理论与矢量投影原理相结合, 反映出各决策方案与理想方案之间的接近程度, 且能够避免单方向偏差, 区别于简单的线性加权法。

首先, 为了消除不同量纲对决策结果的影响, 需要对指标原始数据进行规范化处理, 将成本型属性转化为效益型属性, 方法如下:

$$d_{ij}^{*}(t_k) = \begin{cases} d_{ij}(t_k), & a_j \text{ 为效益型指标} \\ d_{ij}^{c}(t_k), & a_j \text{ 为成本型指标} \end{cases} \tag{7-10}$$

其次, 各时段理想方案参考数列定义如下:

$$D^+(t_k) = (d_1^+(t_k), d_2^+(t_k), \cdots, d_n^1(t_k))$$

$$= ((h_1^+(t_k), g_1^+(t_k)), (h_2^+(t_k), g_2^+(t_k)), \cdots, (h_n^+(t_k), g_n^+(t_k))) \tag{7-11}$$

其中

$$h_j^+(t_k) = \{\max_i h_{ij}^{\sigma(1)}(t_k), \max_i h_{ij}^{\sigma(2)}(t_k), \cdots, \max_i h_{ij}^{\sigma(l)}(t_k)\}$$

$$g_j^+(t_k) = \{\min_i g_{ij}^{\delta(1)}(t_k), \min_i g_{ij}^{\delta(2)}(t_k), \cdots, \min_i g_{ij}^{\delta(k)}(t_k)\}$$

$$i = 1, 2, \cdots, m; j = 1, 2, \cdots, n$$

依据式(7-4)或式(7-5)计算各时段备选方案指标数列与理想方案参考数列

间的距离，得到距离矩阵 $\boldsymbol{\alpha}(t_k) = [\alpha_{ij}(t_k)]_{m \times n}$，其中 $\alpha_{\max}(t_k)$ 为所有 $\alpha_{ij}(t_k)$ 中的最大值，$\alpha_{\min}(t_k)$ 为所有 $\alpha_{ij}(t_k)$ 中的最小值。则有各时段灰色关联系数 $r_{ij}(t_k)$ 为

$$r_{ij}(t_k) = \frac{\alpha_{\min}(t_k) + \lambda \alpha_{\max}(t_k)}{\alpha_{ij}(t_k) + \lambda \alpha_{\max}(t_k)} \quad i = 1, 2, \cdots, m; j = 1, 2, \cdots, n \quad (7\text{-}12)$$

其中，λ 为分辨系数，取值为 $[0, 1]$，起到调整比较环境大小的作用，通常将其值取为 0.5。由灰色关联系数 $r_{ij}(t_k)$ 构成灰色关联度矩阵 $\boldsymbol{R}(t_k) = [r_{ij}(t_k)]_{m \times n}$，指标权重为 $W = \{w_1, w_2, \cdots, w_n\}$，对 $\boldsymbol{R}$ 进行加权处理，由此可得到加权灰色关联决策矩阵 $\boldsymbol{R}'(t_k) = [w_j r_{ij}(t_k)]_{m \times n}$。

$$\boldsymbol{R}'(t_k) = \begin{bmatrix} w_1 r_{11}(t_k) & w_2 r_{12}(t_k) & \cdots & w_n r_{1n}(t_k) \\ w_1 r_{21}(t_k) & w_2 r_{22}(t_k) & \cdots & w_n r_{2n}(t_k) \\ \vdots & \vdots & & \vdots \\ w_1 r_{m1}(t_k) & w_2 r_{m2}(t_k) & \cdots & w_n r_{mn}(t_k) \end{bmatrix}$$

将每个备选方案看作一个行向量（矢量），则备选方案与理想方案间的夹角为灰色关联投影角，其夹角余弦为

$$\cos\theta = \frac{\sum_{j=1}^{n} w_j r_{ij}(t_k) w_j}{\sqrt{\sum_{j=1}^{n} [w_j r_{ij}(t_k)]^2} \sqrt{\sum_{j=1}^{n} w_j^2}} \quad (7\text{-}13)$$

备选方案的模为

$$|a_i| = \sqrt{\sum_{j=1}^{m} [w_j r_{ij}(t_k)]^2} \quad (7\text{-}14)$$

可得各时段备选方案在理想方案上的灰色关联投影值 $\mathrm{Pr}_i(t_k)$ 为

$$\mathrm{Pr}_i(t_k) = |a_i| \cos\theta = \frac{\sum_{j=1}^{n} w_j^2 r_{ij}(t_k)}{\sqrt{\sum_{j=1}^{n} w_j^2}} = \sum_{j=1}^{n} \overline{w}_j r_{ij}(t_k) \quad (7\text{-}15)$$

其中 $\overline{w}_j = w_j^2 \Big/ \sqrt{\sum_{j=1}^{n} w_j^2}$，$j = 1, 2, \cdots, m; j = 1, 2, \cdots, n$。

经上述分析，灰色关联投影值 $\mathrm{Pr}_i(t_k)(i = 1, 2, \cdots, m)$ 越大，则在 t_k 时段方案越优，反之灰色关联投影值 $\mathrm{Pr}_i(t_k)(i = 1, 2, \cdots, m)$ 越小，则在 t_k 时段方案越劣。

7.2.2 属性权重的确定

考虑各指标权重,在 t_k 时段指标 a_j 下,备选方案 x_i 与理想方案间的灰关联偏差为 $(1 - r_{ij}(t_k))$,去除符号因素的影响,偏差和取平方和的形式,则有 x_i 与理想方案间的综合灰关联加权偏差之和为

$$\sum_{k=1}^{p} \sum_{j=1}^{m} \left[(1 - r_{ij}(t_k)) w_j \right]^2 \tag{7-16}$$

进而所有方案的综合灰关联加权偏差和为

$$C(v) = \sum_{i=1}^{n} \sum_{k=1}^{p} \sum_{j=1}^{m} \left[(1 - r_{ij}(t_k)) w_j \right]^2 \tag{7-17}$$

其中 $w = (w_1, w_2, \cdots, w_m)$ 为属性权重,$w_j \geqslant 0, \sum_{j=1}^{m} w_j = 1$ 最终得出的权重向量应使综合灰关联加权偏差和最小,由此可构造如下目标函数:

$$\min C(v) = \sum_{i=1}^{n} \sum_{k=1}^{p} \sum_{j=1}^{m} \left[(1 - r_{ij}(t_k)) w_j \right]^2$$

$$\text{s. t.} \begin{cases} \sum_{j=1}^{m} w_j = 1 \\ 0 \leqslant w_j \leqslant 1 \end{cases} \tag{7-18}$$

建立拉格朗日函数

$$L(w_j, \lambda) = \sum_{i=1}^{n} \sum_{k=1}^{p} \sum_{j=1}^{m} \left[(1 - r_{ij}(t_k)) w_j \right]^2 + 2\lambda \left(\sum_{j=1}^{m} w_j - 1 \right) \tag{7-19}$$

根据极值存在的必要条件,分别对 w_j, λ 求偏导,即

$$\begin{cases} \dfrac{\partial L}{\partial w_j} = 2 \sum_{i=1}^{n} \sum_{k=1}^{p} \left[(1 - r_{ij}(t_k))^2 w_j + (1 - r_{ij}(t_k)) \right] + 2\lambda = 0 \\ \dfrac{\partial L}{\partial \lambda} = \sum_{j=1}^{m} w_j - 1 = 0 \end{cases} \tag{7-20}$$

解得:

$$\begin{cases} \lambda = -\left[\sum_{j=1}^{m} \left(\sum_{i=1}^{n} \sum_{k=1}^{p} (1 - r_{ij}(t_k))^2 \right)^{-1} \right]^{-1} \\ w_j = \left[\sum_{j=1}^{m} \left(\sum_{i=1}^{n} \sum_{k=1}^{p} (1 - r_{ij}(t_k))^2 \right)^{-1} \right]^{-1} \times \left[\sum_{i=1}^{n} \sum_{k=1}^{p} (1 - r_{ij}(t_k))^2 \right]^{-1} \end{cases} \tag{7-21}$$

由上式得到各属性的权重 w_j,将其代入式(7-15),可得到各时段的灰关联投影值 $\Pr_i(t_k)$。

7.2.3 时序权重的确定

本书所考虑的是时序权重未知的动态多属性决策问题,在实际的决策问题中,不同时段决策者所掌握的信息量会随着时间向后不断增加,相对应的对最终决策的影响是随时间向前不断衰减的,那么不同时段权重的变化趋势具有指数衰减模型的特点,由此,本书使用指数衰减模型确定权重。

设 $T = \{t_1, t_2, \cdots, t_p\}$ 为多属性决策所考察的不同时段,t_k 时段的权重为 v_k,则

$$v_k = C_0 e^{\lambda(t_k - t_p)}, k = 1, 2, \cdots, p \tag{7-22}$$

其中,$C_0 > 0$ 为常数,$0 < \lambda < 1$ 为衰减系数。

对于权重需要满足:

$$\sum_{k=1}^{p} v_k = \sum_{k=1}^{p} C_0 e^{\lambda(t_k - t_p)} = 1$$

可得

$$C_0 = \frac{1}{\displaystyle\sum_{k=1}^{p} e^{\lambda(t_k - t_p)}} \tag{7-23}$$

由此可得

$$v_k = \frac{e^{\lambda t_k}}{\displaystyle\sum_{k=1}^{p} e^{\lambda t_k}}, k = 1, 2, \cdots, p \tag{7-24}$$

在现实的动态多属性决策问题中,λ 反映了决策者掌握信息量随时间变化的累积速率,由决策者根据具体情况确定其取值。

最后,对各备选方案的各时段灰关联投影值进行加权集成,得到综合灰关联投影值 z_i,即

$$z_i = \sum_{k=1}^{p} \mathrm{Pr}_i(t_k) \cdot v_k \tag{7-25}$$

综合灰关联投影值 z_i 越大,则方案 x_i 越优,反之亦然。

7.2.4 模型决策程序

综上分析,针对属性权重和时序权重均未知,属性值为中智犹豫模糊数形式的动态多属性决策问题,提出一种决策方法,具体步骤如下:

Step1:构造各时段中智犹豫模糊决策矩阵 $D(t_k) = [d_{ij}(t_k)]_{m \times n}$ 并进行规范化处理,得到规范化的对偶犹豫模糊决策矩阵 $D^*(t_k) = [d_{ij}^*(t_k)]_{m \times n}$;

Step2:依据式(7-11)确定各时段的理想方案参考数列 $D^+(t_k)$;

Step3:依据式(7-4)或式(7-5)计算各时段备选方案指标数列与理想方案参考数列对应元素间的距离,得到距离矩阵 $\boldsymbol{\alpha}(t_k) = [\alpha_{ij}(t_k)]_{m \times n}$;

Step4:依据式(7-12)计算各时段灰色关联系数 $r_{ij}(t_k)$,组成灰色关联度矩阵 $\boldsymbol{R}(t_k) = [r_{ij}(t_k)]_{m \times n}$,对其进行加权得到加权灰色关联决策矩阵 $\boldsymbol{R}'(t_k) = [w_j r_{ij}(t_k)]_{m \times n}$;

Step5:依据式(7-21)计算各属性权重 w_j,将其带入式(7-15)计算得到各时段的灰色关联投影值 $\mathrm{Pr}_i(t_k)$;

Step6:依据式(7-24)计算各时段的权重 v_k;

Step7:依据式(7-25)将各阶段的灰色关联投影值 $\mathrm{Pr}_i(t_k)$ 集成为综合灰色关联投影值 z_i;

Step8:将方案 $x_i (i=1,2,\cdots,m)$ 按照 z_i 值的大小进行排序,并选择最优方案。

7.3　实例分析

7.3.1　中国大学评价体系稳定性问题描述

大学评价体系的稳定性是指同一所大学在相邻年度的名次变动应控制在一定的合理范围。一般来说,除非受到类似"大学合并"等异常事件的冲击,大学排名在相邻年度不应变化过大。因此,大学排名的稳定性在某种程度上可以作为大学评价体系科学性的表征。当前影响力较大的四个中国大学评价体系:广东管理科学研究院发布的《中国大学综合评价》、中国校友会网发布的《中国大学学科专业评价报告》、武汉大学中国科学评价研究中心发布的《中国大学竞争力排行榜》、上海软科发布的《中国最好大学排名》。这四个大学排行榜的历年排名数据的稳定性如何?哪个排行榜的稳定性最强?这即是本书所要研究的问题。

7.3.2　模型的应用及求解

将当前国内影响较大的四个中国大学排行榜按音序排列:A_1——上海软科发布的《中国最好大学排名》,A_2——武书连大学评价课题组发布的《中国大学综合评价》，A_3——我国校友会网发布的《中国大学学科专业评价报告》，A_4——武汉大学中国科学评价研究中心发布的《中国大学竞争力排行榜》。一般认为，大学排行榜历年排名数据的稳定性是其科学性的必要条件，为了对四个中国大学排行榜的稳定性进行评价，经征求专家意见，拟从四个方面对其进行评价：C_1——指标体系的稳定性，C_2——权重设定的稳定性，C_3——历史排名数据的相关性，C_4——数据变动趋势的一致性。请专家根据四个大学排行榜 2015 年至 2017 三年的数据，给出评价对象 A_i 的各指标接近理想的隶属度值用中智犹豫模糊集 d_{ij} 来表示，构成中智犹豫模糊决策矩阵 $\boldsymbol{D}(t_1)=[d_{ij}(t_1)_{4\times4}]$，$\boldsymbol{D}(t_2)=[d_{ij}(t_2)_{4\times4}]$ 和 $\boldsymbol{D}(t_3)=[d_{ij}(t_3)_{4\times4}]$，各指标属性的权重以及时序权重均未知。应用本书提出的决策方法，给出求解过程如下：

$$\boldsymbol{D}(t_1)=\begin{bmatrix} (\{0.4,0.3\},\{0.4\},\{0.6,0.5\}) & (\{0.8,0.6,0.5\},\{0.3\},\{0.2\}) \\ (\{0.8,0.7,0.5\},\{0.1\},\{0.2,0.1\}) & (\{0.7,0.6\},\{0.1\},\{0.2,0.1\}) \\ (\{0.5,0.4,0.2\},\{0.3\},\{0.4,0.3\}) & (\{0.6,0.4,0.2\},\{0.2\},\{0.3,0.2\}) \\ (\{0.7,0.6\},\{0.2\},\{0.1\}) & (\{0.3,0.2\},\{0.1\},\{0.7,0.6,0.4\}) \end{bmatrix}$$

$$\begin{bmatrix} (\{0.8,0.7\},\{0.25\},\{0.2\}) & (\{0.1\},\{0.25\},\{0.9,0.7,0.6\}) \\ (\{0.7,0.5\},\{0.2\},\{0.3,0.2,0.1\}) & (\{0.3,0.2\},\{0.1\},\{0.6,0.4,0.3\}) \\ (\{0.4,0.2\},\{0.25\},\{0.5,0.4,0.2\}) & (\{0.6\},\{0.2\},\{0.3,0.2\}) \\ (\{0.5,0.2\},\{0.2\},\{0.4,0.3\}) & (\{0.3\},\{0.2\},\{0.7\}) \end{bmatrix}$$

$$\boldsymbol{D}(t_2)=\begin{bmatrix} (\{0.6,0.4,0.3\},\{0.25\},\{0.3,0.2\}) & (\{0.9,0.7,0.6\},\{0.25\},\{0.1\}) \\ (\{0.8\},\{0.1\},\{0.2,0.1\}) & (\{0.7,0.5,0.4\},\{0.1\},\{0.3,0.2\}) \\ (\{0.7,0.6,0.5\},\{0.25\},\{0.3\}) & (\{0.8\},\{0.2\},\{0.2,0.1\}) \\ (\{0.9,0.7\},\{0.2\},\{0.1\}) & (\{0.5,0.4\},\{0.2\},\{0.5\}) \end{bmatrix}$$

$$\begin{bmatrix} (\{0.3\},\{0.3\},\{0.7,0.5\}) & (\{0.2,0.1\},\{0.2\},\{0.7,0.5,0.4\}) \\ (\{0.4,0.2\},\{0.2\},\{0.6,0.5,0.4\}) & (\{0.3,0.2\},\{0.1\},\{0.6,0.3\}) \\ (\{0.5,0.4\},\{0.25\},\{0.4,0.2,0.1\}) & (\{0.2\},\{0.2\},\{0.8,0.7,0.5\}) \\ (\{0.7,0.6\},\{0.25\},\{0.3,0.2\}) & (\{0.5,0.4\},\{0.1\},\{0.4,0.3\}) \end{bmatrix}$$

$$\boldsymbol{D}(t_3)=\begin{bmatrix} (\{0.5,0.4\},\{0.2\},\{0.4,0.3\}) & (\{0.5,0.3,0.1\},\{0.25\},\{0.4\}) \\ (\{0.9,0.7,0.6\},\{0.1\},\{0.1\}) & (\{0.7,0.6,0.4\},\{0.1\},\{0.3,0.2,0.1\}) \\ (\{0.3\},\{0.2\},\{0.6,0.5\}) & (\{0.4,0.3,0.2\},\{0.2\},\{0.6,0.5,0.4\}) \\ (\{0.8,0.7\},\{0.1\},\{0.2,0.1\}) & (\{0.6,0.4\},\{0.15\},\{0.4,0.3\}) \end{bmatrix}$$

$$(\{0.6,0.5\},\{0.3\},\{0.4,0.3\})\quad(\{0.1\},\{0.3\},\{0.9,0.8,0.4\})$$
$$(\{0.8,0.6\},\{0.1\},\{0.2,0.1\})\quad(\{0.3,0.2\},\{0.1\},\{0.7,0.5\})$$
$$(\{0.9,0.6\},\{0.2\},\{0.1\})\quad(\{0.2,0.1\},\{0.25\},\{0.8,0.6,0.4\})$$
$$(\{0.7\},\{0.2\},\{0.3,0.2\})\quad(\{0.2\},\{0.2\},\{0.8,0.7\})$$

首先,对矩阵 $\boldsymbol{D}(t_1)=[d_{ij}(t_1)]_{4\times4}$、$\boldsymbol{D}(t_2)=[d_{ij}(t_2)]_{4\times4}$ 及 $\boldsymbol{D}(t_3)=[d_{ij}(t_3)]_{4\times4}$ 进行规范化处理,得到规范化的对偶犹豫模糊决策决策 $\boldsymbol{D}^*(t_1)=[d_{ij}^*(t_1)]_{4\times4}$、$\boldsymbol{D}^*(t_2)=[d_{ij}^*(t_2)]_{4\times4}$ 及 $\boldsymbol{D}^*(t_3)=[d_{ij}^*(t_3)]_{4\times4}$。

$\boldsymbol{D}^*(t_1)=$

$$(\{0.4,0.3,0.3\},\{0.4\},\{0.6,0.5\})(\{0.8,0.6,0.5\},\{0.3\},\{0.2,0.2,0.2\})$$
$$(\{0.8,0.7,0.5\},\{0.1\},\{0.2,0.1\})(\{0.7,0.6,0.6\},\{0.1\},\{0.2,0.1,0.1\})$$
$$(\{0.5,0.4,0.2\},\{0.3\},\{0.4,0.3\})(\{0.6,0.4,0.2\},\{0.2\},\{0.3,0.2,0.2\})$$
$$(\{0.7,0.6,0.6\},\{0.2\},\{0.1,0.1\})(\{0.3,0.2,0.2\},\{0.1\},\{0.7,0.6,0.4\})$$
$$(\{0.8,0.7\},\{0.25\},\{0.2,0.2,0.2\})(\{0.1,0.1\},\{0.25\},\{0.9,0.7,0.6\})$$
$$(\{0.7,0.5\},\{0.2\},\{0.3,0.2,0.1\})\quad(\{0.3,0.2\},\{0.1\},\{0.6,0.4,0.3\})$$
$$(\{0.4,0.2\},\{0.25\},\{0.5,0.4,0.2\})\quad(\{0.6,0.6\},\{0.2\},\{0.3,0.2,0.2\})$$
$$(\{0.5,0.2\},\{0.2\},\{0.4,0.3,0.3\})\quad(\{0.3,0.3\},\{0.2\},\{0.7,0.7,0.7\})$$

$\boldsymbol{D}^*(t_2)=$

$$(\{0.6,0.4,0.3\},\{0.25\},\{0.3,0.2\})(\{0.9,0.7,0.6\},\{0.25\},\{0.1,0.1\})$$
$$(\{0.8,0.8,0.8\},\{0.1\},\{0.2,0.1\})\quad(\{0.7,0.5,0.4\},\{0.1\},\{0.3,0.2\})$$
$$(\{0.7,0.6,0.5\},\{0.25\},\{0.3,0.3\})\quad(\{0.8,0.8,0.8\},\{0.2\},\{0.2,0.1\})$$
$$(\{0.9,0.7,0.7\},\{0.2\},\{0.1,0.1\})\quad(\{0.5,0.4,0.4\},\{0.2\},\{0.5,0.5\})$$
$$(\{0.3,0.3\},\{0.3\},\{0.7,0.5,0.5\})(\{0.2,0.1\},\{0.2\},\{0.7,0.5,0.4\})$$
$$(\{0.4,0.2\},\{0.2\},\{0.6,0.5,0.4\})(\{0.3,0.2\},\{0.1\},\{0.6,0.3,0.3\})$$
$$(\{0.5,0.4\},\{0.25\},\{0.4,0.2,0.1\})(\{0.2,0.2\},\{0.2\},\{0.8,0.7,0.5\})$$
$$(\{0.7,0.6\},\{0.25\},\{0.3,0.2,0.2\})(\{0.5,0.4\},\{0.1\},\{0.4,0.3,0.3\})$$

$\boldsymbol{D}^*(t_3)=$

$$(\{0.5,0.4,0.4\},\{0.2\},\{0.4,0.3\})(\{0.5,0.3,0.1\},\{0.25\},\{0.4,0.4,0.4\})$$
$$(\{0.9,0.7,0.6\},\{0.1\},\{0.1,0.1\})\quad(\{0.7,0.6,0.4\},\{0.1\},\{0.3,0.2,0.1\})$$
$$(\{0.3,0.3,0.3\},\{0.2\},\{0.6,0.5\})\quad(\{0.4,0.3,0.2\},\{0.2\},\{0.6,0.5,0.4\})$$
$$(\{0.8,0.7,0.7\},\{0.1\},\{0.2,0.1\})(\{0.6,0.4,0.4\},\{0.15\},\{0.4,0.3,0.3\})$$

$$\left.\begin{array}{ll} (\{0.6,0.5\},\{0.3\},\{0.4,0.3\}) & (\{0.1,0.1\},\{0.3\},\{0.9,0.8,0.4\}) \\ (\{0.8,0.6\},\{0.1\},\{0.2,0.1\}) & (\{0.3,0.2\},\{0.1\},\{0.7,0.5,0.5\}) \\ (\{0.9,0.6\},\{0.2\},\{0.1,0.1\}) & (\{0.2,0.1\},\{0.25\},\{0.8,0.6,0.4\}) \\ (\{0.7,0.7\},\{0.2\},\{0.3,0.2\}) & (\{0.2,0.2\},\{0.2\},\{0.8,0.7,0.7\}) \end{array}\right]$$

然后,计算各时段的理想方案参考数列。

$D^+(t_1)=$

$((\{0.8,0.7,0.6\},\{0.1\},\{0.1,0.1\}),(\{0.8,0.6,0.6\},\{0.1\},\{0.2,0.1,0.1\}),$

$(\{0.8,0.7\},\{0.2\},\{0.2,0.2,0.1\}),(\{0.6,0.6\},\{0.1\},\{0.3,0.2,0.2\})$

$D^+(t_2)=$

$((\{0.9,0.8,0.8\},\{0.1\},\{0.1,0.1\}),(\{0.9,0.8,0.8\},\{0.1\},\{0.1,0.1\}),$

$(\{0.7,0.6\},\{0.2\},\{0.3,0.2,0.1\}),(\{0.5,0.4\},\{0.1\},\{0.4,0.3,0.3\})$

$D^+(t_3)=$

$((\{0.9,0.7,0.7\},\{0.1\},\{0.1,0.1\}),(\{0.7,0.6,0.4\},\{0.1\},\{0.3,0.2,0.1\}),$

$(\{0.9,0.7\},\{0.1\},\{0.1,0.1\}),(\{0.3,0.2\},\{0.1\},\{0.7,0.5,0.4\})$

依据式(7-5)计算各时段备选方案指标数列与理想方案参考数列对应元素间的距离,得到距离矩阵 $\boldsymbol{\alpha}(t_1)=[\alpha_{ij}(t_1)]_{4\times4}$、$\boldsymbol{\alpha}(t_2)=[\alpha_{ij}(t_2)]_{4\times4}$ 及 $\boldsymbol{\alpha}(t_3)=[\alpha_{ij}(t_3)]_{4\times4}$。

$$\boldsymbol{\alpha}(t_1)=\begin{bmatrix} 0.379\ 3 & 0.129\ 1 & 0.044\ 1 & 0.420\ 0 \\ 0.052\ 9 & 0.033\ 3 & 0.092\ 7 & 0.239\ 2 \\ 0.269\ 8 & 0.182\ 6 & 0.291\ 1 & 0.057\ 7 \\ 0.074\ 5 & 0.359\ 0 & 0.258\ 2 & 0.326\ 6 \end{bmatrix}$$

$$\max\boldsymbol{\alpha}(t_1)=0.420\ 0;\min\boldsymbol{\alpha}(t_1)=0.033\ 3$$

$$\boldsymbol{\alpha}(t_2)=\begin{bmatrix} 0.267\ 2 & 0.079\ 9 & 0.300\ 9 & 0.221\ 1 \\ 0.052\ 7 & 0.201\ 4 & 0.267\ 7 & 0.133\ 3 \\ 0.199\ 3 & 0.078\ 2 & 0.123\ 6 & 0.255\ 0 \\ 0.074\ 5 & 0.331\ 7 & 0.044\ 1 & 0.000\ 0 \end{bmatrix}$$

$$\max\boldsymbol{\alpha}(t_2)=0.331\ 7;\min\boldsymbol{\alpha}(t_2)=0.000\ 0$$

$$\boldsymbol{\alpha}(t_3) = \begin{bmatrix} 0.250\ 6 & 0.217\ 9 & 0.238\ 0 & 0.190\ 0 \\ 0.033\ 3 & 0.000\ 0 & 0.070\ 7 & 0.033\ 3 \\ 0.383\ 7 & 0.240\ 4 & 0.070\ 7 & 0.114\ 3 \\ 0.052\ 7 & 0.114\ 3 & 0.135\ 4 & 0.143\ 4 \end{bmatrix}$$

$$\max\boldsymbol{\alpha}(t_3) = 0.383\ 7; \min\boldsymbol{\alpha}(t_3) = 0.000\ 0$$

依据式(7-12)计算各时段灰色关联系数 $r_{ij}(t_k)$，得到灰色关联系数矩阵 $\boldsymbol{R}(t_1) = [r_{ij}(t_1)]_{4\times4}$、$\boldsymbol{R}(t_2) = [r_{ij}(t_2)]_{4\times4}$ 及 $\boldsymbol{R}(t_3) = [r_{ij}(t_3)]_{4\times4}$。

$$\boldsymbol{R}(t_1) = \begin{bmatrix} 0.412\ 9 & 0.717\ 5 & 0.957\ 5 & 0.386\ 2 \\ 0.925\ 4 & 1.000\ 0 & 0.792\ 0 & 0.541\ 6 \\ 0.507\ 1 & 0.619\ 7 & 0.485\ 5 & 0.908\ 9 \\ 0.855\ 2 & 0.427\ 6 & 0.519\ 6 & 0.453\ 4 \end{bmatrix}$$

$$\boldsymbol{R}(t_2) = \begin{bmatrix} 0.383\ 1 & 0.674\ 9 & 0.355\ 4 & 0.428\ 7 \\ 0.758\ 9 & 0.451\ 7 & 0.382\ 6 & 0.554\ 5 \\ 0.454\ 3 & 0.679\ 6 & 0.573\ 1 & 0.394\ 2 \\ 0.690\ 1 & 0.333\ 4 & 0.790\ 0 & 1.000\ 0 \end{bmatrix}$$

$$\boldsymbol{R}(t_3) = \begin{bmatrix} 0.433\ 6 & 0.468\ 2 & 0.446\ 3 & 0.502\ 4 \\ 0.581\ 9 & 0.999\ 7 & 0.730\ 6 & 0.851\ 9 \\ 0.333\ 3 & 0.443\ 8 & 0.730\ 6 & 0.626\ 6 \\ 0.784\ 3 & 0.626\ 6 & 0.586\ 2 & 0.572\ 2 \end{bmatrix}$$

依据式(7-21)计算各属性权重 $w_j = (0.244\ 2, 0.255\ 0, 0.260\ 9, 0.239\ 9)$，将其带入到式(7-15)得到各时段的灰色关联投影值如下：

$$\text{Pr}_j(t_1) = (0.626\ 3, 0.817\ 5, 0.626\ 6, 0.562\ 2)$$

$$\text{Pr}_j(t_2) = (0.461\ 2, 0.533\ 4, 0.528\ 3, 0.699\ 6)$$

$$\text{Pr}_j(t_3) = (0.462\ 2, 0.857\ 9, 0.535\ 5, 0.641\ 5)$$

依据式(7-24)，取 $\lambda = 0.5$ 计算各时段的时序权重为：

$$v_k = (0.186, 0.307, 0.507)$$

最后，依据式(7-25)得到综合灰色关联投影值为：

$$z_i = (0.492\ 4, 0.750\ 8, 0.550\ 2, 0.644\ 6)$$

因此，可得 $z_2 > z_4 > z_3 > z_1$，即方案排序结果为 $X_2 > X_4 > X_3 > X_1$。因此

四个中国大学评价体系稳定性排序为:武书连榜＞中评榜＞校友会榜＞软科榜。

7.4 中国大学评价体系稳定性的实证检验

为验证以上结论的合理性,应用统计学中的相关分析法对中国大学评价体系的稳定性进行统计检验。因为软科自 2015 年才开始发布排名数据,截至目前仅有三年数据,为使研究结论更加准确,仅对其他三个排行榜的数据进行检验。以 38 所"985 工程"高校(不含国防科学技术大学)2010 年至 2017 年间在武书连榜、校友会榜和中评榜中的排名数据[222-224],对三个中国大学排行榜的数据进行实证检验。

7.4.1 中国大学评价体系自身稳定性

分别计算 38 所"985 工程"高校在三个大学排行榜中 2017 年的排名与之前七年排名的 Pearson 相关系数,结果如表 7-1 所示。可见,三个大学排行榜 2017 年排名与前七年排名数据具有较强的相关性,相关系数的均值都在 0.8 以上,属于高度相关,且显著性检验的 p 值均近似为 0,在 0.01 的水平上显著相关,这表明三个排行榜历年排名数据具有较高的稳定性[226]。其中,武书连榜的相关系数均值最高,为 0.897 4;其次为中评榜,相关系数均值为 0.858 7;校友会榜相关系数的均值相对最低,为 0.819 9。

表 7-1　国内三个大学排行榜数据的相关性检验

Tab. 7-1　Correlation test of the datas of three university rankings in China

评价体系	相关系数	年份						
		2010	2011	2012	2013	2014	2015	2016
武书连榜 2017	Pearson	0.915**	0.878**	0.878**	0.892**	0.881**	0.895**	0.943**
	Sig.	0.000	0.000	0.000	0.000	0.000	0.000	0.000
校友会榜 2017	Pearson	0.804**	0.816**	0.798**	0.819**	0.819**	0.816**	0.867**
	Sig.	0.000	0.000	0.000	0.000	0.000	0.000	0.000
中评榜 2017	Pearson	0.789**	0.815**	0.875**	0.824**	0.886**	0.902**	0.920**
	Sig.	0.000	0.000	0.000	0.000	0.000	0.000	0.000

注:＊＊表示在 0.01 的水平上显著相关。

根据三个大学排行榜近八年排名数据之间的相关系数值,绘制出三个排行榜 2017 年数据与 2010 至 2016 年数据的相关趋势图,如图 7-1 所示。可见,历年来武书连榜的相关系数值最高,每年均在 0.85 以上,且呈现出逐年上升的趋势。中评榜历年来的相关系数值变化幅度最大,尤其是 2013 年相关系数骤降,2014 年又大幅回升,之后逐年上升;校友会榜历年的相关系数基本上在 0.8 至 0.85 之间。总体上,三个排行榜近八年排名数据的相关系数均呈现逐年上升的趋势。

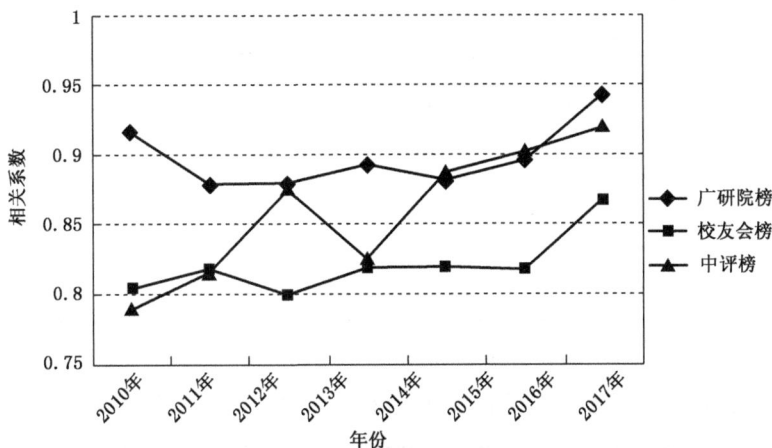

图 7-1　中国大学排行榜 2017 年数据与 2010—2016 年数据的相关趋势

Fig. 7-1　Correlation test of the datas of three university rankings in China

7.4.2　中国大学评价体系间的相关性

为了检验三个大学排行榜彼此排名数据之间的相关性和一致性,首先计算"广研院榜-校友会榜(W-X)""广研院榜-中评榜(W-Q)""校友会榜-中评榜(X-Q)"各年排名数据的 Pearson 系数和 Kendell 系数值,结果如表 7-2 所示。可见,三个大学排行榜之间的数据呈现出较高的相关性,且在 0.01 的水平上显著相关。其中,校友会榜和中评榜排名数据之间的相关性最强,相关系数的均值高达 0.95,为极高相关;其次为校友会榜和武书连榜之间的相关系数,也高达 0.89;广研院榜和中评榜之间的相关系数相对而言最低,但也达到了 0.85,为高度相关。

表 7-2　国内三个大学排行榜之间数据的相关性与一致性检验

Tab. 7-2　Correlation and consistency test of three university rankings in China

评价体系	指标值	年份							
		2017	2016	2015	2014	2013	2012	2011	2010
W-X	Pearson	0.908**	0.901**	0.891**	0.899**	0.896**	0.886**	0.873**	0.860**
	Kendell	0.774**	0.750**	0.718**	0.752**	0.826**	0.821**	0.789**	0.801**
	显著性	0.000	0.000	0.000	0.000	0.000	0.000	0.000	0.000
W-Q	Pearson	0.855**	0.871**	0.853**	0.758**	0.784**	0.918**	0.910**	0.821**
	Kendell	0.889**	0.883**	0.874**	0.878**	0.838**	0.869**	0.832**	0.798**
	显著性	0.000	0.000	0.000	0.000	0.000	0.000	0.000	0.000
X-Q	Pearson	0.957**	0.953**	0.938**	0.886**	0.938**	0.976**	0.966**	0.949**
	Kendell	0.823**	0.798**	0.772**	0.812**	0.846**	0.889**	0.861**	0.878**
	显著性	0.000	0.000	0.000	0.000	0.000	0.000	0.000	0.000

注：＊＊表示在 0.01 的水平上显著相关。

其次,根据表 7-2 中不同排行榜历年来的皮尔逊相关系数,绘制出三个大学排行榜 2010 年至 2017 年排名数据彼此之间相关性趋势图,如图 7-2 所示。"校友会榜-中评榜(X-Q)"和"广研院榜-中评榜(W-Q)"呈现出高度一致的变化趋势:2012 年前相关性趋强,2013 年相关性骤降,2014 年降至谷底后反弹,2015 年后相关性又逐年趋强。"广研院榜-校友会榜(W-X)"的相关性则始终保持平稳增长的趋势。从相关系数的振幅看,"W-X"之间的振幅最小,"X-Q"之间的振幅居中,"W-Q"之间的振幅最大。

最后,根据表 7-2 中不同排行榜历年来的 Kendell 一致性系数,绘制出三个大学排行榜 2010 年至 2017 年数据彼此之间一致性趋势图,如图 7-3 所示。"校友会榜-中评榜(X-Q)"和"广研院榜-校友会榜(W-X)"的一致性趋势图形状高度吻合,"广研院榜-中评榜(W-Q)"的一致性曲线图则呈现出不同于另外两条曲线的特征。三条曲线在 2013 年的一致性系数最为接近,之后则差异越来越大。

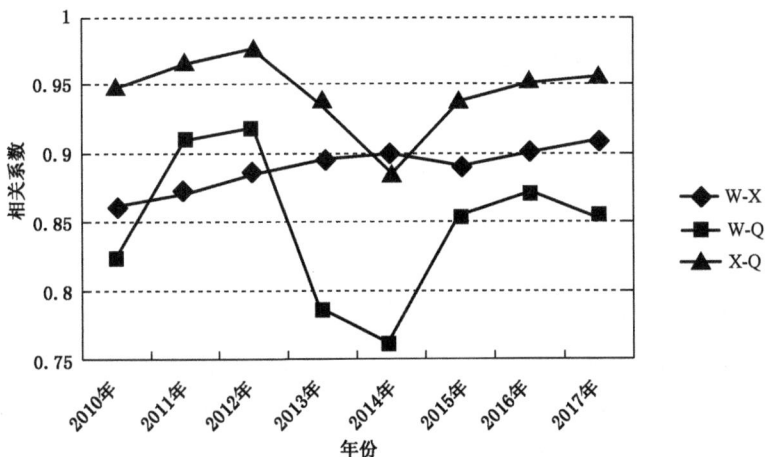

图 7-2　2010—2017 年三个中国大学排行榜评价数据相关趋势

Fig. 7-2　Data related trends of three Chinese university rankings from 2010 to 2017

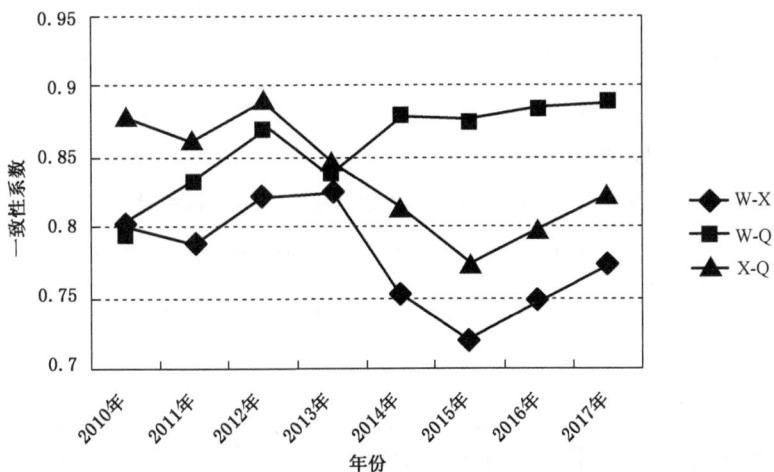

图 7-3　2010—2017 年三个中国大学排行榜排名数据一致性趋势

Fig. 7-3　Data consistency trends of three Chinese university rankings from 2010 to 2017

7.4.3　中国大学评价体系间的差异性

首先,应用 Wilcoxon 符号秩检验方法,对三个大学排行榜数据进行两两之间的差异性检验,结果如表 7-3 所示。检验的 p 值均大于 0.05,没有充分证据表明三个大学排行榜数据之间存在显著差异,三个排行榜的数据具有较高的一致性[225]。

表 7-3 国内三个大学排行榜之间数据的差异性检验

Tab. 7-3 Divergence test of three university rankings in China

评价体系 \ 指标值		年份							
		2017	2016	2015	2014	2013	2012	2011	2010
W-X	Z	-0.016^a	-0.422	-0.46	-0.575^a	-0.134^a	-0.274^a	-0.134^a	-0.134^a
	Asymp	0.987	0.673	0.644	0.565	0.893	0.784	0.893	0.893
W-Q	Z	-0.152^b	-1.04	-0.179	-0.019^b	-1.305^b	-0.336^a	-0.617^b	-0.099^b
	Asymp	0.879	0.296	0.858	0.985	0.192	0.737	0.537	0.922
X-Q	Z	-0.433	-1.74	-1.079	-0.132^a	-0.448^b	-0.451^b	-0.780^a	-1.035^b
	Asymp	0.665	0.081	0.281	0.895	0.654	0.652	0.435	0.301

注：a 表示基于负秩；b 表示基于正秩。

然后,分别对三个不同大学排行榜八年的数据做 Friedman 检验,结果如表 7-4 所示。武书连榜的 p 值高达 0.981,中评榜的 p 值为 0.607,校友会榜的 p 值最低,为 0.037。p 值越高,表明历年大学排名数据变动越小,即排行榜的稳定性越强。可见,Friedman 检验结果表明:广研院榜的稳定性最强(数据具有较强的黏性),其次为中评榜,再次为校友会榜[225]。

表 7-4 国内三个大学排行榜数据的 Friedman 检验

Tab. 7-4 Friedman test of three university rankings in China

评价体系 \ 指标值	中国大学评价体系		
	广研院榜	校友会榜	中评榜
Chi-Square	1.116	13.397	4.516
Asymp. Sig.	0.981	0.037	0.607

7.4.4 实证研究结论

综上分析,三个中国大学排行榜排名数据均具有较高的稳定性。其中,广研院榜的稳定性最强,其次为中评榜,再次为校友会榜。没有充分证据表明三个大学排行榜之间存在显著差异,即三个大学排行榜的排名数据具有较高的一致性。

7.5 本章小结

本章主要研究了中智犹豫模糊多属性决策问题,给出了中智模糊集的距离测度公式和属性权重的确定方法,建立了基于灰关联投影法的中智模糊多属性决策模型,并应用该模型对四个中国大学评价体系的稳定性进行了分析。为了验证结果的科学性,基于 2010 至 2017 年中国大学排行榜数据,运用统计学中的相关分析对中国大学排名数据的稳定性进行实证检验,所得结果与前述方法一致,证明本书提出的基于灰关联投影法的中智模糊多属性决策模型是有效的。

第8章 多方合力完善中国大学评价体系

国家"双一流"建设方案明确提出,"建立健全绩效评价机制,积极采用第三方评价,提高科学性和公信度"。大学排名作为高等教育发展的第三方评价结果,越来越受到高校和社会的关注。回顾我国大学评价的发展历程,大学社会评价活动越来越具有专业性和公信力。但看到成绩的同时更应该清醒认识到我国大学评价还有很多值得改进的地方。我们要努力改进不足之处,使我国大学社会评价更加完善、更加科学,使其在"双一流"建设中发挥应有作用。

8.1 政府方面

8.1.1 建立高校信息公开数据库

在"双一流"建设的背景下,大学的第三方评价将受到越来越多的关注,在一定程度上将促进各大学评价机构建立更为科学、合理的大学排行榜,而要使排名结果更加客观公正,准确的数据来源是最基础的工作。数据来源的正确与否,以及数据处理方法的科学性,都会对排名结果产生重要的影响。没有准确可靠的数据资料,得出的大学排行榜必然缺乏可信度和权威性。

我国大学评价要实现可持续发展,必须要有准确可靠的数据信息。然而,民间大学评价机构与各高校之间没有隶属关系,很多高校内部数据只有深入高校内部才能获得,高校没有义务配合民间大学评价机构采集报送数据,客观上增大了数据搜集的难度,可能对大学评价指标体系构建的合理性造成影响。这时,需要政府出面,建立我国高校信息数据库,要求各高校定期报送运行数据,保证数据来源的准确性和可靠性,向社会开放查询。如此,政府部分既可以实时监控高校的内部运行状况,又可以为第三方评价机构提供更为准确和可靠的数据,从而促进我国大学评价工作稳步持续发展。

8.1.2 建立并完善评价监督制度

推进管办评分离,构建政府、高校、社会三者之间的新型关系,是全面深化教育领域综合改革的重要内容。改革开放以来,随着我国教育体制改革持续深化,政府、高校和社会之间的关系已经逐步理顺。然而,改革不是突击战,而是持久战,必须坚持不懈,久久为功。当前,政府部门在高教领域还存在一定程度上的越位、缺位、错位现象,高校自主发展、自我约束机制尚不健全,社会参与高等教育治理还不充分。为进一步提高政府管理效能、激发高校办学活力和内生动力、调动社会各方面参与高等教育事业发展的积极性,必须深入推进管办评分离,彻底厘清政府、高校、社会之间的权责关系,切实构建三者之间良性互动发展机制,大力推动政府职能由管理型向服务型转变。

关于大学评价工作,国家"双一流"建设方案已明确提出,"建立健全绩效评价机制,积极采用第三方评价,提高科学性和公信度。"这表明政府已决定将大学评价工作交由民间大学评价机构进行,但是,政府绝非对大学评价工作不管不问,放任自流,其对民间大学评价机构还负有监督管理责任。目前,针对大学评价进行监督的法律法规尚未建立,给大学评价走向社会造成制度性障碍。政府应建立和完善民间大学排名机构的资质审查制度,明确民间机构从事大学评价的退出机制,并加强对民间评价机构的日常监管,引导排名机构依法运行,真正实现"政府管教育、高校办教育、社会评教育"的新局面。

8.2　高校方面

8.2.1　理性认识中国大学评价

大学排名发展到今天,我们不应再纠结于大学排名是否应该存在,而是应当如何正确看待大学排名,理性分析大学排名,合理使用排名结果,并科学引导、促进大学排名的健康发展,使其真正成为引导、促进我国高等教育事业科学发展的一支重要力量。大学排名从客观角度为人们提供了一种观察和分析高等教育事业发展的视角,在那个角度上,我们可以去寻找差距。

关于大学排名,教育部部长陈宝生说"尊敬排名,不唯排名,重在走自己的路,建设中国特色的世界一流高等学校。"北京大学校长林建华认为,"我们不能因为大学排名存在各种各样的问题和不足,就全盘否定。排名毕竟还是汇总了大学发展状况的很多数据,如果使用得当,可以帮助学校了解自己发展状况,发现存在的问题。"[226] 西方发达国家的高校主动接受中介机构进行大学评价,并利用大学排名提升自身的知名度和美誉度。不可否认,我国的大学评价尚处于初级阶段,排名方法还不完善,排名结果公信力有待提高。但是,大学评价作为社会和高校之间的信息通道,让社会公众对大学有了更多了解,同时也对大学建设起到诊断和导向功能,成为社会监督和推动大学发展的重要力量。

8.2.2　合理运用大学评价结果

高等学校作为大学评价的对象,是大学排名的直接利益相关者。面对形形色色的各类大学排名,高校不能消极回避,而应敢于面对、积极回应,及时关注、监测和研究。不要只关注自身排名变化,而应将注意力转移到如何利用大学排名,发现自身不足,制定具体的应对策略。高校还应监测排名数据是否准确,自己的办学数据信息发布得是否及时和正确,以防止排名机构因为数据失真导致出现错误的排名结果。高校还要对各大学评价指标体系和排名方法进行研究,以检测排名过程是否科学。

大学排名为高校提供了认识自身的第三方视角,一方面,高校可以了解自身在全国高校或同类高校中所处位置,发现自己与其他高校之间对比时存在的优势和不足,进而采取措施,增强优势,改进不足。另一方面,高校也不能过于"迷信"大学排名,不能被大学排名的指标牵着鼻子走,失去自身办学特色。不同层次和类型的高校应当结合自身办学传统和实际情况,科学合理定位,坚持"有所为,有所不为",坚持特色办学,打造核心竞争力,探索符合自己的一流大学建设之路。

8.3　机构方面

8.3.1　适当增加定性评价指标

大学评价指标分为定性指标和定量指标两大类,但国内评价机构多数采用定量指标,而对定性指标的重视程度还不够。大学声誉作为一类典型的定性指标,集中反映了一所高校的社会影响力和认可度,已成为重要的隐性办学资源。虽然大学声誉的概念相对"模糊",但这种"模糊"却更准确地反映了一所大学的社会影响。学校声誉的形成一般要经历漫长的历史过程,学校声誉越好,越能吸引到优秀教师和学生,毕业生在就业市场中也更富有竞争力,学校也更容易获得政府投资和社会捐赠。因此,像这种对大学发展具有特殊影响的指标,应当在大学评价体系中占据一席之地。

国际知名的世界大学排行榜中都有"声誉"这一指标。如英国的 QS 世界大学排行榜共设 6 项一级指标,其中"全球学术声誉"指标权重为 40%,"雇主声誉"指标权重为 10%,两项声誉指标权重占比合计高达 50%,2018 年 QS 世界大学排名就是基于 75000 名学者和 40455 家雇主的声誉调查;美国 US News 世界大学排行榜设立了"声誉"指标,并赋予了 25% 的权重,下设"全球研究声誉"和"区域研究声誉"两项二级指标,二者各占 12.5% 的权重;英国的 THE 世界大学排行榜设立了"收入与声誉(占比 30%)"一级指标和"教学声誉(占比 15%)"二级指标,主观指标权重占比达到 33%。可见,"声誉"是形成大学核心竞争力的重要因素之一,是制定大学评价指标体系中不可或缺的一项。国内大学排行榜只有中评榜设立了"学校网络声誉"三级指标,占 9% 的权重。校友会网虽设立了"社会声誉"二级指标,但其三级指标中却以捐赠收入、生源质量、媒体影响等客观性指标表征,不属于严格意义的"声誉"指标[227]。因此,建议我国大学评价机构设置一些定性指标,使大学评价指标体系更加科学完善。

8.3.2　公开指标体系和原始数据

全面、真实、准确的数据资料是进行大学评价的关键环节。然而,长久以来我国社会信息的透明度较低,大量数据掌握在政府部门和高校内部,不对社会公布,客观上为大学评价的数据搜集带来重重困难。广东管理科学研究院中国大学评价课题组表示其《中国大学评价》"全部采用公开数据,任何机构和个人均可复演复算"。但问题在于中国大学公开的数据十分有限,即使是各大学网站上公开数据也不乏夸大业绩、虚报数字的现象。中国校友会大学评价课题组负责人曾表示"由于在数据整理调查过程中受到一些条件的限制,我们的数据可能存在疏漏之处"。此外,有的大学评价机构并未向社会公开其评价指标体系和权重,也给社会公众监督造成了很大的困难。

国外的大学评价实践中,基于相对透明的信息公开体制及高校之间的诚信监督,学校自报数据与抽样检验相结合是最为普遍的方法。为促进我国大学评价工作的健康发展,政府部门和高等院校应建立信息披露制度,使信息真正透明化和公开化,才能使大学评价工作少走弯路,实现健康发展。大学评价机构也要加强自律,杜绝暗箱操作。在开展大学排名活动时,要规范评价过程,公开指标体系、评价方法、数据来源,自觉接受社会的监督。只有政府、高校和评价机构三方共同努力,才能提高我国大学评价工作的科学性与公正性。

8.3.3 建立分层分类的评价体系

中国大学的数量多,层次、发展不一,大学之间办学规模、办学条件和办学水平参差不齐,发展目标也存在较大差异,尽管我国大学的基本职能相同,但不同高校的学科专业特色又各不相同。如重点大学更侧重科研工作,一般大学更侧重教学工作等。如果以单一的评价体系对所有大学进行评价,显然是不合理的。要使大学评价更科学合理,必须对高校建立科学有效的分类标准体系,根据我国高校的实际情况进行分类,从而为实现指标体系的差异化设置提供基础。当然,分类的标准还要考虑学校发展定位、办学基础和学科特色,构建科学、公正的分类标准,既体现高校的基本职能,又反映大学的真实办学质量、教学水平和科研实力。

知名的世界大学排行榜基本上都是建立在公众认同的大学分类基础上,所以国外的综合性大学排名实质上是对同类大学的综合性比较。国内的大学排名也在大学分类方面做出了努力。如武汉大学中国科学评价研究中心按学校的办学层次,将大学分为重点大学、一般大学和民办大学,分别进行评价;广东管理科学研究院按照科研规模,将不同的大学分为研究型、研究教学型、教学研究型、教学型等四类,但是划分依据是否合理,值得探讨。不管如何分类,国内大学评价均采用同一指标体系,使其未体现出大学分类的真正意义。国内大学排名首先要解决合理分类问题,对不同类型的大学采用不同的指标体系,将大学分类标准和大学排行榜一起发布,如此才能更加准确地判断高校的综合实力并突出自身特色。

8.3.4 保持指标和权重相对稳定

由于各所大学的综合办学水平是在长期的历史过程中形成的,短期之内相对办学水平不会发生较大变化,理论上大学排名也应保持相对稳定,不应发生剧烈波动。然而,事实却与此恰恰相反,高校在相邻年度排名发生较大变动的情况时有发生,使社会对大学排名结果产生怀疑。其原因很大程度源自大学评价机构经常调整指标体系。不同评价主体选取的指标体系如果不同,其评价结果就会存在较大差异,同一评价主体公布的年度评价结果中,也存在名次相差很大的情况,如此一来,使得高校和社会公众无所适从,不能从中提取到有效的信息。

指标体系调整过于频繁,反映了我国大学评价体系的科学化程度还不够高,仍在不断修改和完善。当然,我国高等教育事业正处在大发展大变革时期,大学所处内外环境是在不断变化的,试图一次制订出完美的评价方案也是不切实际的。因此,建议评价机构在保持评价体系相对稳定的基础上,根据社会环境的变化,对其适度调整,使排名结果能够更加真实地反映每一所大学的实际水平。

8.3.5　完善国际化学科评估体系

学科国际评估有助于高校、教师和学生了解本学科的发展情况、国际地位并准确把握自身定位,有助于学科在国际上得到承认和学术成果得到其他国家的认同,还有助于学校明确整体建设的方向。当前,我国大学评价工作多数是民间行为,自发生长的,缺乏教育主管部门的管理,这不利于大学评价工作与国际接轨,影响大学评价工作的长远和持续发展[228]。

没有一流的学科评估体系,就不可能有一流的学科建设。学科的国际竞争力必须在国际化的评价体系下加以检验,我国现行评估模式及评价标准的国际可比性不强,难以满足高校需求。大学评价机构应建立健全学科的国际化评估体系,对学科建设开展国际同行评议,动态监测建设过程,及时发现问题和纠偏,同时引入第三方评价,完善学科绩效评价机制,提高评价结果的科学性和公信度,以科学的学科评价机制引领"双一流"建设。

8.4　本章小结

结合第 3 章至第 7 章内容,本章分别从政府、高校和评价机构三个不同维度,具体分析了我国大学评价体系改进对策,期望对促进我国大学评价工作的科学发展有所帮助,使其在我国高等教育"双一流"建设中发挥积极的作用。

创新点与展望

本书构建了不同模糊信息环境下的多属性决策模型,将之应用于中国大学评价体系研究,并基于客观事实数据,运用统计分析方法实证检验了模型的有效性。本书建立的模型拓展了对模糊集理论的研究,补充了各种模糊信息集结、测度方法,实现了较为深入的模糊集基础理论的探索,丰富了模糊多属性决策理论及建模方法,拓展了模糊决策方法在高等教育领域的应用。

本书涉及模糊数学、决策科学、统计学和教育学等内容,充分体现了多学科交叉融合的特点。本书的创新点主要有:

(1) 构建了基于熵权 TOPSIS 的直觉模糊多属性决策模型,将之应用于大学评价体系研究。针对评价值为直觉模糊数的多属性决策问题,基于评价矩阵的直觉模糊熵(IFE)确定属性权重,应用直觉模糊有序加权距离测度,建立了基于熵权 TOPSIS 的多属性决策模型,应用该模型对中国大学评价体系与 ESI 评价体系的相关性进行了研究,并运用统计分析实证检验了模型的有效性。

(2) 构建了基于灰关联的犹豫模糊多属性决策模型,将之应用于大学评价体系研究。针对隶属度是由离散且数值不等的犹豫模糊数组成的犹豫模糊集,引入了灰色系统理论,建立了基于灰关联的犹豫模糊多属性决策模型,应用该模型对研究生培养评价的影响因素进行了研究,并运用统计分析实证检验了模型的有效性。

(3) 构建了基于投影法的对偶犹豫模糊多属性决策模型,将之应用于大学评价体系研究。对属性权重完全未知的对偶犹豫模糊多属性决策问题进行研究,建立了基于投影法的对偶犹豫模糊多属性决策模型,应用模型对中国大学评价体系下规模影响效应进行分析,并运用统计分析实证检验了模型的有效性。

(4) 构建了基于灰关联投影的中智犹豫模糊多属性决策模型,将之应用于大学评价体系研究。针对评价值为中智模糊数且属性和时序权重均未知的动态多属性决策问题,构建了基于灰关联投影的中智犹豫模糊多属性决策模型,应用模型对四个中国大学评价体系的稳定性进行分析,并运用统计分析实证检验了模型的有效性。

本书构建了不同模糊信息环境下的多属性决策模型,并将之应用于高等教育领域的实证研究。模糊多属性决策理论正处在蓬勃发展时期,尤其是关于对偶犹豫和中智犹豫模糊集的研究尚处于起步阶段,亟待进一步拓展,主要有:

(1)模糊多属性决策方法多样性的研究。有效的多属性决策方法有很多,但由于篇幅的限制,本书仅是将若干代表性方法拓展到了模糊环境下,对偶犹豫模糊集、中智犹豫模糊集作为新兴研究对象,亟待引入更多有效的多属性决策方法。如何将种类繁多的多属性决策方法有效移植到模糊集中,并探讨各类模糊多属性决策方法的适用性,是进一步需要深入研究的工作。

(2)模糊多属性决策方法应用范畴研究。在复杂的社会经济背景下,决策环境中的不确定性、犹豫性和模糊性日益凸显,模糊多属性决策方法有了用武之地。然而,已有应用研究范畴有限。本书将模糊多属性决策方法拓展到大学评价领域,未来有必要将模糊多属性决策理论应用到更多新的实践范畴,拓展传统多属性决策方法的应用空间,实现理论指导实践,实践检验理论的良性循环。

参 考 文 献

[1] Zadeh L A. Fuzzy Sets [J]. Information and Control, 1965, 8 (3):
338-353.

[2] Atanassov K T. Intuitionistic fuzzy sets [J]. Fuzzy Sets and Systems,
1986, 20:87-96.

[3] Torra V, Narukawa Y. On hesitant fuzzy sets and decision[C]// The 18th
IEEE International Conference on Fuzzy Systems, Jeju Island, Korea,
2009: 1378-1382.

[4] Torra V. Hesitant fuzzy sets [J]. International Journal of Intelligent Sys-
tem, 2010, 25(6):529-539.

[5] Zhu B, Xu Z S, Xia M M. Dual hesitant fuzzy sets [J]. Journal of Applied
Mathematics, 2012(11):2607-2645.

[6] Smarandache F. A unifying field in logics . neutrosophy: Neutrosophic
probability, set and logic [M]. Rehoboth:American Research Press,1999.

[7] Li D F, Chen C T. New similarity measures of intuitionistic fuzzy sets and
application to pattern recognitions [J]. Pattern Recognition Letters, 2002,
23(1/2/3): 221-225.

[8] Grzegorewski P. Distances between intuitionistic fuzzy sets and / or inter-
val-valued fuzzy sets based on the Hausdorff metric [J]. Fuzzy Sets and
Sysetms,2004, 148(2): 319-328.

[9] Mitchell H B. A correlation coefficient for intuitionistic fuzzy sets [J]. In-
ternational Journal of Intelligent Systerms, 2004, 19(5):483-490.

[10] Yager R R. Some aspects of intuitionistic fuzzy sets [J]. Fuzzy Optimiza-
tion Decision Making,2009, 8(1):67-90.

[11] Yager R R. Level sets and the representation theorem for intuitionistic
fuzzy sets [J]. Soft Computing — A Fusion of Foundations, Methodolo-

gies and Applications, 2010,14(1): 1-7.

[12] Young B J. Intuitionistic fuzzy transformation semigroups [J]. Information Sciences, 2009, 179(24):4284-4291.

[13] Xu Z S. Some similarity measures of intuitionistic fuzzy sets and their applications to multiple attribute decision making [J]. Fuzzy Optimization Decision Making, 2007,6(2): 109-121.

[14] Gong Y B, Ding D C, He J M. Multi-attribute decision making method based on similarity Measures of intuitionistic fuzzy sets [J]. Control and Decision, 2009,24(9): 1398-1401.

[15] Li D F. Multiattribute decision making models and methods using intuitionistic fuzzy sets [J]. Journal of Computer and System Science, 2005, 70(1): 73-85.

[16] Dai Y Q, Xu Z S, Da Q L. Approach to multiple attribute decision making based on different intuitionistic preference structures [J]. Journal of Southeast University, 2007, 37(4): 706-710.

[17] Xu Z S. Approaches to multiple attribute decision making with intuitionistic fuzzy preference information [J]. System Engineering Theory and Practice, 2007, 27(11): 62-71.

[18] Xu Z S. A method for estimating criteria weights from intuitionistic preference relations [J]. Fuzzy Information and Engineering, 2009, 1(1): 79-89.

[19] Wei G W. Decision-making based on projection for intuitionistic fuzzy multiple attributes [J]. Chinese Journal of Management, 2009, 6(9): 1154-1156.

[20] Lin L, Yuan X H, Xia Z Q. Multicriteria fuzzy decision-making methods based on intuitionistic fuzzy sets [J]. Journal of Computer and System Sciences, 2007, 73(1):84-88.

[21] Liu H W, Wang G J. Multi-criteria decision-making methods based on intuitionistic fuzzy sets [J]. European Journal of Operational Research,

2007，179(1)：220-233.

[22] Wei G W. Some geometric aggregation functions and their application to dynamic multiple attribute decision making in the intuitionistic fuzzy setting [J]. International Journal of Uncertainty, Fuzziness and Knowledge-Based Systems, 2009, 17(2)：179-196.

[23] Atanassov K, Gargov G. Interval valued intuitionistic fuzzy sets [J]. Fuzzy Sets and Systems, 1989, 31(3)：343-349.

[24] Atanassov K. Operators over interval-valued intuitionisticfuzzy sets [J]. Fuzzy Sets and Systems, 1994, 64(2)：159-174.

[25] Hu H, Xu Z S. TOPSIS method for multiple attribute decision making with interval-valued intuitionistic fuzzy information [J]. Fuzzy Systems and Mathematics, 2007,21(5)：108-112.

[26] Zhao X. TOPSIS method for interval-valued intuitionistic fuzzy multiple attribute decision making and its application to teaching quality evaluation [J]. Journal of Intelligent & Fuzzy Systems, 2014, 26(6)：3049-3055.

[27] Wang J Q. Multi-criteria interval intuitionistic fuzzy decision making approach with incomplete certain information [J]. Control and Decision, 2006, 21(11)：1253-1256.

[28] Xu Z S. Models for multiple attribute decision making with intuitionistic fuzzy information [J]. International Journal of Uncertainty, Fuzziness and Knowledge-Based Systems, 2007, 15(3)：285-297.

[29] Meng F, Tan C, Chen X. An approach to Atanassov's interval-valued intuitionistic fuzzy multi-attribute decision making based on prospect theory [J]. International Journal of Computational Intelligence Systems, 2015, 8(3)：591-605.

[30] Xu Z S. Methods for aggregating interval-valued intuitionistic fuzzy information and their application to decision making [J]. Control and Decision, 2007, 22(2)：215-219.

[31] Wei C P, Xia M M, Zhang Y Z. Multi-criteria decision making methods

based on interval-valued intuitionisticfuzzy sets [J]. Control and Decision, 2009, 24(8): 1230-1234.

[32] Wei G W. A method of interval-valued intuitionistic fuzzy multiple attributes decision making with incomplete attribute weight information [J]. Chinese Journal of Management,2008, 5(2): 208-212.

[33] Xia M, Xu Z. Hesitant fuzzy information aggregation in decision making [J]. International Journal of Approximate Reasoning, 2011, 52(3): 395-407.

[34] Xu Z, Xia M. Distance and similarity measures for hesitant fuzzy sets [J]. Information Sciences, 2011, 181(11):2128-2138.

[35] Rodriguez R M,Martinez L,Torra V,et al. Hesitant Fuzzy Sets: State of the Art and Future Directions [J]. International Journal of Intelligent Systems, 2014, 29(6):495-524.

[36] Zhang Z. Hesitant fuzzy power aggregation operators and their application to multiple attribute group decision making [J]. Information Sciences, 2013, 234(10):150-181.

[37] Wang W, Liu X. Some hesitant fuzzy geometric operators and their application to multiple attribute group decision making [J]. Technological & Economic Development of Economy, 2014, 20(3):371-390.

[38] Yu D, Wu Y, Zhou W. Multi-Criteria Decision Making Based on Choquet Integral under Hesitant Fuzzy Environment [J]. Journal of Computational Information Systems, 2011, 7(12):4506-4513.

[39] Yue L, Sun M. Generalized hesitant fuzzy weighted bonferroni geometric mean and its application to multiple attribute decision making [J]. Icic Express Letters, 2012, 6(10):2499-2505.

[40] Torres R, Salas R, Astudillo H. Time-Based Hesitant Fuzzy Information Aggregation Approach for Decision-Making Problems [J]. International Journal of Intelligent Systems, 2014, 29(6):579-595.

[41] Zhu B, Xu Z, Xia M. Hesitant fuzzy geometric Bonferroni means [J]. In-

formation Sciences, 2012, 205(1):72-85.

[42] Zhu B, Xu Z S. Hesitant fuzzy Bonferroni means for multi-criteria decision making [J]. Journal of the Operational Research Society, 2013, 64 (12):1831-1840.

[43] Bedregal B, Reiser R, Bustince H, et al. Aggregation functions for typical hesitant fuzzy elements and the action of automorphisms [J]. Information Sciences An International Journal, 2014, 255(1):82-99.

[44] Farhadinia B. A series of score functions for hesitant fuzzy sets [J]. Information Sciences, 2014, 277(2):102-110.

[45] Farhadinia B. A Novel Method of Ranking Hesitant Fuzzy Values for Multiple Attribute Decision-Making Problems [J]. International Journal of Intelligent Systems, 2013, 28(8):752-767.

[46] Xu Z, Xia M. On distance and correlation measures of hesitant fuzzy information [J]. International Journal of Intelligent Systems, 2011, 26(5): 410-425.

[47] Chen N, Xu Z, Xia M. Correlation coefficients of hesitant fuzzy sets and their applications to clustering analysis [J]. Applied Mathematical Modelling, 2013, 37(4):2197-2211.

[48] Xu Z, Xia M. Hesitant fuzzy entropy and cross-entropy and their use in multi attribute decision-making [J]. International Journal of Intelligent Systems, 2012, 27(9):799-822.

[49] Farhadinia B. Information measures for hesitant fuzzy sets and interval-valued hesitant fuzzy sets [J]. Information Sciences, 2013, 240(10):129-144.

[50] Rodriguez R M, Martinez L, Herrera F. Hesitant Fuzzy Linguistic Term Sets for Decision Making [J]. IEEE Transactions on Fuzzy Systems, 2012, 20(1):109-119.

[51] Meng F, Chen X, Zhang Q. Multi-attribute decision analysis under a linguistic hesitant fuzzy environment [J]. Information Sciences, 2014, 267

(13):287-305.

[52] Wang J Q, Wu J T, Wang J, et al. Interval-valued hesitant fuzzy linguistic sets and their applications in multi-criteria decision-making problems [J]. Information Sciences An International Journal, 2014, 288(C):55-72.

[53] Chen N, Xu Z, Xia M. Interval-valued hesitant preference relations and their applications to group decision making [J]. Knowledge-Based Systems, 2013, 37(2):528-540.

[54] Zhu B, Xu Z, Xia M. Dual Hesitant Fuzzy Sets [J]. Journal of Applied Mathematics, 2012, 2012(11):2607-2645.

[55] Zhao X, Lin R, Wei G. Hesitant triangular fuzzy information aggregation based on Einstein operations and their application to multiple attribute decision making [J]. Expert Systems with Applications, 2014, 41(4):1086-1094.

[56] Wang J Q, Wang D D, Zhang H Y, et al. Multi-criteria outranking approach with hesitant fuzzy sets [J]. Or Spectrum, 2014, 36 (4): 1001-1019.

[57] Chen N, Xu Z. Hesitant fuzzy ELECTRE II approach: A new way to handle multi-criteria decision making problems [J]. Information Sciences, 2015, 292:175-197.

[58] Sayadi M K, Heydari M, Shahanaghi K. Extension of VIKOR method for decision making problem with interval numbers [J]. Applied Mathematical Modelling, 2009, 33(5):2257-2262.

[59] Zhang N, Wei G. Extension of VIKOR method for decision making problem based on hesitant fuzzy set [J]. Applied Mathematical Modelling, 2013, 37(7):4938-4947.

[60] Liao H, Xu Z. A VIKOR-based method for hesitant fuzzy multi-criteria decision making [J]. Fuzzy Optimization & Decision Making, 2013, 12 (4):373-392.

[61] Ahmad J, Javed M K, Nazam M, et al. Multiple Criteria Group Decision

Making Problem Based on VIKOR Method Under Hesitant Fuzzy Environment [C]// Proceedings of the Ninth International Conference on Management Science and Engineering Management, Springer Berlin Heidelberg, 2015:1519-1528.

[62] Zhang X, Xu Z. Hesitant fuzzy QUALIFLEX approach with a signed distance-based comparison method for multiple criteria decision analysis [J]. Expert Systems with Applications, 2015, 42(2):873-884.

[63] Hajlaoui S, Halouani N. Hesitant-fuzzy-promethee method [C] // International Conference on Modeling, Simulation and Applied Optimization, IEEE, 2013:1-6.

[64] Zhang X, Xu Z. Interval programming method for hesitant fuzzy multi-attribute group decision making with incomplete preference over alternatives [J]. Computers & Industrial Engineering, 2014, 75(1):217-229.

[65] Onar S C, Oztaysi B, Kahraman C. Strategic Decision Selection Using Hesitant fuzzy TOPSIS and Interval Type-2 Fuzzy AHP: A case study [J]. International Journal of Computational Intelligence Systems, 2014, 7 (5):1002-1021.

[66] Tavakkoli-Moghaddam R, Gitinavard H, Mousavi S M, et al. An Interval-Valued Hesitant Fuzzy TOPSIS Method to Determine the Criteria Weights [C] // International Conference on Group Decision and Negotiation, Springer, Cham, 2015:157-169.

[67] Wang H J, Zhao X F, Wei G W. Dual hesitant fuzzy aggregation operators in multiple attribute decision making [J]. Journal of Intelligent & Fuzzy Systems Applications in Engineering & Technology, 2014, 26(5): 2281-2290.

[68] Ju Y, Liu X, Yang S. Interval-valued dual hesitant fuzzy aggregation operators and their applications to multiple attribute decision making [J]. Journal of Intelligent & Fuzzy Systems, 2014, 27(3):1203-1218.

[69] Yu D, Zhang W, Huang G. Dual hesitant fuzzy aggregation operators

[J]. Technological & Economic Development of Economy, 2016, 22(2): 194-209.

[70] Qi X, Liang C, Zhang J. Multiple attribute group decision making based on generalized power aggregation operators under interval-valued dual hesitant fuzzy linguistic environment [J]. International Journal of Machine Learning & Cybernetics, 2016, 7(6):1147-1193.

[71] Qu G, Zhang H, Qu W, et al. Induced generalized dual hesitant fuzzy Shapley hybrid operators and their application in multi-attributes decision making [J]. Journal of Intelligent & Fuzzy Systems, 2016, 31 (1): 633-650.

[72] Zhang J L, Qi X W, Ying H B. Interval-valued Dual Hesitant Fuzzy Multiple Attribute Decision Making Approach Based on Prioritized Weighted Averaging Operator [J]. Fuzzy Systems & Mathematics, 2017,31(3): 112-119.

[73] Wei G W. Interval-valued dual hesitant fuzzy uncertain linguistic aggregation operators in multiple attribute decision making [J]. Journal of Intelligent & Fuzzy Systems, 2017, 33(4):1-13.

[74] Wang L, Wang Q, Xu S, et al. Distance and similarity measures of dual hesitant fuzzy sets with their applications to multiple attribute decision making [C]// International Conference on Progress in Informatics and Computing, IEEE, 2014:88-92.

[75] Singh P. Distance and similarity measures for multiple-attribute decision making with dual hesitant fuzzy sets [J]. Computational & Applied Mathematics, 2015, 36(1):1-16.

[76] Zhang L, Yu R, Zhu L, et al. Some issues on Distance and Similarity measures of dual hesitant fuzzy sets [C]// International Conference on Mechatronics, Electronic, Industrial and Control Engineering, 2015: 371-374.

[77] Garg H, Arora R. Distance and similarity measures for dual hesitant fuzzy

soft sets and their applications in multi-criteria decision making problem [J]. International Journal for Uncertainty Quantification, 2017, 7 (3) 229-248.

[78] Ye J. Correlation coefficient of dual hesitant fuzzy sets and its application to multiple attribute decision making [J]. Applied Mathematical Modelling, 2014, 38(2):659-666.

[79] Farhadinia B. Correlation for Dual Hesitant Fuzzy Sets and Dual Interval-Valued Hesitant Fuzzy Sets [J]. International Journal of Intelligent Systems, 2014, 29(2):184-205.

[80] Yu D J, Li D F. Dual hesitant fuzzy multi-criteria decision making and its application to teaching quality assessment [J]. Journal of Intelligent & Fuzzy Systems, 2014, 27(4):1679-1688.

[81] Chen Y, Peng X, Guan G, et al. Approaches to multiple attribute decision making based on the correlation coefficient with dual hesitant fuzzy information [J]. Journal of Intelligent & Fuzzy Systems, 2014, 26(5): 2547-2556.

[82] Ruan C, Yang J. Hesitant fuzzy multi-attribute decision-making method considering the credibility [J]. Journal of Computational Information Systems, 2015, 11(2):423-432.

[83] Yang S H,Ju Y B. Multi-attribute Decision-making Method Based on Dual Hesitant Fuzzy Linguistic Variables [J]. Operations Research & Management Science, 2015,24(5):91-96.

[84] Lu M, Wei G W. Models for multiple attribute decision making with dual hesitant fuzzy uncertain linguistic information [J]. International Journal of knowledge-based and Intelligent Engineering systems, 2016, 20 (4): 217-227.

[85] Xue M, Tang X, Feng N. An Extended VIKOR Method for Multiple Attribute Decision Analysis with Bidimensional Dual Hesitant Fuzzy Information [J]. Mathematical Problems in Engineering,2016(6):1-16.

[86] Ye J. Cross-Entropy of Dual Hesitant Fuzzy Sets for Multiple Attribute Decision-Making [J]. International Journal of Decision Support System Technology, 2017, 8(3):20-30.

[87] Wang Z X, Chen S S, He T T, et al. An Approach to Multiple Attribute Decision Making Based on Dual Hesitant Fuzzy Linguistics [J]. Journal of Chongqing University of Technology, 2017,31(1):124-133.

[88] Ren Z, Xu Z, Wang H. Dual hesitant fuzzy VIKOR method for multi-criteria group decision making based on fuzzy measure and new comparison method [J]. Information Sciences, 2017,388-389:1-16.

[89] Wang H, Smarandache F, Sunderraman R. Single Valued Neutrosophic Sets [J]. Review of the Air Force Academy, 2010, 10(1):10-14.

[90] Hanafy I M, Salama A A, Mahfouz K M. Correlation Coefficients of Neutrosophic Sets by Centroid Method [J]. International Journal of Probability & Statistics, 2013, 2(1):9-12.

[91] Majumdar P, Samanta S K. On similarity and entropy of neutrosophic sets [J]. Journal of Intelligent & Fuzzy Systems, 2014, 26(3): 1245-1252.

[92] Ye J. Multicriteria decision-making method using the correlation coefficient under single-valued neutrosophic environment [J]. International Journal of General Systems, 2013, 42(4):386-394.

[93] Ye J. Single valued neutrosophic cross-entropy for multicriteria decision making problems [J]. Applied Mathematical Modelling, 2014, 38(3): 1170-1175.

[94] Ye J. Similarity measures between interval neutrosophic sets and their applications in multicriteria decision-making [J]. Journal of Intelligent & Fuzzy Systems, 2014, 26(1):165-172.

[95] Broumi S, Smarandache F. Several Similarity Measures of Neutrosophic Sets [J]. Neutrosophic Sets & Systems, 2013, 1(1):54-62.

[96] Wang H B,Smarandache F,Zhang Y Q,et al. Interval Neutrosophic Sets

and Logic：Theory and Applications in Computing［J］. Computer Science，2005，65(4)：vi,87.

［97］Maji P K. A neutrosophic soft set approach to a decision making problem.［J］. Annals Fuzzy Mathematics and Informatics，2012(2)：313-319.

［98］Maji P K. Neutrosophic soft set.［J］. Lecture Notes in Computer Science，2013，7913：88-99.

［99］Said B，Smarandache F. Intuitionistic Neutrosophic Soft Set［J］. Computer Science，2013,8(2)：130-140.

［100］Bhowmik M，Pal M. Intuitionistic Neutrosophic Set［J］. Journal of Computing & Information Science in Engineering，2014，4(2)：142-152.

［101］Ye J. A multicriteria decision-making method using aggregation operators for simplified neutrosophic sets［M］. IOS Press，2014.

［102］Chi P，Liu P. An Extended TOPSIS Method for the Multiple Attribute Decision Making Problems Based on Interval Neutrosophic Set［J］. Neutrosophic Sets & Systems，2013,1(1)：70-73.

［103］Ye J. Some aggregation operators of interval neutrosophic linguistic numbers for multiple attribute decision making［J］. Journal of Intelligent & Fuzzy Systems，2014：2231-2241.

［104］Broumi S，Ye J，Smarandache F. An Extended TOPSIS Method for Multiple Attribute Decision Making based on Interval Neutrosophic Uncertain Linguistic Variables ［J］. Neutrosophic Sets & Systems，2015，8.

［105］陶长琪,凌和良.基于 Choquet 积分的模糊数直觉模糊数多属性决策方法［J］.控制与决策,2012,27(9):1381-1386.

［106］何迎东,邹委员,陈华友,等.基于交叉影响的 IFWGA 算子及其在多属性决策中的应用［J］.数学的实践与认识,2013,43(6):55-61.

［107］陈华友,何迎东,周礼刚,等.广义直觉模糊加权交叉影响平均算子及其在多属性决策中的应用［J］.控制与决策,2014,29(7):1250-1256.

［108］陈建建,黄先玖.基于 S-IFOWA 算子的多属性决策方法及其应用［J］.南

昌大学学报(理科版),2015,39(5):415-419.

[109] 马庆功,王峰.广义直觉模糊几何 Bonferroni 平均及其多属性决策[J].计算机应用,2015,35(12):3465-3471.

[110] 谭睿璞,张文德.基于直觉模糊交互影响算子的多属性决策方法[J].系统科学与数学,2017,37(3):744-755.

[111] 曾守桢,穆志民.基于 Zhenyuan 积分的直觉模糊多属性决策方法[J].控制与决策,2018,33(3):542-548.

[112] 谢海斌,王中兴,谢国榕,等.基于新精确函数的区间直觉模糊多属性决策方法[J].数学的实践与认识,2012,42(22):182-188.

[113] 王中兴,牛利利.区间直觉模糊数的新得分函数及其在多属性决策中的应用[J].模糊系统与数学,2013,27(4):167-172.

[114] 王中兴,黄娜,唐芝兰.基于累积得分函数和精确函数的模糊多属性决策方法[J].数学的实践与认识,2013,43(16):167-174.

[115] 吴冲,刘千,万翔宇.基于改进得分函数的直觉模糊多属性决策方法[J].统计与信息论坛,2014,29(1):3-8.

[116] 高明美,孙涛,朱建军.基于改进熵和新得分函数的区间直觉模糊多属性决策[J].控制与决策,2016,31(10):1757-1764.

[117] 王蕊,于宪伟.基于新得分函数的直觉模糊多属性决策方法[J].模糊系统与数学,2016,30(4):102-106.

[118] 龚艳冰,丁德臣,何建敏.一种基于直觉模糊集相似度的多属性决策方法[J].控制与决策,2009,24(9):1398-1401.

[119] 王翠翠,姚登宝,毛军军,等.基于熵和相关系数的直觉模糊多属性决策方法[J].计算机应用,2012,32(11):3002-3004,3017.

[120] 张丽媛,徐选华,李涛,等.基于直觉梯形模糊偏好相似度的多属性决策方法[J].数学的实践与认识,2012,42(24):167-174.

[121] 周晓辉,姚俭,吴天魁.基于梯形直觉模糊数的 TOPSIS 多属性决策方法[J].上海理工大学学报,2014,36(3):281-286.

[122] 汪峰,毛军军,黄超.基于熵和协相关度的直觉模糊多属性决策方法[J].计算机应用,2015,35(12):3456-3460,3471.

[123] 梅晓玲.基于相似度的动态直觉模糊多属性决策方法[J].统计与决策,
    2016,(15):22-24.

[124] 陈伟,李金秋,杨早立.一种基于"垂面"距离和 IFE 的直觉模糊多属性决
    策方法[J].运筹与管理,2017,26(9):7-12,20.

[125] 武建章,张强,桑圣举.基于 Sugeno 积分的区间直觉模糊多属性决策[J].
    北京理工大学学报,2010,30(5):608-612,621.

[126] 李光博,黄德才.权重信息未知的区间直觉模糊多属性决策方法[J].浙江
    工业大学学报,2010,38(4):411-414.

[127] 要瑞璞,沈惠璋.区间直觉模糊集多属性决策方法[J].数学的实践与认识,
    2011,41(18):135-138.

[128] 张英俊,马培军,苏小红,等.属性权重不确定条件下的区间直觉模糊多属
    性决策[J].自动化学报,2012,38(2):220-228.

[129] 孟科.正交投影法的区间直觉模糊多属性决策方法及应用[J].火力与指挥
    控制,2012,37(10):113-115,120.

[130] 尹胜,杨桢,陈思翼.基于改进模糊熵的区间直觉模糊多属性决策[J].系统
    工程与电子技术,2018,40(5):1079-1084.

[131] 穆志民,曾守桢,张振荣.一种基于犹豫模糊集的多属性关联决策方法[J].
    数学的实践与认识,2014,44(20):228-234.

[132] 金飞飞,裴利丹,陈华友,等.犹豫模糊 EWAA 算子及其多属性决策方法
    [J].计算机工程与应用,2015,51(2):35-38,45.

[133] 胡冠中,周志刚.基于广义犹豫模糊算子的云计算产品选择方法[J].统计
    与决策,2015(9):41-44.

[134] 朱轮,马庆功.广义犹豫模糊 Bonferroni 平均及其多准则群决策方法[J].
    计算机工程与应用,2016,52(9):12-17,22.

[135] 王晓楠,巨永锋,高婷.基于犹豫模糊 H-平均的交通流模型选择方法[J].
    计算机工程与应用,2017,53(13):134-140.

[136] 牟能冶.基于广义犹豫三角模糊幂均算子的 MADM 方法[J].控制与决
    策,2018,33(2):282-292.

[137] 刘小弟,朱建军,刘思峰.基于对称交互熵的犹豫模糊信息相似度及聚类应

用[J].控制与决策,2014,29(10):1816-1822.

[138] 彭定洪,聂军.基于 Tversky 参数化的犹豫模糊集相似性测度研究[J].计算机工程与应用,2016,52(14):54-61.

[139] 黄鹤,王艳平.广义犹豫模糊软集的相似度量及其应用[J].计算机工程与应用,2017,53(21):37-41.

[140] 战秋艳,张小红,陈振宇,等.改进的区间值犹豫模糊集的距离及相似度[J].模糊系统与数学,2017,31(4):91-99.

[141] 王铁旦,赵洋,彭定洪.改进 IVHF-TODIM 在云服务安全评估中的应用研究[J].计算机工程与应用,2018,54(4):84-89.

[142] 蔡丽娜,陈树伟,周威,等.区间值犹豫模糊 WOWA 算子及其在决策中的应用[J].郑州大学学报(工学版),2014,35(5):49-53.

[143] 于倩,侯福均,翟玉冰,等.区间犹豫模糊 ELECTRE 多属性决策方法及应用[J].运筹与管理,2015,24(6):16-24.

[144] 鲁小云,俞惠芳.区间值犹豫模糊信息系统中的信息熵研究[J].小型微型计算机系统,2017,38(1):138-141.

[145] 王亚萍,王秋萍,熊国强.基于级别高于关系的区间犹豫模糊决策新方法[J].西安理工大学学报,2017,33(1):86-92.

[146] 高志方,赖雨晴,彭定洪.可信云服务评估的非加 IVHF-GLRA 方法[J].计算机应用研究,2018,35(2):448-452,458.

[147] 吴婉莹,何迎东,郭甦,等.直觉对偶犹豫模糊集的集结算子及其应用[J].武汉理工大学学报(信息与管理工程版),2014,36(2):225-228.

[148] 杨尚洪,鞠彦兵.基于对偶犹豫模糊语言变量的多属性决策方法[J].运筹与管理,2015,24(5):91-96.

[149] 赵娜.基于犹豫信息的测度与决策方法研究[D].南京:东南大学,2016.

[150] 王金山,杨宗华.对偶犹豫不确定语言的 Power 算术算子[J].江苏师范大学学报(自然科学版),2017,35(4):49-52.

[151] 王金山,杨宗华.基于 Power 几何算子的对偶犹豫不确定语言多属性决策方法[J].模糊系统与数学,2017,31(6):32-38.

[152] 吴婉莹.犹豫模糊信息的相关系数和熵测度及其在群决策中的应用[D].

合肥：安徽大学，2014.

[153] 王金英,韩晓冰.区间值对偶犹豫模糊集的距离测度及其在多属性决策中的应用[J].辽宁工业大学学报(自然科学版),2015,35(6):359-364.

[154] 李丽颖,苏变萍.基于对偶犹豫模糊集的多属性决策方法[J].模糊系统与数学,2017,31(3):120-126.

[155] 臧誉琪,赵晓冬,李兴国.基于对偶犹豫模糊灰关联投影技术的动态多属性决策方法[J].统计与决策,2017(22):50-54.

[156] 吴婉莹,陈华友,周礼刚.区间值对偶犹豫模糊集的相关系数及其应用[J].计算机工程与应用,2015,51(17):140-144.

[157] 杨宗华,王金山.基于区间对偶犹豫模糊不确定语言变量的多属性决策方法[J].重庆理工大学学报(自然科学),2017,31(5):203-208.

[158] 李丽颖,苏变萍.基于区间值对偶犹豫模糊集的多属性决策方法[J].模糊系统与数学,2017,31(5):95-100.

[159] 杨宗华,王金山.基于区间对偶犹豫模糊不确定语言的指挥员综合素质评价[J].指挥控制与仿真,2017,39(6):73-76.

[160] 任智亮.犹豫模糊信息的比较方法及其在多属性决策中的应用[D].曲阜：曲阜师范大学,2015.

[161] 闫菲菲.对偶犹豫模糊集的熵及其在多属性决策中的应用[D].曲阜：曲阜师范大学,2015.

[162] 韩晓冰,王艳平,王金英.对偶犹豫模糊粗糙集[J].辽宁工业大学学报(自然科学版),2016,36(5):342-346.

[163] 张超.基于模糊多粒度的决策建模理论与方法研究[D].太原：山西大学,2017.

[164] 张海东.基于犹豫模糊环境下的软集与粗糙集理论模型的研究[D].成都：电子科技大学,2017.

[165] 王玉美.基于区间中智数的信息集成算子研究[D].济南：山东财经大学,2015.

[166] 滕飞.基于区间中智不确定语言变量的信息集成算子研究[D].济南：山东财经大学,2016.

［167］韩莉莉,魏翠萍.基于单值中智集 Choquet 积分算子的群决策方法［J］.运筹学学报,2017,21(2):110-118.

［168］崔西希,吴成茂.快速空间邻域信息的中智模糊聚类分割算法［J］.电视技术,2016,40(8):1-7.

［169］吴成茂,上官若愚.嵌入隐马尔科夫随机场的中智模糊聚类算法［J］.西安电子科技大学学报,2017,44(6):103-108,121.

［170］杨永伟,张饶蕾,郭静.基于犹豫中智集的多属性决策方法［J］.模糊系统与数学,2017,31(2):114-122.

［171］刘培德,李洪刚,王鹏,等.基于区间中智集的 ELECTRE 方法及其在多属性决策中的应用［J］.山东财经大学学报,2016,28(2):80-87.

［172］刘春芳,罗跃生.区间中智集的熵与相似度及其应用［J］.模糊系统与数学,2016,30(3):91-96.

［173］刘培德,柳溪,徐隆.基于云模型的区间中智数多属性群决策 TOPSIS 方法［J］.经济与管理评论,2016,32(3):73-78.

［174］杨威,王成军,刘勇.基于线性分配和 Choquet 积分的多值区间中智多属性决策方法［J］.控制与决策,2017,32(7):1338-1344.

［175］Szmidt E, Kacprzyk J. Distances between intuitionistic fuzzy sets［J］. Fuzzy Sets & Systems, 2000, 114(3):505-518.

［176］Xu Z S,Yager R R. Yager. Some geometric aggregation operators based on intuitionistic fuzzy sets ［J］. International Journal of General Systems, 2006, 35(4):417-433.

［177］Chen S M, Tan J M. Handling multicriteria fuzzy decision-making problems based on vague set theory ［J］. Fuzzy Sets and Systems,1994, 67(2):163-172.

［178］Hong D H, Choi C H. Multicriteria fuzzy decision-making problems based on vague set theory［J］. Fuzzy Sets and Systems, 2000, 114(1): 103-113.

［179］Xu Z S. Intuitionistic Fuzzy Aggregation Operators ［J］. IEEE Transactions on Fuzzy Systems, 2007, 15(6):1179-1187.

[180] 夏梅梅. 模糊决策信息集成方式及测度研究[D]. 南京:东南大学,2012.

[181] Ye J. Multiple-attribute Decision-Making Method under a Single-Valued Neutrosophic Hesitant Fuzzy Environment [J]. Journal of Intelligent Systems,2015,24(1):23-36.

[182] 彭云飞. 经济管理中常用数量方法[M]. 北京:经济管理出版社,2011.

[183] 刘思峰,杨英杰,吴利丰. 灰色系统理论及其应用[M]. 北京:科学出版社,2014.

[184] 徐泽水. 直觉模糊信息集成理论及应用[M]. 北京:科学出版社,2008.

[185] 李兴国,赵晓冬. 对中国大学评价体系中在校生规模影响度的统计检验[J]. 统计与决策,2016(16):93-96.

[186] 朱建平,殷瑞飞. SPSS 在统计分析中的应用[M]. 北京:清华大学出版社,2007.

[187] 李维安. 非营利组织管理学[M]. 北京:高等教育出版社,2013.

[188] 高隆昌. 系统学原理[M]. 北京:科学出版社,2010.

[189] 杨建梅. 组织的系统结构定义探讨[J]. 系统工程学报,2002,17(5):441-444.

[190] 刘新建. 系统评价学[M]. 北京:中国科学技术出版社,2006.

[191] 武书连. 挑大学选专业 2018 高考志愿填报指南[M]. 北京:中国统计出版社,2018.

[192] 赵德国,蔡言厚,党亚茹. 2018 中国大学评价研究报告[M]. 北京:科学出版社,2018.

[193] 邱均平,汤建民,赵蓉英. 2018-2019 中国大学及学科专业评价报告[M]. 北京:科学出版社.2018.

[194] 程莹. 软科中国最好大学排名的方法与特点[J]. 上海教育评估研究,2017(3):35-39.

[195] Zeng S,Su W. Intuitionistic fuzzy ordered weighted distance operator [J]. Knowledge-Based Systems,2011,24(8):1224-1232.

[196] Zhao H,Xu Z,Ni M,et al. Generalized aggregation operators for intuitionistic fuzzy sets [J]. International Journal of Intelligent Systems,

2010，25(1):1-30.

［197］Merigó J M，Casanovas M. Induced aggregation operators in the Euclidean distance and its application in financial decision making［J］. Expert Systems with Applications，2011，38(6):7603-7608.

［198］Merigó J M，Casanovas M. Decision-making with distance measures and induced aggregation operators［J］. International Journal of Fuzzy Systems，2011，12(3):190-198.

［199］Merigó J M，Gil-Lafuente A M. The induced generalized OWA operator ［J］. Information Sciences，2009，179(6):729-741.

［200］任青. 当前国内大学排名现状及对策探析［J］. 理论观察，2013(7): 121-122.

［201］李兴国. 我国普通高校 ESI 学科分布特征及对学科建设的启示［J］. 学位与研究生教育，2016(5):63-68.

［202］李兴国，赵晓冬. 中国大学评价指标与 ESI 学科指标关联程度的统计检验［J］. 统计与决策，2017(3):108-111.

［203］李兴国，王伟伟. 中国大学评价指标相关性的统计学检验［J］. 黑龙江高教研究，2018,36(7):49-52.

［204］李兴国. 基于灰色关联分析的犹豫模糊多属性决策模型构建及其应用［J］. 模糊系统与数学，2019,33(5):127-135.

［205］Xie N M，Liu S F. On comparing grey numbers with their probability distributions ［J］. Systems Engineering-Theory & Practice，2009，29 (4):169-175.

［206］武书连，吕嘉，郭石林. 2010 中国大学评价［J］. 科学学与科学技术管理，2010,31(4):5-13.

［207］中国科学技术大学大学评价课题组. 基于公信力的大学排名研究——对《2010 中国大学评价》指标体系及其算法的质疑［J］. 中国高教研究，2012，(5):5-12.

［208］武书连，加州理工学院在中国能排第几名？——复中国科学技术大学大学评价课题组［J］. 高教发展与评估，2012,28(5): 10-22,28.

[209] 赵晓冬. 大学评价研究的检验[J]. 高教发展与评估,2014,30(2):29-41,98.

[210] 赵晓冬. 大学评价研究的逻辑[J]. 高教发展与评估,2014,30(3):23-36,101-102.

[211] 赵晓冬,李兴国. 对大学排名及其研究的统计检验[J]. 统计与决策,2016(13):47-51.

[212] Wang L,Xu S M,Wang Q M,et al. Distance and similarity measures of dual hesitant fuzzy sets with their applications to multiple attribute decision making [C] // International Conference on Progress in Informatics and Computing,Shanghai,2014:88-92.

[213] Singh P. Distance and similarity measures for multiple-attribute decision making with dual hesitant fuzzy sets [J]. Journal of Computational and Applied Mathematics,2015,36(3):111-126.

[214] 李兴国. 基于投影法的对偶犹豫模糊多属性决策方法及在教育评价中的应用[J]. 石家庄铁道大学学报(社会科学版),2019,13(3):87-92.

[215] 武书连. 挑大学选专业 2013[M]. 北京:中国统计出版社. 2012.

[216] 邱均平,赵蓉英,谭春辉,等. 2013-2014 中国大学及学科专业评价报告[M]. 北京:科学出版社. 2013.

[217] 李兴国,赵晓冬,张妮. 基于中智犹豫模糊灰关联投影的动态多属性决策方法及应用[J]. 数学的实践与认识,2019,49(2):43-55.

[218] Ye J. Vector similarity measures of simplified neutrosophic sets and their application in multicriteria decision making[J]. International Journal of Fuzzy Systems,2014,16(2):204-211.

[219] Ye J. Improved cosine similarity measures of simplified neutrosophic sets for medical diagnoses[J]. Artificial Intelligence in Medicine,2015,63(3):171-179.

[220] Ye J. Similarity measures between interval neutrosophic sets and their applications in multicriteria decision-making [J]. Journal of Intelligent & Fuzzy Systems,2014,26(1):165-172.

[221] Sahin R,Küçük A,Ridvan,Ahmet K. On similarity and entropy of neutrosophic soft sets [J]. Journal of Intelligent & Fuzzy Systems,2014,27(5):2417-2430.

[222] 武书连.挑大学选专业:2017高考志愿填报指南[M].北京:中国统计出版社,2017.

[223] 赵德国,蔡言厚,党亚茹.2017中国大学评价研究报告[M].武汉:武汉理工大学出版社,2017.

[224] 邱均平,赵蓉英,杨思洛.2017-2018中国大学及学科专业评价报告[M].北京:科学出版社,2017.

[225] 李兴国,赵晓冬.中国大学评价体系相关性和稳定性的统计学检验[J].统计与决策,2018(23):103-105.

[226] 林建华.理性认识大学排名在实现高等教育内涵式发展中的作用[J].中国高教研究,2018(1):1-3.

[227] 李兴国."双一流"建设背景下中国大学评价体系的优化研究[J].昆明理工大学学报(社会科学版),2018,18(5):70-78.

[228] 李兴国,张莉莉.世界一流大学建设的现实基础与路径选择——基于38所样本高校ESI学科指标的统计分析[J].高校教育管理,2016,10(6):38-45.

附　　录

附录1

问 卷 调 查(一)

本问卷面向高教领域专家,旨在调研不同的中国大学评价体系与 ESI 学科评价体系之间的相关程度。表中【　,　】需填入两个数,依次代表相关可能度、不相关可能度(两者之和小于或等于 1)。当第一位置填入【0.5,0.3】时,表示在您认为在科研生产力维度下,武书连大学评价体系与 ESI 学科评价体系的相关可能度为 0.5,不相关可能度为 0.3,不确定度为 0.2。

问卷不涉及个人隐私、商业秘密和安全机密,不用于任何商业目的。忱谢您的友情协助!

燕山大学中国大学评价与发展研究所

2016 教育部人文社科项目课题组

附表1　中国大学评价体系与 ESI 学科评价体系的相关性调查

Schedule 1　Investigation on the correlation between Chinese

university rankings and ESI evaluation

评价维度 / 评价体系	科研生产力 C_1	科研影响力 C_2	科研扩展力 C_3	科研创新力 C_4
广研院榜	【　,　】	【　,　】	【　,　】	【　,　】
校友会榜	【　,　】	【　,　】	【　,　】	【　,　】
中评榜	【　,　】	【　,　】	【　,　】	【　,　】
软科榜	【　,　】	【　,　】	【　,　】	【　,　】

154

问 卷 调 查（二）

本问卷面向高教领域专家，旨在调研中国高校研究生培养水平的影响要素。表中【 ， ， 】，需填入若干取值为[0，1]的数，代表各因素对各评价维度的可能影响度。例如，当第一位置填入【0.5，0.3，0.2】时，表示您认为博士生规模对一所高校研究生学术产出水平的影响度可能为 0.5、0.3 或 0.2。

问卷不涉及个人隐私、商业秘密和安全机密，不用于任何商业目的。忱谢您的友情协助！

燕山大学中国大学评价与发展研究所

2016 教育部人文社科项目课题组

附表 2　中国高校研究生培养水平的影响因素调查

Schedule 2　Investigation of the influencing factors

on the postgraduate students in China

影响因素 ＼ 评价维度	学术产出力 C_1	学术影响力 C_2	学术创新力 C_3	学术成长力 C_4
博士生规模	【 ， ， 】	【 ， ， 】	【 ， ， 】	【 ， ， 】
硕士生规模	【 ， ， 】	【 ， ， 】	【 ， ， 】	【 ， ， 】
杰出成果	【 ， ， 】	【 ， ， 】	【 ， ， 】	【 ， ， 】
科研水平	【 ， ， 】	【 ， ， 】	【 ， ， 】	【 ， ， 】

问 卷 调 查（三）

本问卷面向高教领域专家，旨在调研在不同的大学评价体系下，大学评价得分与学生规模的相关度。表中【 ｛ ， ｝ ，｛ ， ｝ 】需填入若干取值范围为[0，1]的数，第一个括号里代表相关可能度，第二个括号代表不相关可能度。例如，当第一位置填入【 ｛ 0.5 ， 0.4 ｝ ，｛ 0.3 ， 0.2 ， 0.1 ｝ 】时，表示您认为，广东管理科学研究院大学评价体系与专任教师数相关可能度为 0.5 或 0.4，不相关可能度为 0.3、0.2 或 0.1。

问卷不涉及个人隐私、商业秘密和安全机密,不用于任何商业目的。忱谢您的友情协助!

燕山大学中国大学评价与发展研究所

2016 教育部人文社科项目课题组

附表 3　中国大学评价体系与在校生规模的相关度调查

Schedule 3　Correlation between the evaluation systems of

Chinese universities and scale of students

评价维度 评价体系	专任教师数 C_1	本科生人数 C_2	硕士生人数 C_3	博士生人数 C_4
广研院榜	【{ , },{ , }】	【{ , },{ , }】	【{ , },{ , }】	【{ , },{ , }】
校友会榜	【{ , },{ , }】	【{ , },{ , }】	【{ , },{ , }】	【{ , },{ , }】
中评榜	【{ , },{ , }】	【{ , },{ , }】	【{ , },{ , }】	【{ , },{ , }】

问 卷 调 查(四)

本问卷面向高教领域专家,旨在调查不同中国大学评价体系的稳定性。表中【{ , },{ , },{ , }】需填入若干个数,取值范围为[0,1],依次代表适应度、不确定程度、不适应度。例如,当第一位置填入【{0.6,0.5},{0.4,0.3},{0.2,0.1}】表示,您认为软科大学评价指标体系的稳定性可能度为 0.6 或 0.5,不稳定的可能度为 0.2 或 0.1,不确定度为 0.4 或 0.3。

问卷不涉及个人隐私、商业秘密和安全机密,不用于任何商业目的。忱谢您的友情协助!

燕山大学中国大学评价与发展研究所

2016 教育部人文社科项目课题组

附表 4　中国大学评价体系的稳定性调查

Schedule 4　Investigation of the stability of Chinese university evaluation systems

评价维度　　评价体系	指标体系的稳定性 C_1	权重设定的稳定性 C_2	历年数据的相关性 C_3	变动趋势的一致性 C_4
软科榜	【（ ，），（ ，），（ ，）】	【（ ，），（ ，），（ ，）】	【（ ，），（ ，），（ ，）】	【（ ，），（ ，），（ ，）】
广研院榜	【（ ，），（ ，），（ ，）】	【（ ，），（ ，），（ ，）】	【（ ，），（ ，），（ ，）】	【（ ，），（ ，），（ ，）】
校友会榜	【（ ，），（ ，），（ ，）】	【（ ，），（ ，），（ ，）】	【（ ，），（ ，），（ ，）】	【（ ，），（ ，），（ ，）】
中评榜	【（ ，），（ ，），（ ，）】	【（ ，），（ ，），（ ，）】	【（ ，），（ ，），（ ，）】	【（ ，），（ ，），（ ，）】

附录 2

中国大学在相关评价体系中的排名统计

附表 5　2017 年 3 月我国"985 高校"ESI 数据库总排名

Schedule 5　The ESI ranking of Chinese 985-Project universities(2017. 03)

序号	世界排名	高校名称	论文总数	引文总数	篇均引文	热点论文	高被引文	学科数量
1	124	北京大学	58,410	782,407	13.4	46	1,068	21
2	141	浙江大学	67,325	713,135	10.59	22	758	18
3	143	清华大学	59,055	711,362	12.05	42	1,099	16
4	162	上海交通大学	63,342	650,238	10.27	23	694	17
5	187	复旦大学	44,218	577,642	13.06	21	658	17
6	234	中国科学技术大学	35,399	477,837	13.5	14	695	10
7	240	南京大学	38,362	468,191	12.2	19	525	16

序号	世界排名	高校名称	论文总数	引文总数	篇均引文	热点论文	高被引文	学科数量
8	258	中山大学	37,983	442,209	11.64	14	474	18
9	348	山东大学	36,662	340,466	9.29	6	295	16
10	378	吉林大学	33,945	320,007	9.43	6	265	10
11	379	四川大学	37,517	319,126	8.51	9	260	14
12	381	华中科技大学	36,914	316,998	8.59	14	386	15
13	419	南开大学	20,346	282,433	13.88	9	347	10
14	420	武汉大学	27,211	281,839	10.36	17	328	16
15	435	哈尔滨工业大学	32,785	266,322	8.12	23	417	8
16	459	大连理工大学	24,577	244,372	9.94	2	245	8
17	470	西安交通大学	31,158	239,327	7.68	7	290	12
18	496	华南理工大学	20,780	221,262	10.65	10	341	7
19	497	中南大学	28,247	220,841	7.82	15	254	11
20	515	厦门大学	18,964	211,781	11.17	8	298	11
21	517	兰州大学	18,580	210,264	11.32	7	219	12
22	537	东南大学	23,933	200,197	8.36	24	312	10
23	552	天津大学	23,310	193,899	8.32	7	244	6
24	556	同济大学	24,539	192,055	7.83	11	226	8
25	602	北京师范大学	17,681	176,146	9.96	10	222	13
26	637	中国农业大学	16,822	166,072	9.87	6	163	9
27	702	湖南大学	13,541	144,553	10.68	6	210	8
28	745	华东师范大学	13,038	134,155	10.29	2	145	10
29	829	北京航空航天大学	18,716	118,336	6.32	11	187	5
30	849	北京理工大学	14,959	114,953	7.68	12	198	4
31	988	重庆大学	14,907	92,737	6.22	5	128	4
32	995	电子科技大学	15,938	92,234	5.79	4	132	6
33	1002	中国海洋大学	10,605	91,671	8.64	1	85	9

序号	世界排名	高校名称	论文总数	引文总数	篇均引文	热点论文	高被引文	学科数量
34	1106	西北工业大学	14,365	78,843	5.49	2	86	3
35	1187	东北大学	11,488	70,751	6.16	1	70	4
36	1211	西北农林科技大学	10,181	68,546	6.73	2	70	6
37	1571	国防科学技术大学	9,692	45,134	4.66	2	44	4
38	1852	中国人民大学	4,206	34,721	8.26	2	48	2

附表6　"985高校"在2017中国大学排行榜中的排名统计

Schedule 6　The rankings of 985-Project universities

in Chinese university evaluation system

序号	高校名称	广研院排名	校友会排名	中评榜排名	上海软科排名
1	北京大学	2	1	1	2
2	浙江大学	3	5	3	3
3	清华大学	1	2	2	1
4	上海交通大学	4	6	4	4
5	复旦大学	5	4	5	5
6	中国科学技术大学	15	15	13	6
7	南京大学	6	7	7	7
8	中山大学	11	12	9	9
9	山东大学	12	20	14	22
10	吉林大学	10	9	8	24
11	四川大学	8	11	10	16
12	华中科技大学	9	10	11	8
13	南开大学	18	13	23	15
14	武汉大学	7	3	6	13

序号	高校名称	广研院排名	校友会排名	中评榜排名	上海软科排名
15	哈尔滨工业大学	13	18	12	10
16	大连理工大学	27	26	24	23
17	西安交通大学	16	16	16	16
18	华南理工大学	23	27	27	19
19	中南大学	17	17	17	26
20	厦门大学	25	21	25	21
21	兰州大学	30	34	37	58
22	东南大学	14	22	18	12
23	天津大学	20	14	21	18
24	同济大学	19	24	19	11
25	北京师范大学	22	19	22	20
26	中国农业大学	35	33	33	39
27	湖南大学	29	30	36	31
28	华东师范大学	31	28	26	32
29	北京航空航天大学	24	23	28	14
30	北京理工大学	32	35	32	25
31	重庆大学	28	31	29	35
32	电子科技大学	37	29	31	34
33	中国海洋大学	62	50	55	61
34	西北工业大学	33	32	30	30
35	东北大学	47	25	38	55
36	西北农林科技大学	46	60	71	92
37	中国人民大学	21	8	20	28
38	中央民族大学	165	90	71	114

注：因国防科学技术大学属于军校，未参与中国大学排名。

附表 7　"985 高校"在 2017 中国大学排行榜中得分统计

Schedule 7　The scores of 985-Project universities

in Chinese university evaluation system

序号	高校名称	广研院排名	校友会排名	中评榜排名	上海软科排名
1	北京大学	168.98	100	100	81.2
2	浙江大学	168.47	82.31	95.91	77.8
3	清华大学	169.08	96.91	98.76	94
4	上海交通大学	130.99	81.73	92.34	77.5
5	复旦大学	114.47	82.47	85.54	71.1
6	中国科学技术大学	71.37	72.42	68.35	65.9
7	南京大学	106.16	80.28	81.03	65.3
8	中山大学	91.81	74.65	75.1	62.7
9	山东大学	91.25	71.91	67.71	54.5
10	吉林大学	94.94	76.01	77.71	53.9
11	四川大学	99.29	74.75	73.03	57.4
12	华中科技大学	96.94	74.84	72.6	63
13	南开大学	69.95	73.96	62.8	58.2
14	武汉大学	103.68	82.57	83.06	58.4
15	哈尔滨工业大学	83	71.96	70.28	61.6
16	大连理工大学	58.51	67.98	61.38	54.1
17	西安交通大学	70.34	72.29	67.2	57.4
18	华南理工大学	62.38	67.92	57.91	56.1
19	中南大学	69.99	71.97	65.62	52.4
20	厦门大学	58.84	70.51	60.59	55
21	兰州大学	46.89	66.79	51.65	45
22	东南大学	77.81	70.24	65.06	59.8
23	天津大学	63.5	72.8	64.1	56.2
24	同济大学	69.45	69.63	64.82	60.8
25	北京师范大学	63.03	71.94	62.92	55.1

序号	高校名称	广研院排名	校友会排名	中评榜排名	上海软科排名
26	中国农业大学	41.15	66.86	53.69	48
27	湖南大学	52.97	67.34	51.9	50.7
28	华东师范大学	45.73	67.91	59.86	50
29	北京航空航天大学	59.68	69.68	56.75	58.3
30	北京理工大学	45.68	66.06	53.74	53.1
31	重庆大学	55.08	67.22	56.48	49.3
32	电子科技大学	38.82	67.52	53.86	49.4
33	中国海洋大学	23.98	64.26	48.85	44.7
34	西北工业大学	45.08	67.02	55.23	51.1
35	东北大学	32.25	68.01	51.63	45.3
36	西北农林科技大学	32.6	63.91	45.88	41.6
37	中国人民大学	63.06	79.28	64.13	51.7
38	中央民族大学	9.74	62.95	44.88	39.7

附表8　2012广研院大学排行榜研究生培养相关指标数据统计

Schedule 8　Statistics of postgraduate related indicators of

Guang Yanyuan Ranking（2012）

序号	学校	研究生培养得分	科学研究得分	毕业博士数（人）	毕业硕士数（人）	全国优秀博士论文（篇）
1	北京大学	65.42	114.29	2 187	5 382	32
2	清华大学	59.91	106.8	1 911	3 242	48
3	浙江大学	65.88	120.13	2 211	5 547	22
4	武汉大学	34.26	56.79	2 136	5 504	6
5	上海交通大学	50.21	89.73	1 419	5 038	15
6	山东大学	28.54	48.05	1 085	5 195	8
7	华中科技大学	32.83	50.25	1 810	6 632	4
8	四川大学	35.13	54.84	1 327	7 086	16
9	吉林大学	32.09	47.66	1 877	7 410	6

序号	学校	研究生培养得分	科学研究得分	毕业博士数（人）	毕业硕士数（人）	全国优秀博士论文（篇）
10	南京大学	39.68	70.63	1 185	3 773	15
11	复旦大学	47.03	84.44	1 369	4 044	18
12	中山大学	35	60.56	1 342	4 735	13
13	中南大学	25.07	36.89	1 469	5 634	3
14	郑州大学	10.89	16.96	227	4 159	0
15	西安交通大学	25.99	40.94	1 155	3 763	9
16	哈尔滨工业大学	34.91	55.61	1 293	4 965	6
17	东南大学	21.6	33.94	876	4 033	5
18	同济大学	19.64	27.68	1 115	5 024	1
19	中国人民大学	21.6	36.27	945	3 159	9
20	天津大学	20.96	33.86	836	3 767	6
21	南开大学	27.72	48.13	890	3 128	9
22	厦门大学	19.95	30.68	772	4 000	4
23	重庆大学	17.59	24.81	851	4 528	5
24	武汉理工大学	10.68	12.81	351	4 256	0
25	华南理工大学	19.2	31.13	698	4 100	4
26	北京师范大学	19.91	32.14	873	3 145	7
27	西南交通大学	8.84	10.07	681	3 791	1
28	西南大学	9.57	13.86	393	3 724	3
29	大连理工大学	20.88	32.87	1 002	3 915	2
30	西北工业大学	16.69	25.71	876	2 835	5
31	湖南大学	14.98	21.86	681	4 564	2
32	北京理工大学	14.96	24.56	793	3 070	2
33	东北大学	9.98	13.06	877	2 245	3
34	北京航空航天大学	17.97	27.23	1 088	3 326	7
35	华中农业大学	7.01	10.92	327	1 994	8

序号	学校	研究生培养得分	科学研究得分	毕业博士数（人）	毕业硕士数（人）	全国优博论文（篇）
36	北京交通大学	8.17	9.95	648	2 572	4
37	中国科学技术大学	26.32	41.46	685	3 279	22
38	南昌大学	6.49	10.17	125	2 755	0
39	太原理工大学	3.61	4.16	185	1 814	1
40	兰州大学	16.81	26.93	513	3 426	4
41	华东师范大学	14.47	21.88	719	3 483	1
42	苏州大学	12.37	19.49	455	3 285	0
43	西北农林科技大	8.7	13.58	484	2 084	2
44	华东理工大学	12.21	20.3	409	2 782	2
45	西安电子科技大学	10.49	13.58	483	3 444	2
46	中国农业大学	14.59	25.38	755	1 649	13
47	电子科技大学	12.82	17.43	501	4 122	1
48	南京航空航天大学	12.61	19.83	413	2 596	3
49	江南大学	7.56	14.54	185	1 745	3
50	华中师范大学	11.81	17.93	289	3 394	1
51	合肥工业大学	5.93	6.51	280	2 778	0
52	贵州大学	3.88	3.72	68	2 249	0
53	华南师范大学	6.76	11.01	171	2 574	1
54	南京农业大学	11.45	19.72	615	2 246	4
55	南京师范大学	9.36	13.07	275	2 752	1
56	南京理工大学	9.3	15.18	403	2 541	0
57	上海大学	10.96	18.13	394	2 906	0
58	中南财经政法大学	4.78	5.86	239	2 846	1
59	中国地质大学（武汉）	5.62	8.05	378	1 858	3
60	东华大学	9.03	14.59	285	2 117	6
61	河海大学	7.9	9.58	564	2 983	2

序号	学校	研究生培养得分	科学研究得分	毕业博士数（人）	毕业硕士数（人）	全国优博论文（篇）
62	华北电力大学	5.2	6.85	254	2 382	0
63	西北大学	7.54	11.08	243	2 163	1
64	北京邮电大学	6.51	5.79	365	3 158	1
65	广西大学	5	5.83	118	2 454	0
66	湖南师范大学	7.17	10.27	208	2 451	4
67	中国矿业大学	5	6.45	317	2 303	8
68	东北师范大学	11.23	15.97	333	3 325	6
69	暨南大学	9.41	14.75	336	3 124	0
70	北京化工大学	8.17	13.67	186	1 848	0
71	中国石油大学（华东）	4.63	6.68	196	1 708	2
72	云南大学	5.81	7.02	236	2 641	0
73	北京工业大学	7.28	10.84	282	1 779	3
74	北京科技大学	10.29	13.8	738	2 514	3
75	长安大学	5.06	6.41	269	2 194	0
76	福州大学	5.41	9.12	139	2 059	0
77	中国海洋大学	8.77	13.01	445	2 594	2
78	哈尔滨工程大学	7.95	10.24	458	2 265	0
79	陕西师范大学	8.11	11.94	254	2 679	3
80	西南财经大学	4.71	4.15	315	2 397	0
81	新疆大学	3.17	4.58	68	1 388	0
82	上海财经大学	5.82	7.66	276	1 575	1
83	安徽大学	4.41	5.54	82	2 026	0
84	海南大学	1.47	1.68	41	1 094	0
85	北京林业大学	3.75	5.19	266	1 292	2
86	东北林业大学	3.47	5	261	1 151	3
87	中国药科大学	4.87	8.94	170	968	2

序号	学校	研究生培养得分	科学研究得分	毕业博士数(人)	毕业硕士数(人)	全国优博论文(篇)
88	中国传媒大学	3.71	4.31	208	1 334	1
89	石河子大学	1.55	2.01	33	1 024	0
90	四川农业大学	3.13	4.93	140	1 160	0
91	对外经济贸易大学	2.71	2.79	139	1 418	0
92	内蒙古大学	2.46	2.05	117	1 621	0
93	中国政法大学	4.51	5.13	257	1 976	1
94	宁夏大学	1.41	1.9	19	774	0
95	中央财经大学	3.01	3.91	170	1 415	0
96	辽宁大学	4.04	3.32	105	2 396	0
97	大连海事大学	2.69	2.49	221	1 298	0
98	东北农业大学	2.92	3.43	139	1 162	0
99	天津医科大学	2.93	4.23	120	1 160	0
100	河北工业大学	3.09	2.88	159	1 974	0
101	延边大学	2.27	2.01	56	1 349	0
102	中国石油大学(北京)	6.25	8.13	250	1 919	2
103	中央民族大学	2.53	3.47	191	1 240	0
104	青海大学	0.31	0.6	5	249	0
105	中国地质大学(北京)	5.69	8.26	445	1 685	3
106	北京外国语大学	2.05	3.29	103	698	2
107	上海外国语大学	2.22	3.61	88	898	0
108	北京中医药大学	3.05	3.98	170	947	1
109	北京体育大学	1.41	1.33	90	622	1
110	中央音乐学院	1.04	1.95	28	170	0
111	西藏大学	0.19	0.48	0	174	0
112	中国矿业大学(北京)	3.33	3.08	329	1 476	8

附表 9　2013 年"985"和"211"高校广研院评价得分与在校生规模统计

Schedule 9　Scores of 985 & 211-Project universities in Guang Yanyuan Ranking(2013)

序号	高校	大学总得分	本科生培养得分	研究生培养得分	本科生人数	硕士生人数	博士生人数
1	浙江大学	196.71	22.92	59.73	22 664	13 868	7 737
2	北京大学	195.92	24.72	60.44	14 107	13 454	7 653
3	清华大学	189.17	24.94	57.2	13 736	8 105	6 688
4	上海交通大学	151.37	20.08	45.42	16 802	12 595	4 968
5	复旦大学	143.2	16.48	43.78	12 293	10 110	4 793
6	南京大学	121.89	16.79	36.62	14 648	9 432	4 149
7	武汉大学	108.11	19.97	31.39	32 848	13 759	7 477
8	四川大学	106.88	18.25	31.92	41 896	17 716	4 643
9	中山大学	106.05	16.24	31.36	32 295	11 838	4 696
10	华中科技大学	104.35	18.21	30.89	33 390	16 579	6 334
11	哈尔滨工业大学	104.13	14.69	32.07	26 681	12 412	4 527
12	山东大学	96.74	18.9	27.5	41 907	12 987	3 799
13	吉林大学	91.04	17.41	26.96	39 631	18 526	6 569
14	南开大学	87.65	13.41	25.98	12 660	7 820	3 115
15	西安交通大学	76.96	13.94	22.97	15 909	9 408	4 044
16	中国科学技术大学	75.85	9.03	24.77	7 078	8 197	2 398
17	中南大学	74.27	14.73	22.09	33 259	14 085	5 143
18	东南大学	73.09	14.32	21.18	16 233	10 083	3 067
19	中国人民大学	69.46	13.81	20.03	11 261	7 897	3 306
20	天津大学	68.72	13.57	19.43	15 379	9 418	2 926
21	大连理工大学	67.94	11.76	20.23	19 236	9 787	3 507
22	北京师范大学	65.35	11.93	19.24	8 766	7 862	3 056
23	华南理工大学	64.89	12.51	18.52	25 129	10 250	2 442
24	同济大学	63.98	14.15	18.5	19 175	12 561	3 903
25	厦门大学	62.87	13.01	18.24	20 039	10 001	2 701

序号	高校	大学总得分	本科生培养得分	研究生培养得分	本科生人数	硕士生人数	博士生人数
26	北京航空航天大学	59.89	9.89	18.11	13 704	8 314	3 807
27	重庆大学	52.65	12.44	15.14	29 971	11 319	2 977
28	兰州大学	51.2	9.1	15.24	19 482	8 565	1 795
29	西北工业大学	50.96	10.39	14.76	14 395	7 087	3 066
30	中国农业大学	50.74	8.91	14.41	12 957	4 122	2 643
31	北京理工大学	47.73	9.72	13.38	13 432	7 675	2 775
32	华东师范大学	46.61	9.31	13.68	14 324	8 708	2 516
33	湖南大学	46.25	10.15	13.66	20 632	11 410	2 384
34	华东理工大学	44.53	9.18	12.45	17 265	6 956	1 433
35	南京航空航天大学	40.91	8.6	11.67	16 646	6 489	1 445
36	郑州大学	40.51	15.18	9.96	80 214	10 398	794
37	苏州大学	40.48	8.64	11.83	24 753	8 213	1 594
38	电子科技大学	39.36	8.85	11.53	19 440	10 306	1 752
39	上海大学	38.98	8.1	11.25	24 988	7 264	1 378
40	南京农业大学	38.82	8.01	10.97	16 688	5 615	2 152
41	华中师范大学	37.73	8.27	11.14	17 189	8 486	1 010
42	东北大学	35	9.95	9.17	24 514	5 613	3 069
43	武汉理工大学	34.78	11.71	9.43	36 558	10 639	1 230
44	西南大学	34.37	10.93	9.14	37 638	9 310	1 374
45	东北师范大学	33.45	6.73	10.2	14 365	8 312	1 166
46	南京理工大学	31.97	7.86	8.52	15 246	6 352	1 411
47	北京科技大学	31.6	6.72	9.5	13 267	6 284	2 583
48	西安电子科技大学	31.51	8.61	9	21 097	8 611	1 689
49	江南大学	31.45	8.4	8	19 866	4 362	647
50	东华大学	30.36	7.38	8.3	14 886	5 293	996
51	暨南大学	30.18	6.89	8.64	18 282	7 809	1 175

（续表）

序号	高校	大学总得分	本科生培养得分	研究生培养得分	本科生人数	硕士生人数	博士生人数
52	西南交通大学	29.68	11.21	7.64	30 671	9 478	2 383
53	西北农林科技大	29.5	8.05	7.87	21 912	5 209	1 695
54	华中农业大学	29.33	9.37	7.32	18 303	4 986	1 143
55	北京化工大学	29.31	7.07	7.89	13 591	4 621	651
56	南京师范大学	28.99	7.76	8.31	20 134	6 881	963
57	华南师范大学	27.22	8.04	7.21	25 950	6 435	600
58	中国海洋大学	26.86	6.32	7.65	15 439	6 484	1 558
59	北京交通大学	26.39	9.11	6.79	13 969	6 431	2 268
60	南昌大学	26.2	9.09	6.58	40 944	6 887	439
61	陕西师范大学	25.57	5.93	7.51	17 352	6 697	890
62	西北大学	25.29	6.92	6.94	13 113	5 408	852
63	北京工业大学	25.25	6.88	6.9	12 722	4 448	988
64	河海大学	24.84	7.29	7.11	19 078	7 457	1 974
65	哈尔滨工程大学	24.79	6.07	7.22	13 804	5 663	1 604
66	湖南师范大学	24.51	6.88	6.87	20 875	6 127	729
67	福州大学	22.53	6.43	5.95	23 254	5 148	488
68	合肥工业大学	19.96	7.81	5.2	26 723	6 946	979
69	中国地质大学（武汉）	19.01	7.19	4.64	17 962	4 644	1 323
70	华北电力大学	18.82	7.26	4.62	20 550	5 956	889
71	云南大学	18.52	6.52	4.94	14 202	6 602	827
72	北京邮电大学	18.51	6.36	5.33	12 917	7 896	1 277
73	上海财经大学	18.47	5.92	4.95	7 867	3 938	967
74	中国矿业大学	18.44	6.8	4.73	26 742	5 757	1 109
75	中国药科大学	18.36	5.29	4.53	10 625	2 421	595
76	中国石油大学（华东）	17.77	6.82	4.25	19 421	4 269	685
77	中南财经政法大学	17.3	7.26	4.12	20 456	7 114	838

序号	高校	大学总得分	本科生培养得分	研究生培养得分	本科生人数	硕士生人数	博士生人数
78	广西大学	17.26	6.78	4.34	23 345	6 135	412
79	长安大学	16.73	6.42	4.2	24 279	5 484	941
80	中国石油大学（北京）	16.72	1.07	5.14	7 010	4 797	874
81	中国地质大学（北京）	15.97	3.64	4.69	8 337	4 212	1 558
82	安徽大学	15.19	5.58	4.02	20 235	5 066	286
83	西南财经大学	14.83	6.17	3.95	16 492	5 993	1 103
84	太原理工大学	14.67	6.13	3.56	22 221	4 535	648
85	贵州大学	14.5	7.52	3.23	27 910	5 623	238
86	北京林业大学	14.08	5.23	3.46	13 213	3 230	930
87	东北林业大学	13.71	5.24	3.29	19 025	2 877	912
88	中国政法大学	13.63	4.76	3.75	8 464	4 940	901
89	中国传媒大学	13.41	5.04	3.36	8 857	3 334	728
90	新疆大学	13.41	5.62	3.1	18 991	3 469	239
91	四川农业大学	13.41	5.02	3.2	30 943	2 900	489
92	中央财经大学	11.98	4.78	2.79	9 106	3 538	594
93	天津医科大学	11.66	4	2.97	5 276	2 900	421
94	辽宁大学	11.5	4.49	3.36	20 034	5 990	369
95	对外经济贸易大学	10.51	5	2.35	8 184	3 546	486
96	东北农业大学	10.35	4.34	2.49	19 045	2 905	487
97	河北工业大学	10.33	4.22	2.71	13 013	4 936	556
98	北京中医药大学	9.56	3.25	2.55	4 923	2 368	596
99	上海外国语大学	9.43	3.41	2.33	6 039	2 244	309
100	大连海事大学	9.31	4.36	2.14	16 768	3 245	772
101	中央民族大学	9.24	3.55	2.29	11 247	3 099	670
102	北京外国语大学	9.13	3.58	2.15	4 628	1 746	360
103	内蒙古大学	8.84	4.72	1.98	18 694	4 053	410

序号	高校	大学总得分	本科生培养得分	研究生培养得分	本科生人数	硕士生人数	博士生人数
104	石河子大学	8.68	4.97	1.55	22 106	2 559	114
105	海南大学	8.49	5.38	1.38	29 622	2 736	145
106	中国矿业大学(北京)	8.17	2.19	2.7	5 139	3 691	1 152
107	延边大学	7.69	3.95	1.84	17 031	3 372	196
108	宁夏大学	7.66	4.43	1.37	14 611	1 936	68
109	中央音乐学院	6.26	2.91	1.25	1 461	426	97
110	北京体育大学	5.44	2.77	1.29	7 965	1 554	314
111	青海大学	4.53	3.51	0.36	11 467	622	19
112	西藏大学	2.77	2.1	0.15	7 480	434	0

附表 10　2013 年"100 强"高校广研院评价得分与在校生规模统计

Schedule 10　Scores and students scale of top-100 universities

in Guang Yanyuan Ranking(2013)

排名	百强高校	大学总得分	本科生培养得分	研究生培养得分	本科生人数	硕士生人数	博士生人数
1	浙江大学	196.71	22.92	59.73	22 664	13 868	7 737
2	北京大学	195.92	24.72	60.44	14 107	13 454	7 653
3	清华大学	189.17	24.94	57.2	13 736	8 105	6 688
4	上海交通大学	151.37	20.08	45.42	16 802	12 595	4 968
5	复旦大学	143.2	16.48	43.78	12 293	10 110	4 793
6	南京大学	121.89	16.79	36.62	14 648	9 432	4 149
7	武汉大学	108.11	19.97	31.39	70 493	13 759	7 477
8	四川大学	106.88	18.25	31.92	41 896	17 716	4 643
9	中山大学	106.05	16.24	31.36	32 295	11 838	4 696
10	华中科技大学	104.35	18.21	30.89	33 390	16 579	6 334
11	哈尔滨工业大学	104.13	14.69	32.07	26 681	12 412	4 527
12	山东大学	96.74	18.9	27.5	41 907	12 987	3 799

排名	百强高校	大学总得分	本科生培养得分	研究生培养得分	本科生人数	硕士生人数	博士生人数
13	吉林大学	91.04	17.41	26.96	39 631	18 526	6 569
14	南开大学	87.65	13.41	25.98	12 660	7 820	3 115
15	西安交通大学	76.96	13.94	22.97	15 909	9 408	4 044
16	中国科学技术大学	75.85	9.03	24.77	7 078	8 197	2 398
17	中南大学	74.27	14.73	22.09	33 259	14 085	5 143
18	东南大学	73.09	14.32	21.18	16 233	10 083	3 067
19	中国人民大学	69.46	13.81	20.03	11 261	7 897	3 306
20	天津大学	68.72	13.57	19.43	15 379	9 418	2 926
21	大连理工大学	67.94	11.76	20.23	19 236	9 787	3 507
22	北京师范大学	65.35	11.93	19.24	8 766	7 862	3 056
23	华南理工大学	64.89	12.51	18.52	25 129	10 250	2 442
24	同济大学	63.98	14.15	18.5	19 175	12 561	3 903
25	厦门大学	62.87	13.01	18.24	20 039	10 001	2 701
26	北京航空航天大学	59.89	9.89	18.11	13 704	8 314	3 807
27	重庆大学	52.65	12.44	15.14	29 971	11 319	2 977
28	兰州大学	51.2	9.1	15.24	19 482	8 565	1 795
29	西北工业大学	50.96	10.39	14.76	14 395	7 087	3 066
30	中国农业大学	50.74	8.91	14.41	12 957	4 122	2 643
31	北京理工大学	47.73	9.72	13.38	13 432	7 675	2 775
32	华东师范大学	46.61	9.31	13.68	14 324	8 708	2 516
33	湖南大学	46.25	10.15	13.66	20 632	11 410	2 384
34	华东理工大学	44.53	9.18	12.45	17 265	6 956	1 433
35	南京航空航天大学	40.91	8.6	11.67	16 646	6 489	1 445
36	郑州大学	40.51	15.18	9.96	80 214	10 398	794
37	苏州大学	40.48	8.64	11.83	24 753	8 213	1 594
38	电子科技大学	39.36	8.85	11.53	19 440	10 306	1 752

排名	百强高校	大学总得分	本科生培养得分	研究生培养得分	本科生人数	硕士生人数	博士生人数
39	上海大学	38.98	8.1	11.25	24 988	7 264	1 378
40	南京农业大学	38.82	8.01	10.97	16 688	5 615	2 152
41	华中师范大学	37.73	8.27	11.14	17 189	8 486	1 010
42	东北大学	35	9.95	9.17	24 514	5 613	3 069
43	武汉理工大学	34.78	11.71	9.43	36 558	10 639	1 230
44	西南大学	34.37	10.93	9.14	37 638	9 310	1 374
45	东北师范大学	33.45	6.73	10.2	14 365	8 312	1 166
46	南京理工大学	31.97	7.86	8.52	15 246	6 352	1 411
47	北京科技大学	31.6	6.72	9.5	13 267	6 284	2 583
48	西安电子科技大学	31.51	8.61	9	21 097	8 611	1 689
49	江南大学	31.45	8.4	8	19 866	4 362	647
50	东华大学	30.36	7.38	8.3	14 886	5 293	996
51	暨南大学	30.18	6.89	8.64	18 282	7 809	1 175
52	西南交通大学	29.68	11.21	7.64	30 671	9 478	2 383
53	西北农林科技大学	29.5	8.05	7.87	21 912	5 209	1 695
54	华中农业大学	29.33	9.37	7.32	18 303	4 986	1 143
55	北京化工大学	29.31	7.07	7.89	13 591	4 621	651
56	南京师范大学	28.99	7.76	8.31	20 134	6 881	963
57	首都医科大学	27.34	6.09	7.44	4 137	2 287	688
58	华南师范大学	27.22	8.04	7.21	25 950	6 435	600
59	中国海洋大学	26.86	6.32	7.65	15 439	6 484	1 558
60	北京交通大学	26.39	9.11	6.79	13 969	6 431	2 268
61	南昌大学	26.2	9.09	6.58	40 944	6 887	439
62	陕西师范大学	25.57	5.93	7.51	17 352	6 697	890
63	扬州大学	25.29	8.1	6.15	24 842	4 457	432
64	西北大学	25.29	6.92	6.94	13 113	5 408	852

排名	百强高校	大学总得分	本科生培养得分	研究生培养得分	本科生人数	硕士生人数	博士生人数
65	北京工业大学	25.25	6.88	6.9	12 722	4 448	988
66	河南大学	24.89	9.21	5.96	34 398	5 569	183
67	河海大学	24.84	7.29	7.11	19 078	7 457	1 974
68	哈尔滨工程大学	24.79	6.07	7.22	13 804	5 663	1 604
69	浙江工业大学	24.77	7.13	6.33	21 643	4 915	433
70	江苏大学	24.73	7.27	6.63	21 281	5 307	757
71	湖南师范大学	24.51	6.88	6.87	20 875	6 127	729
72	山西大学	22.6	6.13	6.04	9 100	4 311	571
73	福州大学	22.53	6.43	5.95	23 254	5 148	488
74	燕山大学	20.77	5.29	5.87	16 486	5 317	576
75	南京工业大学	20.73	5.68	5.42	16 732	4 278	407
76	合肥工业大学	19.96	7.81	5.2	26 723	6 946	979
77	华南农业大学	19.48	8.45	4.11	37 339	2 994	873
78	中国地质大学(武汉)	19.01	7.19	4.64	17 962	4 644	1 323
79	湘潭大学	18.86	6.01	5.01	20 078	5 015	328
80	华北电力大学	18.82	7.26	4.62	20 550	5 956	889
81	云南大学	18.52	6.52	4.94	14 202	6 602	827
82	北京邮电大学	18.51	6.36	5.33	12 917	7 896	1 277
83	上海财经大学	18.47	5.92	4.95	7 867	3 938	967
84	河北大学	18.45	4.84	5.25	16 637	5 090	185
85	中国矿业大学	18.44	6.8	4.73	26 742	5 757	1 109
86	中国药科大学	18.36	5.29	4.53	10 625	2 421	595
87	中国石油大学(华东)	17.77	6.82	4.25	19 421	4 269	685
88	中南财经政法大学	17.3	7.26	4.12	20 456	7 114	838
89	广西大学	17.26	6.78	4.34	23 345	6 135	412
90	黑龙江大学	17.2	6.8	3.79	30 074	4 117	275

排名	百强高校	大学总得分	本科生培养得分	研究生培养得分	本科生人数	硕士生人数	博士生人数
91	南京医科大学	16.84	4.62	4.42	7 210	2 758	409
92	长安大学	16.73	6.42	4.2	24 279	5 484	941
93	中国石油大学（北京）	16.72	4.07	5.14	7 010	4 797	874
94	浙江师范大学	16.59	4.94	3.98	16 098	3 429	0
95	宁波大学	16.58	5.39	3.84	15 900	2 985	83
96	上海师范大学	16.54	4.88	4.36	21 903	3 922	333
97	首都师范大学	16.3	5.29	4.43	10 157	4 370	501
98	中国地质大学（北京）	15.97	3.64	4.69	8 337	4 212	1 558
99	青岛大学	15.82	7.31	3.31	32 309	4 552	152
100	南方医科大学	15.2	5.43	3.59	13 677	2 613	952

附表 11　2013 年"985"和"211"高校中评榜评价得分与在校生规模统计

Schedule 11　Scores and students scale of 985 & 211-Project universities

in RCCSE Ranking（2013）

序号	高校	大学总得分	教学水平得分	研究生培养得分	本科生人数	硕士生人数	博士生人数
1	北京大学	100	100	100	14 107	13 454	7 653
2	清华大学	94.66	95.33	94.81	13 736	8 105	6 688
3	浙江大学	91.45	99.46	94.71	22 664	13 868	7 737
4	复旦大学	81.51	74.43	83.38	12 293	10 110	4 793
5	上海交通大学	81.48	73.21	87.06	16 802	12 595	4 968
6	武汉大学	80.85	95.39	85.25	32 848	13 759	7 477
7	南京大学	74.27	71.17	82.26	14 648	9 432	4 149
8	华中科技大学	72.94	72.46	83.49	33 390	16 579	6 334
9	四川大学	71.18	64.77	83.22	41 896	17 716	4 643
10	中山大学	70.07	59.48	80.74	32 295	11 838	4 696
11	中国人民大学	68.51	74.3	75.58	11 261	7 897	3 306

（续表）

序号	高校	大学总得分	教学水平得分	研究生培养得分	本科生人数	硕士生人数	博士生人数
12	吉林大学	68.29	58.33	82.97	39 631	18 526	6 569
13	南开大学	68.15	68.82	75.05	12 660	7 820	3 115
14	北京师范大学	67.92	68.37	74.58	8 766	7 862	3 056
15	中南大学	67.03	62.23	77.03	33 259	14 085	5 143
16	西安交通大学	66.63	61.97	79.29	15 909	9 408	4 044
17	哈尔滨工业大学	66.16	63	80.44	26 681	12 412	4 527
18	东南大学	65.8	68.67	75.89	16 233	10 083	3 067
19	中国科学技术大学	65.19	54.41	78.14	7 078	8 197	2 398
20	山东大学	65.14	56.54	77.98	41 907	12 987	3 799
21	北京航空航天大学	61.35	54.45	74.87	13 704	8 314	3 807
22	同济大学	60.67	50.93	75.21	19 175	12 561	3 903
23	华南理工大学	60.06	54.38	72.47	25 129	10 250	2 442
24	天津大学	59.1	48.67	74.9	15 379	9 418	2 926
25	大连理工大学	57.99	48.83	73.49	19 236	9 787	3 507
26	华东师范大学	54.85	39.08	71.59	14 324	8 708	2 516
27	西北工业大学	54.51	50.69	72.17	14 395	7 087	3 066
28	厦门大学	53.94	34.36	74.11	20 039	10 001	2 701
29	重庆大学	52.02	43.86	70.63	29 971	11 319	2 977
30	兰州大学	51.95	37.77	71.51	19 482	8 565	1 795
31	北京理工大学	51.35	38.55	71.4	13 432	7 675	2 775
32	中国农业大学	51.14	29.41	72.16	12 957	4 122	2 643
33	中国矿业大学（北京）	50.85	34.11	66.46	5 139	3 691	1 152
34	中国矿业大学	50.85	34.11	67.02	26 742	5 757	1 109
35	北京交通大学	50.1	44.83	70.35	13 969	6 431	2 268
36	湖南大学	49.94	38.4	71.17	20 632	11 410	2 384
37	中国石油大学（北京）	49.8	40	67.3	7 010	4 797	874

序号	高校	大学总得分	教学水平得分	研究生培养得分	本科生人数	硕士生人数	博士生人数
38	中国石油大学（华东）	49.8	40	65.88	19 421	4 269	685
39	西南交通大学	49.4	44.11	67.99	30 671	9 478	2 383
40	南京师范大学	48.98	37.1	67.4	20 134	6 881	963
41	郑州大学	48.73	38.88	69.77	80 214	10 398	794
42	电子科技大学	47.7	31.25	69.35	19 440	10 306	1 752
43	中国地质大学（北京）	47.7	35.94	66.11	8 337	4 212	1 558
44	中国地质大学（武汉）	47.7	35.94	67.87	17 962	4 644	1 323
45	东北师范大学	46.75	34.01	69.4	14 365	8 312	1 166
46	华中农业大学	46.63	36.32	68.45	18 303	4 986	1 143
47	武汉理工大学	46.49	37.03	69.59	36 558	10 639	1 230
48	华中师范大学	46.2	27.55	69.52	17 189	8 486	1 010
49	北京科技大学	46.05	32.01	69.75	13 267	6 284	2 583
50	南京农业大学	46.04	32.68	70.74	16 688	5 615	2 152
51	南京航空航天大学	45.89	35.26	69.92	16 646	6 489	1 445
52	华东理工大学	45.2	28.53	68.62	17 265	6 956	1 433
53	苏州大学	44.95	27.14	69.48	24 753	8 213	1 594
54	东北大学	44.87	30.07	70.59	24 514	5 613	3 069
55	北京工业大学	44.44	33.60	68.51	12 722	4 448	988
56	北京邮电大学	43.95	30.63	66.71	12 917	7 896	1 277
57	西南大学	43.34	28.52	69.23	37 638	9 310	1 374
58	西安电子科技大学	43.21	31.24	67.87	21 097	8 611	1 689
59	西北大学	42.2	29.07	68.14	13 113	5 408	852
60	中国海洋大学	41.8	23.29	67.86	15 439	6 484	1 558
61	上海大学	41.71	20.95	68.79	24 988	7 264	1 378
62	南京理工大学	41.59	30	68.14	15 246	6 352	1 411
63	云南大学	41.27	29.13	66.58	14 202	6 602	827

序号	高校	大学总得分	教学水平得分	研究生培养得分	本科生人数	硕士生人数	博士生人数
64	江南大学	39.98	19.32	67.29	19 866	4 362	647
65	中国政法大学	39.62	30.01	65.73	8 464	4 940	901
66	哈尔滨工程大学	39.61	28.09	66.9	13 804	5 663	1 604
67	河海大学	39.52	25.48	67.83	19 078	7 457	1 974
68	中央民族大学	39.29	26.75	64.85	11 247	3 099	670
69	上海财经大学	38.56	26.47	65.39	7 867	3 938	967
70	陕西师范大学	38.47	20.41	68.83	17 352	6 697	890
71	南昌大学	38.44	19.52	68.63	40 944	6 887	439
72	湖南师范大学	38.32	21	67.74	20 875	6 127	729
73	天津医科大学	38.28	28.64	65.62	5 276	2 900	421
74	东华大学	38.08	19.16	66.3	14 886	5 293	996
75	西北农林科技大学	37.95	20.17	68.01	21 912	5 209	1 695
76	北京化工大学	37.83	19.23	67.35	13 591	4 621	651
77	北京中医药大学	37.71	33.19	64.67	4 923	2 368	596
78	中央财经大学	37.45	27.13	66.36	9 106	3 538	594
79	华南师范大学	37.22	22.27	67.77	25 950	6 435	600
80	合肥工业大学	37.09	22.8	67.07	26 723	6 946	979
81	海南大学	36.93	22.24	64.13	29 622	2 736	145
82	暨南大学	36.71	20.7	67.59	18 282	7 809	1 175
83	广西大学	36.24	22.63	66.12	23 345	6 135	412
84	内蒙古大学	35.75	26.12	64.43	18 694	4 053	410
85	西南财经大学	35.52	24.97	65.02	16 492	5 993	1 103
86	福州大学	35.38	18.18	66.01	23 254	5 148	488
87	中国传媒大学	34.91	21.33	64.6	8 857	3 334	728
88	长安大学	34.85	19.97	65.83	24 279	5 484	941
89	对外经济贸易大学	34.42	22.85	64.89	8 184	3 546	486

序号	高校	大学总得分	教学水平得分	研究生培养得分	本科生人数	硕士生人数	博士生人数
90	北京林业大学	33.86	18	65.35	13 213	3 230	930
91	安徽大学	33.77	17.8	65.31	20 235	5 066	286
92	华北电力大学	33.07	14.78	64.6	20 550	5 956	889
93	中南财经政法大学	32.96	16.07	65.73	20 456	7 114	838
94	辽宁大学	32.78	17.84	65.28	20 034	5 990	369
95	北京外国语大学	32.51	21.15	64.01	4 628	1 746	360
96	延边大学	32.51	14.5	63.97	17 031	3 372	196
97	太原理工大学	31.97	17.49	65.6	22 221	4 535	648
98	中国药科大学	31.95	16.64	64.81	10 625	2 421	595
99	贵州大学	31.69	15.99	65.8	27 910	5 623	238
100	上海外国语大学	31.45	21.36	64.25	6 039	2 244	309
101	河北工业大学	31.44	17.39	64.9	13 013	4 936	556
102	石河子大学	31.44	16.46	64.52	22 106	2 559	114
103	新疆大学	30.97	14.03	64.75	18 991	3 469	239
104	东北林业大学	30.72	13.47	64.84	19 025	2 877	912
105	东北农业大学	30.56	15.2	64.94	19 045	2 905	487
106	大连海事大学	30.47	13.68	65.01	16 768	3 245	772
107	中央音乐学院	29.77	16.21	63.36	1 461	426	97
108	四川农业大学	29.09	15.21	65.05	30 943	2 900	489
109	北京体育大学	27.59	14.67	64.02	7 965	1 554	314
110	青海大学	26.98	11.1	62.8	11 467	622	19
111	宁夏大学	25.56	9.76	63.79	14 611	1 936	68
112	西藏大学	21.19	8.13	62.7	7 480	434	0

附表 12 2013 年"100 强"高校中评榜评价得分与在校生规模统计

Schedule 12 Scores and students scale of top-100 universities

in RCCSE Ranking(2013)

序号	百强高校	大学总得分	教学水平得分	研究生培养得分	本科生人数	硕士生人数	博士生人数
1	北京大学	100	100	100	14 107	13 454	7 653
2	清华大学	94.66	95.33	94.81	13 736	8 105	6 688
3	浙江大学	91.45	99.46	94.71	22 664	13 868	7 737
4	复旦大学	81.51	74.43	83.38	12 293	10 110	4 793
5	上海交通大学	81.48	73.21	87.06	16 802	12 595	4 968
6	武汉大学	80.85	95.39	85.25	32 848	13 759	7 477
7	南京大学	74.27	71.17	82.26	14 648	9 432	4 149
8	华中科技大学	72.94	72.46	83.49	33 390	16 579	6 334
9	四川大学	71.18	64.77	83.22	41 896	17 716	4 643
10	中山大学	70.07	59.48	80.74	32 295	11 838	4 696
11	中国人民大学	68.51	74.30	75.58	11 261	7 897	3 306
12	吉林大学	68.29	58.33	82.97	39 631	18 526	6 569
13	南开大学	68.15	68.82	75.05	12 660	7 820	3 115
14	北京师范大学	67.92	68.37	74.58	8 766	7 862	3 056
15	中南大学	67.03	62.23	77.03	33 259	14 085	5 143
16	西安交通大学	66.63	61.97	79.29	15 909	9 408	4 044
17	哈尔滨工业大学	66.16	63.00	80.44	26 681	12 412	4 527
18	东南大学	65.80	68.67	75.89	16 233	10 083	3 067
19	中国科学技术大学	65.19	54.41	78.14	7 078	8 197	2 398
20	山东大学	65.14	56.54	77.98	41 907	12 987	3 799
21	北京航空航天大学	61.35	54.45	74.87	13 704	8 314	3 807
22	同济大学	60.67	50.93	75.21	19 175	12 561	3 903
23	华南理工大学	60.06	54.38	72.47	25 129	10 250	2 442
24	首都医科大学	59.16	29.80	67.57	4 137	2 287	688

序号	百强高校	大学总得分	教学水平得分	研究生培养得分	本科生人数	硕士生人数	博士生人数
25	天津大学	59.10	48.67	74.90	15 379	9 418	2 926
26	大连理工大学	57.99	48.83	73.49	19 236	9 787	3 507
27	华东师范大学	54.85	39.08	71.59	14 324	8 708	2 516
28	西北工业大学	54.51	50.69	72.17	14 395	7 087	3 066
29	厦门大学	53.94	34.36	74.11	20 039	10 001	2 701
30	重庆大学	52.02	43.86	70.63	29 971	11 319	2 977
31	兰州大学	51.95	37.77	71.51	19 482	8 565	1 795
32	北京理工大学	51.35	38.55	71.4	13 432	7 675	2 775
33	中国农业大学	51.14	29.41	72.16	12 957	4 122	2 643
34	中国矿业大学	50.85	34.11	66.46	26 742	5 757	1 109
35	北京交通大学	50.1	44.83	70.35	13 969	6 431	2 268
36	湖南大学	49.94	38.40	71.17	20 632	11 410	2 384
37	中国石油大学（华东）	49.8	40.00	65.88	19 421	4 269	685
38	西南交通大学	49.4	44.11	67.99	30 671	9 478	2 383
39	南京师范大学	48.98	37.10	67.4	20 134	6 881	963
40	郑州大学	48.73	38.88	69.77	80 214	10 398	794
41	首都师范大学	48.58	32.26	65.96	10 157	4 370	501
42	电子科技大学	47.7	31.25	69.35	19 440	10 306	1 752
43	中国地质大学（武汉）	47.7	35.94	67.87	17 962	4 644	1 323
44	东北师范大学	46.75	34.01	69.4	14 365	8 312	1 166
45	华中农业大学	46.63	36.32	68.45	18 303	4 986	1 143
46	武汉理工大学	46.49	37.03	69.59	36 558	10 639	1 230
47	华中师范大学	46.2	27.55	69.52	17 189	8 486	1 010
48	北京科技大学	46.05	32.01	69.75	13 267	6 284	2 583
49	南京农业大学	46.04	32.68	70.74	16 688	5 615	2 152
50	南京航空航天大学	45.89	35.26	69.92	16 646	6 489	1 445

序号	百强高校	大学总得分	教学水平得分	研究生培养得分	本科生人数	硕士生人数	博士生人数
51	华东理工大学	45.2	28.53	68.62	17 265	6 956	1 433
52	苏州大学	44.95	27.14	69.48	24 753	8 213	1 594
53	东北大学	44.87	30.07	70.59	24 514	5 613	3 069
54	北京工业大学	44.44	33.60	68.51	12 722	4 448	988
55	北京邮电大学	43.95	30.63	66.71	12 917	7 896	1 277
56	北京协和医学院	43.67	55.11	68.03	629	1 881	1 573
57	西南大学	43.34	28.52	69.23	37 638	9 310	1 374
58	北京语言大学	43.33	47.91	63.66	3 969	1 521	168
59	南方医科大学	43.22	30.28	66.17	13 677	2 613	952
60	西安电子科技大学	43.21	31.24	67.87	21 097	8 611	1 689
61	西北大学	42.2	29.07	68.14	13 113	5 408	852
62	中国海洋大学	41.8	23.29	67.86	15 439	6 484	1 558
63	上海大学	41.71	20.95	68.79	24 988	7 264	1 378
64	南京理工大学	41.59	30.00	68.14	15 246	6 352	1 411
65	云南大学	41.27	29.13	66.58	14 202	6 602	827
66	江南大学	39.98	19.32	67.29	19 866	4 362	647
67	中国政法大学	39.62	30.01	65.73	8 464	4 940	901
68	哈尔滨工程大学	39.61	28.09	66.9	13 804	5 663	1 604
69	上海中医药大学	39.56	33.14	64.57	3 641	1 618	436
70	河海大学	39.52	25.48	67.83	19 078	7 457	1 974
71	河南大学	39.5	25.16	66.01	34 398	5 569	183
72	中央民族大学	39.29	26.75	64.85	11 247	3 099	670
73	江苏大学	38.75	24.81	66.57	21 281	5 307	757
74	上海财经大学	38.56	26.47	65.39	7 867	3 938	967
75	河北大学	38.48	26.15	65.42	16 637	5 090	185
76	陕西师范大学	38.47	20.41	68.83	17 352	6 697	890

序号	百强高校	大学总得分	教学水平得分	研究生培养得分	本科生人数	硕士生人数	博士生人数
77	浙江工业大学	38.47	22.14	66.58	21 643	4 915	433
78	南昌大学	38.44	19.52	68.63	40 944	6 887	439
79	湖南师范大学	38.32	21.00	67.74	20 875	6 127	729
80	天津医科大学	38.28	28.64	65.62	5 276	2 900	421
81	东华大学	38.08	19.16	66.3	14 886	5 293	996
82	西北农林科技大学	37.95	20.17	68.01	21 912	5 209	1 695
83	北京化工大学	37.83	19.23	67.35	13 591	4 621	651
84	北京中医药大学	37.71	33.19	64.67	4 923	2 368	596
85	中国医科大学	37.69	26.34	65.79	6 330	3 712	1 112
86	哈尔滨医科大学	37.45	25.90	65.35	10 188	4 004	708
87	中央财经大学	37.45	27.13	66.36	9 106	3 538	594
88	华南师范大学	37.22	22.27	67.77	25 950	6 435	600
89	合肥工业大学	37.09	22.80	67.07	26 723	6 946	979
90	海南大学	36.93	22.24	64.13	29 622	2 736	145
91	南京工业大学	36.77	17.43	66.18	16 732	4 278	407
92	暨南大学	36.71	20.70	67.59	18 282	7 809	1 175
93	西安建筑科技大学	36.68	26.22	65.06	12 083	4 887	794
94	河南师范大学	36.5	25.69	65.13	25 680	2 544	55
95	华南农业大学	36.25	21.76	65.86	37 339	2 994	873
96	广西大学	36.24	22.63	66.12	23 345	6 135	412
97	东北财经大学	35.79	25.44	64.67	11 977	5 247	738
98	内蒙古大学	35.75	26.12	64.43	18 694	4 053	410
99	扬州大学	35.72	25.69	66.23	24 842	4 457	432
100	湘潭大学	35.6	24.31	65.69	20 078	5 015	328

附表 13   2010-2017 年 "985 高校"在广研院大学排行榜排名统计

Schedule 13   The rankings of 985-Project universities

in Guang Yanyuan Ranking（2010-2017）

序号	学校名称	2010	2011	2012	2013	2014	2015	2016	2017
1	北京大学	2	2	2	2	1	1	3	2
2	清华大学	1	3	3	3	3	3	1	1
3	复旦大学	5	5	5	5	5	5	5	5
4	南京大学	6	6	6	6	6	6	6	6
5	上海交通大学	4	4	4	4	4	4	4	4
6	中国科学技术大学	13	16	17	16	15	16	15	15
7	西安交通大学	14	14	15	15	16	15	14	16
8	浙江大学	3	1	1	1	2	2	2	3
9	哈尔滨工业大学	11	11	10	11	12	12	13	13
10	北京理工大学	30	30	30	31	31	30	30	32
11	南开大学	16	15	14	14	14	14	16	18
12	天津大学	21	22	20	20	21	24	22	20
13	华南理工大学	24	24	24	23	24	21	21	23
14	中山大学	9	7	8	9	9	9	9	11
15	山东大学	15	13	13	12	10	10	11	12
16	华中科技大学	8	9	11	10	11	11	10	9
17	吉林大学	12	12	12	13	13	13	12	10
18	厦门大学	26	23	23	25	22	20	23	25
19	武汉大学	7	8	7	7	7	7	7	7
20	东南大学	18	19	19	18	18	17	17	14
21	中国海洋大学	60	57	56	59	59	64	66	62
22	湖南大学	32	32	32	33	33	34	32	29
23	中南大学	17	17	16	17	17	18	18	17
24	西北工业大学	28	28	28	29	30	29	31	33
25	大连理工大学	22	21	21	21	20	23	26	27

序号	学校名称	2010	2011	2012	2013	2014	2015	2016	2017
26	重庆大学	27	26	26	27	28	27	27	28
27	四川大学	10	10	9	8	8	8	8	8
28	电子科技大学	37	40	39	38	40	40	39	37
29	北京航空航天大学	25	27	27	26	26	26	25	24
30	兰州大学	29	29	29	28	27	28	29	30
31	东北大学	46	46	46	42	41	42	44	47
32	同济大学	23	25	25	24	25	22	19	19
33	北京师范大学	20	20	22	22	23	25	24	22
34	中国人民大学	19	18	18	19	19	19	20	21
35	中国农业大学	33	31	31	30	29	31	34	35
36	西北农林科技大学	49	48	48	53	57	54	47	46
37	中央民族大学	166	159	162	176	159	139	152	165
38	华东师范大学	31	33	33	32	32	33	33	31

附表 14　2010-2017 年"985 高校"在校友会大学排行榜排名统计

Schedule 14　The rankings of 985-Project universities in CUAA Ranking(2010-2017)

序号	校名	2010	2011	2012	2013	2014	2015	2016	2017
1	北京大学	1	1	1	1	1	1	1	1
2	清华大学	2	2	2	2	2	2	2	2
3	复旦大学	3	4	3	3	4	3	3	4
4	南京大学	6	5	6	6	8	8	8	7
5	上海交通大学	5	6	5	5	3	7	7	6
6	中国科学技术大学	17	18	9	10	14	9	12	15
7	西安交通大学	19	19	19	18	18	17	17	16
8	浙江大学	4	3	4	4	6	6	5	5
9	哈尔滨工业大学	16	17	18	17	20	20	21	18
10	北京理工大学	29	30	32	34	32	29	30	35
11	南开大学	13	14	15	14	15	13	16	23

（续表）

序号	校名	2010	2011	2012	2013	2014	2015	2016	2017
12	天津大学	21	21	23	23	23	24	20	14
13	华南理工大学	30	28	28	27	27	33	31	27
14	中山大学	10	10	7	7	10	14	10	12
15	山东大学	14	16	14	15	16	21	22	20
16	华中科技大学	11	9	11	11	12	16	13	10
17	吉林大学	9	11	10	8	9	11	11	9
18	厦门大学	20	20	20	20	19	22	23	21
19	武汉大学	7	7	8	9	5	4	4	3
20	东南大学	26	26	22	21	25	23	24	22
21	中国海洋大学	41	42	45	49	48	52	53	50
22	湖南大学	34	34	31	29	28	34	33	30
23	中南大学	18	15	16	19	17	19	18	17
24	西北工业大学	28	29	30	32	29	32	35	32
25	大连理工大学	27	27	25	25	30	31	29	26
26	重庆大学	31	32	33	31	33	25	27	31
27	四川大学	12	12	12	13	13	15	14	11
28	电子科技大学	49	47	47	45	42	37	37	29
29	北京航空航天大学	22	22	24	24	21	26	25	23
30	兰州大学	33	35	29	30	38	36	36	34
31	东北大学	32	31	34	33	34	28	26	25
32	同济大学	23	24	21	22	22	18	19	24
33	北京师范大学	15	13	17	16	11	12	15	19
34	中国人民大学	8	8	13	12	7	5	6	8
35	中国农业大学	25	25	27	28	26	35	32	33
36	西北农林科技大学	54	59	62	60	52	68	65	60
37	中央民族大学	74	77	81	85	80	82	89	90
38	华东师范大学	24	23	26	26	24	27	28	28

附表15　2010-2017年"985高校"在中评榜（RCCSE）大学排名统计

Schedule 15　The rankings of 985-Project universities in RCCCSE Ranking（2010-2017）

序号	校名	2010	2011	2012	2013	2014	2015	2016	2017
1	北京大学	1	1	1	1	1	1	1	1
2	清华大学	2	2	2	2	2	2	2	2
3	复旦大学	4	4	4	4	6	7	6	5
4	南京大学	5	6	6	7	7	6	7	7
5	上海交通大学	7	5	5	5	4	4	4	4
6	中国科学技术大学	15	15	17	19	14	17	15	13
7	西安交通大学	18	18	13	16	15	13	14	16
8	浙江大学	3	3	3	3	3	3	3	3
9	哈尔滨工业大学	16	17	14	17	16	14	13	12
10	北京理工大学	31	33	34	32	32	28	28	32
11	南开大学	11	11	18	13	12	15	17	23
12	天津大学	24	22	22	25	22	23	24	21
13	华南理工大学	30	30	28	23	27	27	27	27
14	中山大学	9	8	9	10	10	11	9	9
15	山东大学	17	9	12	20	11	12	12	14
16	华中科技大学	12	10	8	8	8	9	10	11
17	吉林大学	14	16	11	12	9	8	8	8
18	厦门大学	19	20	21	29	23	22	21	25
19	武汉大学	6	7	7	6	5	5	5	6
20	东南大学	22	19	20	18	18	16	16	18
21	中国海洋大学	50	50	44	62	,64	54	48	55
22	湖南大学	32	28	32	36	30	38	32	36
23	中南大学	21	21	19	15	17	20	18	17
24	西北工业大学	28	27	27	28	29	29	30	30
25	大连理工大学	26	25	26	26	25	24	23	24
26	重庆大学	34	32	31	30	31	31	31	29

（续表）

序号	校名	2010	2011	2012	2013	2014	2015	2016	2017
27	四川大学	13	14	10	9	13	10	11	10
28	电子科技大学	41	36	36	42	36	35	35	31
29	北京航空航天大学	20	24	25	21	24	26	26	28
30	兰州大学	27	31	30	31	28	33	33	37
31	东北大学	43	41	45	53	41	42	38	38
32	同济大学	23	23	23	22	20	19	22	19
33	北京师范大学	8	13	16	14	21	20	20	22
34	中国人民大学	10	12	15	11	19	18	19	20
35	中国农业大学	29	29	29	33	35	30	29	33
36	西北农林科技大学	86	72	69	82	80	75	66	71
37	中央民族大学	80	93	94	72	56	65	71	77
38	华东师范大学	25	26	24	27	26	25	25	26

后　记

值此书付梓之际,激动之情难于言表。首先向恩师赵晓冬教授致以最衷心的感谢。本书是在导师赵晓冬教授的悉心指导下完成的。多年以来,是导师一步步地带领我走上了科研的道路。导师渊博的学识、精湛的学术造诣、严谨勤奋的治学风格以及高尚的师德,深深地影响着我,也将成为我一生的追求目标。

感谢在学习和工作中给予我帮助的燕山大学经济管理学院的李春玲教授、于维洋教授、袁旭梅教授、王玖河教授、宋之杰教授和岳德权教授,他们给我的科研工作提出了很多有建设性的意见和建议。特别要感谢燕山大学公共管理学院的臧誉琪老师在本书撰写过程中对我提供的大量无私帮助。

本书的研究工作得到了教育部人文社科研究青年基金(16YJC880038)、河北省社科基金(HB19JY005)、河北省社科基金(HB17JY090)、燕山大学博士基金(BS19005)的资助。

本书在撰写过程中参考了大量的国内外文献和研究成果,在此向相关作者表示诚挚的谢意。由于作者水平有限,书中难免存在问题和不足,敬请广大读者指正。

李兴国　于燕山大学

2019 年 11 月 12 日